Unterrichtsideen Religion

9./10. Schuljahr

3. Teilband

Arbeitshilfen für den Evangelischen Religionsunterricht
in Hauptschule, Realschule und Gymnasium

Herausgegeben im Auftrag der Religionspädagogischen Projektentwicklung
in Baden und Württemberg (RPE) von Hartmut Rupp
und Martin Polster

Redaktionskreis:
Walter Dietz, Wolfgang Kalmbach, Heinz-Günter Kübler,
Siegfried Macht, Andreas Reinert und Hartmut Rupp

Calwer Verlag Stuttgart

Das Werk folgt der reformierten Rechtschreibung. Ausnahmen bilden Texte, bei denen künstlerische, philologische und lizenzrechtliche Gründe einer Änderung entgegenstehen.

Bild- und Textnachweise sind jeweils an entsprechender Stelle vermerkt. Leider war es nicht möglich, alle Urheber zu ermitteln. Betroffene Inhaber/innen von urheberrechtlichen Ansprüchen bitten wir sich beim Verlag zu melden.

Die Deutsche Bibliothek – CIP-Einheitsaufnahme

Unterrichtsideen Religion: Arbeitshilfen für den evangelischen Religionsunterricht in Hauptschule, Realschule und Gymnasium / hrsg. im Auftr. der Religionspädagogischen Projektentwicklung in Baden und Württemberg (RPE) von Hartmut Rupp und Martin Polster. Red.-Kreis: Walter Dietz ... – Stuttgart: Calwer Verl.
Schuljahr 9./10. Teilbd. 3. – (2003)

ISBN 3-7668-3751-6

© 2003 by Calwer Verlag Stuttgart.

Internet: www.calwer.com
E-Mail: info@calwer.com

Alle Rechte vorbehalten.
Umschlaggestaltung: Karin Sauerbier, Stuttgart
Satz: Schreibservice Nagel, Reutlingen
Gesamtherstellung: Gutmann + Co., 74388 Talheim

Inhalt

Hinduismus	5	Was mir wichtig ist	137
Zeit wahrnehmen – Zeit gestalten Der Mensch und seine Zeit	82	Sich finden – sich verlieren – neu anfangen (Sucht)	161
Gottes gute Schöpfung – uns anvertraut	102		

Abkürzungen

AB	Arbeitsblatt	kR	katholischer Religionsunterricht
AV	Audio-visuell	L.	Lehrerinnen und Lehrer
BK	Bildende Kunst	LJ	Liederbuch für die Jugend
D	Diaserie	LPE	Lehrplaneinheit
EA	Einzelarbeit	P	Pflichtthema
EG	Evangelisches Gesangbuch	PA	Partnerarbeit
eR	evangelischer Religionsunterricht	RS	Realschule
F	Film	RU	Religionsunterricht
FTh	Fächerverbindendes Thema	Sch.	Schülerinnen und Schüler
GA	Gruppenarbeit	TA	Tafelanschrieb
GS	Grundschule	TB	Tondbildreihe
GY	Gymnasium	TD	Tondiaserie
HA	Hausaufgabe	UE	Unterrichtseinheit
HE	Hefteintrag	UG	Unterrichtsgespräch
HS	Hauptschule	W	Wahleinheit
		WP	Wahlpflichtthema

Hinduismus

Erarbeitet von Cornelia Götz, Brigitte Müller, Volker Possinger, Frieder Spaeth.
Redaktion: Andreas Reinert

Theologisch-didaktische Überlegungen

1. Kein Zweifel, Weltreligionen – und hier vor allem auch der Hinduismus – gehören zu den Stoffen, die Schüler/innen von sich aus wählen, denen sie einen unterrichtlichen Vertrauensvorschuss einräumen und die sie für ihre Allgemeinbildung als notwendig erachten. Leider geschieht es aber häufig, dass der Unterricht, wenn er diese hohen Erwartungen zu befriedigen versucht, die Vermittlung des Stoffes nicht mit dem gewünschten Erfolg erreicht.

2. Wo zeigen sich Schwierigkeiten, wenn man den Hinduismus im Unterricht behandelt?
- Die Stofffülle ist unermesslich. Selbst vom Wichtigsten wird man in der kurzen Zeit nur bruchstückhaft reden können. Da regionale und konfessionelle Ausprägungen sich gegen eine einheitliche Darstellung sperren, muss man der religiösen, sozialen und individuellen Wirklichkeit ständig Gewalt antun, um ein zwar vereinfachtes, aber damit begreifbares Gesamtbild zu entwerfen.
- Fremde Religionen kann man nur von außen betrachten. Besonders Kundige, die aus irgendwelchen Gründen die Chance hatten, in eine der fremden Religionen tiefer einzudringen, erheben oft den Anspruch, wer diese Religion zum Unterrichtsgegenstand mache, müsse selbst bis zu einer intimen Sicht des jeweiligen religiösen Wesens gediehen sein. Derlei ist rasch als illusionäre Überforderung zu durchschauen. Unser Standpunkt außerhalb wird in der Regel und unvermeidlich zu perspektivischen Verkürzungen führen.
- Wo Informationen dürftig sind und Erfahrungen fast ganz fehlen, neigt der/die Lehrer/in oft dazu, diese Defizite primär beseitigen zu wollen. Das führt zu einem stofflastigen, das reine Wissen überbetonenden Unterricht. Zwar zielt man selbstverständlich auf verstehende Durchdringung des Stoffes. Doch ist der Anmarschweg durch das Dickicht der Informationen so mühselig, dass man die Schüler/innen zum großen Teil schon verloren hat, wenn man endlich soweit ist.
- Schüler/innen reizt an der fremden Religion zu einem erheblichen Teil das Exotische. Merken sie, dass Witwenverbrennungen und Fakire nur ein Nebenaspekt des Themas sind, die Normalität aber auch im Hinduismus menschliches und damit alltägliches Maß hat, ist die erste Neugier verflogen.
- Erkenntnis des Fremden setzt bis zu einem gewissen Grad die Kenntnis des Eigenen voraus. Man kann den Spott der Kolleginnen und Kollegen verstehen, die meinen, man solle doch einmal in zwölf Stunden in das Christentum einführen, sonst könne es leicht passieren, dass die Schüler/innen vom Hinduismus mehr wüssten als von ihrer eigenen Religion. Unnötig hinzuzufügen, dass all die Aufgaben wie »Vergleiche das Gebot der Nächstenliebe im Hinduismus und im Christentum!« leicht zu einer Rechnung mit mehreren Unbekannten werden.

So viele Problemanzeigen. – Nur die »großen Zampanos« unter den Unterrichtenden werden sich vornehmen wollen, all diese Probleme in einem Unterrichtsprojekt zum Hinduismus lösen zu können. Dennoch sollte deutlich geworden sein, **in welche Richtung** unsere Bemühungen bei den folgenden Unterrichtsbausteinen führen sollten.

1. Vom Stoff her scheint uns äußerste Reduktion geboten. Die allerwichtigsten Elemente des Hinduismus sollen thematisiert werden: Zur Anthropologie lediglich die »Reinkarnationslehre« und die »Karmalehre«, zum Sozialen das Kastenwesen, zu den sozialen Konflikten die »Rolle der Frau«, zur Gottesvorstellung die polytheistische Götterwelt, zum Gottesdienst typische Feste im Lebenszyklus und zur religiösen Hoffnung die wichtigsten Heilswege. Notwendige Deutlichkeit in den Grundlinien war uns wichtiger als wünschenswerte Differenzierung in den vielfältigen Erscheinungsformen. Fast völlig verzichtet wurde auf die historische Dimension des Hinduismus.
2. Phänomene der asiatischen Religionen, die bei uns sehr bekannt oder auch als attraktive religiöse Ideen verbreitet sind, wie etwa der Glaube an die Reinkarnation, werden auch für die UE als Anknüpfungspunkte genommen. Wo solche Verankerungsmöglichkeiten nicht gegeben sind, wird versucht, Analogien in der Erfahrungswelt der Schüler/innen zu bilden.
3. Die Konkretionen religiösen Glaubens in Lebenszusammenhängen sind uns wichtiger als die Strukturierung und Ordnung der religiösen Vorstellungen in einem System. Wie leben jeweils einzelne mit ihrer Religion, wie wirkt sie sich auf die Familie aus, was haben etwa Mädchen und Frauen von ihrer Religion zu erwarten? Welches Erlebnis vermittelt ein hinduistischer Gottesdienst (Hauspuja)? usw.
4. Mythische Erzählungen, Symbole, Symbolhandlungen, bildliche Repräsentation – da diese Formen bei der internen Weitergabe des Hinduismus die zentralen Formen sind, werden sie auch in der UE immer im Mittelpunkt stehen. Dazu kommen vom Erleben geprägte Erzählungen und Berichte über die heutige religiöse Praxis.
5. Um die Schüler/innen aus der Passivität der ständig Belehrten zu befreien, wurde in Handlung umgesetzt, was uns irgend dafür geeignet erschien. Spielformen (bei der »Reinkarnation«), Rollenspiele (beim Kastenwesen), Diskussionsformen, wechselseitige Information, Beurteilungen und Reaktionen in Briefen, Schreibdiskussionen, all das wollen wir weniger als methodische Kniffe zur Motivation und Belebung des Unterrichts verstanden wissen, sondern vielmehr als angemessene Form, fremdes religiöses Terrain zu entdecken.

Mit all dem sollte deutlich geworden sein, für welche Ziele die folgende UE **nicht geeignet** ist:
☐ Die Schüler/innen werden nicht in die Lage versetzt, den enzyklopädischen Artikel für ein Lexikon zum Thema »Hinduismus« zu verfassen.
☐ Die Schüler/innen machen nicht auf dem Markt der Möglichkeiten die Bekanntschaft des Hinduismus, um sich entscheiden zu können, ob Christentum oder Hinduismus das religiöse Produkt ihrer Wahl ist. Sie werden auch nicht die endgültige Bestätigung gefunden haben, dass ihre eigene Religion die beste aller möglichen ist.
☐ Die Schüler/innen werden sich auch nach dieser UE nur unzureichend am Dialog der Weltreligionen beteiligen können.

So zeichnen sich als bescheidenere **Ziele** ab:
☐ Die Schüler/innen verschaffen sich einen ersten Eindruck, was es heißt, als Hindu zu leben und zu sterben.
☐ Die Schüler/innen erweitern ihren Einblick in die religiöse Dimension des Lebens. Anders formuliert: dass Religion ein integraler Teil des Lebens sein kann, lässt sich gerade an der *anderen Religion* besonders deutlich wahrnehmen.
☐ Damit hängt zusammen, dass die Schüler/innen Ähnlichkeiten wie Unterschiede einzelner Elemente des religiösen Lebens genauer erfassen lernen.
☐ Nach Abschluss dieser UE sollte den Schüler/innen eine Grundorientierung über den Hinduismus zu Gebote stehen, die ihnen erlaubt – wo immer sie dieser Religion in den Medien, in der öffentlichen Diskussion oder bei Reisen begegnen –, verständnisvoll anzuknüpfen und sich vertieft kundig zu machen.

Die Unterrichtseinheit gliedert sich in folgende Aspekte:
☐ Reinkarnation
☐ Karma
☐ Kasten

- ☐ Götterwelt
- ☐ Religiöse Riten für alle Lebenslagen
- ☐ Heilswege
- ☐ Die Rolle der Frau im Hinduismus

Die UE im Lehrplan:
LPE 10.10.W: Aus der Welt der asiatischen Religionen

Literatur

FÜR DIE HAND DER LEHRER/INNEN

Antes, P. u. a. (Hg.): Hinduismus, Leseheft Ethik, Hannover 1986.
Gröger, R. u. a.: Hinduismus. Folienmappe, München 1995.
Klippert, H.: Kommunikationstraining. Übungsbausteine, Weinheim/Basel 1996.
Küng, H.: Heinrich von Stietencron: Christentum und Weltreligionen »Hinduismus«, München.
Küstenmacher, M. und W.: Energie und Kraft durch Mandalas, München 1988.
Kursbuch Religion 2000, 9/10 Lehrerhandbuch, Stuttgart/Frankfurt a. M. 2000.
Merian: Indiens Süden, Hamburg, Juli 1997.
Studienkreis für Tourismus und Entwicklung e. V.: Indien verstehen; Sympathie Magazin; Fax: (08177) 1349.
Tworuschka, M. und U. (Hg.): Vorlesebuch fremde Religionen 2, Lahr 1988.
Tworuschka, U.: Die Welt der Religionen, Düsseldorf.
Wagner, R.: Dialog mit anderen Religionen II: Die Stellung der Frau in der Hindu-Gesellschaft Indiens, in: Evangelium & Kirche, Rundbrief 1/96.

FÜR DIE HAND DER SCHÜLER/INNEN

Das neue Kursbuch Religion 9/10, Stuttgart/Frankfurt a. M. 1988.
Gatzlaff, M. (Hg.): Indische Märchen aus dem Hindi, Frankfurt a. M. 1991.
Hertel, J. (Hg.): Indische Märchen, Frankfurt a. M. 1970.
Kordon, K.: Monsun oder der weiße Tiger, Weinheim/Basel 1987.
Unterwegs. Lesebuch 7, Stuttgart 1994.

AV-Medien

Weisheit der Hindus. KO'HAM – Wer bin ich? VHS 42 02239, Blaue Reihe, (30 Min). (Auszuleihen bei der EMZ = Evangelische Medienzentrale Württemberg, Augustenstraße 124, 70197 Stuttgart unter der Nummer VC 1277)

Die Weltreligionen auf dem Weg (Spurensuche B, 02. Hinduismus). Hans Küng, Deutschland 1999. 60 Min., f., Dokumentarfilm (Video) auch CD-ROM, Stuttgart/Hannover 1999, und DVD (1), 2001 *Einführung, keine Vorkenntnisse notwendig.*

Weisheit der Hindus. Thea Mohr, Deutschland 1997 (FWU) 30 Min., f., Dokumentarfilm (Video) *Einführung, Vorkenntnisse vorausgesetzt, Vertiefung von Grundkenntnissen.*

Religionen der Welt: Hinduismus. Glaube – Geschichte – Gegenwart. Hubertus Halbfas: Düsseldorf 1998. 32 Dias, f. (mit Begleitheft) *Umfangreiche Informationen im Beiheft (auch, aber weniger, literarische Zitate).*

Kasten im Hinduismus. Karl G. Peschke, Deutschland 1995 (FWU). (je) 26 Min., f., Dokumentarfilm. Exemplarisches Thema (Kasten), modernes Indien, Männer und Frauen. Teil 1: Brahmanen und Kshatriyas. *Einführung in das indische Kastensystem, religiöse Oberschicht Indiens steht im Mittelpunkt.* Teil 2: Veishas und Shudras. *Religiöse Mittel- und Unterschicht Indiens, einschließlich des Alltags von Männern und Frauen im modernen Indien.*

Benares – heilige Stadt. EMZ VC 678. Christian Sterley, USA 1978. 28 Min., f., Dokumentarfilm.

Internet-Adressen

Internet-Links zum Thema
»Frauen im Hinduismus«:
- ☐ http://destination-asien.de/indien/frauen.htm
- ☐ http://home.t-online.de/home/MGBocholt/reli.htm
- ☐ http://wwwfb02.uni-muenster.de/fb02/allgrews/biblio.htm#FiR
- ☐ http://www.univie.ac.at/Voelkerkunde/cometh/glossar/heirat/hab.htm

Links zum Thema »Hinduismus« allgemein
zum Herunterladen:
- ☐ http://www.der-hinduismus.de
- ☐ http://www.hindu.dk/deutsch
- ☐ http://www.payer.de/hindlink.htm
- ☐ http://www.sanatana-dharma.de
- ☐ http:// destination-asien.de/indien/hinduism.htm

Links mit indischer Musik im MP3-Format:
- ☐ http://www.hindu.dk/lyd.htm
- ☐ http://www.multimania.com/moquette/
- ☐ http://www.indianscreen.com

THEMATISCHE ASPEKTE UND BAUSTEINE

Reinkarnation

■ *Hältst du Wiedergeburt für möglich?*
1. Entscheidungsfrage (TA oder Plakat): Hältst du Wiedergeburt für möglich?
An der Tafel steht »eher ja« und »eher nein«. Die Sch. sollen nun Papierpunkte an der Tafel befestigen. Der Befestigungsort gibt die Meinung der Schüler/innen wieder (Skalenbreite von »eher ja« bis »eher nein«, siehe Graphik).
Es können auch nur Kreuze oder Striche mit Kreide gemacht werden.
Wichtig: Es darf noch nicht über diese Frage diskutiert werden!
Tafel/Plakat: Hältst du Wiedergeburt für möglich?

eher ja	eher nein
● ●	● ●

2. Kugellager: »Die Sch. setzen sich in Kreisform paarweise gegenüber, so dass ein Innenkreis und ein Außenkreis entstehen.«
»Nun erzählen zunächst alle im Innenkreis sitzenden Sch. warum sie Wiedergeburt für eher wahrscheinlich oder eher unwahrscheinlich halten. Ihre Gesprächspartner hören zu und fragen eventuell nach. Anschließend rücken die im Innenkreis sitzenden Sch. z. B. 2 Stühle im Uhrzeigersinn weiter, so dass neue Gesprächspaare entstehen. Nun werden die Sch. im Außenkreis aktiv und erzählen/berichten ihrerseits zum gleichen Thema.«
3. Vierergruppen: Sucht Gründe für oder gegen den Glauben an die Wiedergeburt und haltet sie stichwortartig fest.
4. Vierergruppen: Jede Gruppe muss sich nun für einen Hauptgrund entscheiden, der für bzw. gegen den Glauben an die Wiedergeburt spricht.
Alternativ: 1. Das Argument wird auf einen Papierstreifen geschrieben und an entsprechender Stelle in der Bewertungsskala von 1. an der Tafel befestigt. 2. Das Argument auf dem Papierstreifen wird auf dem Plakat befestigt (siehe 1. Impulsfrage, Alternative 2).

■ *Reinkarnation*
1. Bild (Folie) »Reinkarnation« (**M 1**). Bildbetrachtung:
   - Bild ohne jeglichen Text auflegen
   - Sammeln der Entdeckungen
   - Versuch einer Entschlüsselung wichtiger Elemente und Symbole
   - Titel für das Bild finden lassen.
   Ergebnisse der Bildbetrachtung werden verbunden mit weiteren Medien:
2. PA: Textarbeit zu dem Auszug aus »Nadschiketa« (**M 2**)
3. Folie oder TA: Kutsche ohne und mit Beschriftung (**L 1**)
4. Bild (**M 1**) vom Anfang der Stunde als Zusammenfassung: Lernkontrolle unter der Leitfrage: »Versucht jetzt nochmals, das Bild zu deuten, indem ihr ihm einen Titel gebt.«

Alternative Einstiege:
1. Fragebogen (**M 3**)
2. Arbeitsblatt: »Wiedergeburt: Ja oder Nein?« (Zeitungsartikel **M 4**).
3. Zeitungsartikel: »Schon ein paarmal auf der Welt« (**M 5**).
4. Arbeitsblatt: Reinkarnation (Bhagavadgita)/Tat und Wiedergeburt (Tukaram) (**M 6**).

■ *»Wie das Leben so spielt«* *(Ein Spiel zum Hinduismus)*
Benötigt werden:
- Spielanleitung (**M 7a**)
- Ereigniskarten für das Hinduspiel 1–6 (**M 7b–7g**)
- Spielplan (liegt hinten farbig bei). Spielplan so oft farbig kopieren, dass für je 5 Spieler 1 Spielplan zur Verfügung steht.

Dieses Spiel ist das Verbindungsstück zwischen den Themen Reinkarnation und Karma.

Karma

■ *Karma prägt das Leben (Aufarbeitung des Hindu-Spieles)*
Du hast das Hindu-Spiel gespielt. Was nun?
Auswertung der Erfahrung – möglich sind verschiedene Vorgehensweisen, z. B.:
1. Fragebogen: Bewertet das Spiel. Welchen Sinn und Zweck hat es? Ist es logisch?
2. a) Beschreibe in einem Brief an einen guten Freund oder eine gute Freundin das »Hindu-Spiel«.
   b) Schreibe deine Erfahrungen als Teilnehmer/in des Hindu-Spieles in Form eines Tagebucheintrages auf.

■ *Indisches Märchen zum Karma*
»Der Brahmane Harischarman« (**M 8**)
Inhalt: Das Märchen variiert das Motiv vom Dummkopf, der ständig die Treppe hinauf fällt (Tölpelhans). Der Sinn ist hier aber ein anderer: Wer einen Schatz guter Werke besitzt, dem schenkt das Schicksal eitel gute Dinge. (Schlusssatz des Märchens = Grundgedanke des Karmas.)
Methode: Methodisch bietet sich an, die Einzelszenen spielen zu lassen. Für die Intention des Märchens ist es wichtig, hinter der Regie des Zufalls die tiefere Regie des Karmagesetzes aufzuzeigen.
Außerdem wäre die Lebendigkeit und der Witz des Märchens in einer Comikbearbeitung gut aufgehoben.

■ *Wie man Karma und Schuld loswerden kann*
Arbeitsblatt: Wie man Karma und Schuld loswerden kann (**M 9**) als Schreibdiskussion, Einzelarbeit oder ...

■ *Gespräch zwischen den Religionen*
Arbeitsblatt: Gespräch zwischen einem Hindu und einem indischen Christen (**M 10**)
Aufgabe: Positive und negative Eigenschaften von Hinduismus und Christentum in der Darstellung dieses Textes finden. Hilfreich könnte sein, zuvor mit zwei Farben die wichtigsten Aussagen unterstreichen zu lassen.

Kasten

■ *Talk am Vormittag: »Dürfen die beiden heiraten?« (Rollenspiel)*
1. L. oder Sch. übernimmt die Rolle des Moderators/der Moderatorin.
2. Sechs Sch. übernehmen die Rolle von »Talkgästen«. Sie erhalten Karten mit ihrer Rolle für eine Vorstellungsrunde (**M 11a**) und Hintergrundinformationen (**M 11b**) für die Diskussion.

■ *Auswertung des Rollenspieles*
1. Auswertung mit Hilfe der Fragen (**L 2**).
2. Möglicher TA/HE: Geschlossene Gesellschaft in Indien – und bei uns?

■ *Vertiefende Texte zum Kastenwesen*
1. »Der Bastard – Leila findet keinen Mann« (**M 12**)
   Arbeitsaufgaben (auf dem Arbeitsblatt) beantworten.
2. »Der Unberührbare« (Text aus: Unterwegs, S. 88–91). Eine Erzählung, die die Situation des Unberührbaren drastisch schildert.
3. Die Erschaffung der Kasten – Aus der indischen Verfassung (**M 13**)
   Zum historischen Hintergrund der Entstehung der Kasten siehe Kursbuch Religion 2000 9/10, S. 227.
   Zu **M 13** bietet sich an, die bildhafte Vorstellung wirklich zeichnen zu lassen, so dass der soziale Körper sichtbar wird (ein Vergleich zu 1. Kor 12,12ff ist möglich).

Götterwelt

■ *Götterbilder-Rallye*
Bilderrallye mit 7 Stationen. Dazu Götterbilder (von **L 3** bis **L 9**) *ohne Text* auf DIN A 4 oder DIN A 3 hochkopieren. Achtung! Der jeweilige Text ist nur für L. gedacht!
Methodischer Hinweis: Im Klassenzimmer verteilt hängen die sieben Götterbilder Brahma, Vishnu, Shiva, Ganesh, Krishna, Kali, Sarasvati an verschiedenen Orten = Stationen. Die Stationen werden von 1–7 durchnummeriert. Die Klasse kann in maximal 7 Gruppen aufgeteilt werden. Jede Gruppe begibt sich an eine Station.
1. Durchgang: Im Uhrzeigersinn werden nach ca. 3–4 Minuten die Stationen gewechselt, bis jede Gruppe alle Stationen durchlaufen hat.
   Aufgabe: Jede Gruppe muss jedes Bild betrachten und dabei
   – Attribute der dargestellten Götter oder Göttinnen sammeln
   – überlegen, wofür die Gottheit zuständig sein könnte, und einen Namen für sie vorschlagen.
   Je ein Protokollant schreibt auf. Signal zum Wechsel der Stationen ist ein Klingelzeichen o. ä. (L.)
2. Durchgang: Die ganze Klasse versammelt sich vor Bild Nr. 1. Jede Gruppe liest ihre Vermutungen der Zuständigkeit vor und begründet diese mit den dargestellten Attributen. So geht es weiter bei allen folgenden Bildern.
3. Die Götterwelt der Hindus als Ergebnissicherung/Zusammenfassung in das Schülerheft eintragen.

■ *Indische Märchen zur hinduistischen Götterwelt*
1. »Eins vollbracht, alles vollbracht« (**M 14**)
2. »Hochmut kommt vor dem Fall« (**M 15**)
Zur Veranschaulichung kann in dafür geeigneten Klassen während des Vorlesens so vorgegangen werden:
1. »Ich schlüpfe in die Rolle von«: L. bereitet Kärtchen mit den Namen aller in der Erzählung beteiligten Personen vor. Die Kärtchen werden an die Sch. verteilt. Anschließend wird die Geschichte von L. vorgelesen. Jedes Mal, wenn der Name einer Person genannt wird, steht Sch. mit dem entsprchenden Namenkärtchen kurz auf. Am Ende der Erzählung soll jede/r die Geschichte nochmals aus der Perspektive »seiner« Person nacherzählen. (Methode in Anlehnung an: Kuppig, Kerstin: Ideenkiste Religion, Freiburg i. Br. 1998, S. 112)
2. Begleitpantomime:
   Für jede Person im Märchen wird ein Protagonist oder eine Protagonistin benannt. Während des langsamen Vorlesens werden die Aktionen der Personen pantomimisch dargestellt.
Zielrichtung der Behandlung:
1. Die Götter werden sehr menschlich dargestellt.
2. Sie repräsentieren Kräfte und Werte, die für den Menschen wichtig sind.
3. Die Götter lassen sich auf die Menschen ein. Sie lernen sogar unter Umständen von ihnen. Dennoch bleibt ihre Überlegenheit unantastbar.

■ *Die Märchen in Gruppenarbeit erschließen*
Die Klasse wird in vier Gruppen geteilt, je zwei Gruppen behandeln **M 14** und **M 15**.
Aufträge:
1. Vorlesen des Märchens in der Gruppe.
2. Beschreiben der Verhaltensweisen der Götter.
3. Darstellung der Beziehung der Menschen zu den Göttern.
4. Präsentation des Märchens und der Ergebnisse.

■ *Sarasvati-Fest*
Eine Unterrichtsstunde für die Sinne – zwischen Vergegenwärtigung und Erlebnis. Über die Darstellung von Sarasvati-Puja hinaus entsteht u. a. eine Vorstellung vom Leben einer Hindu-Familie, von hinduistischen Gottesvorstellungen und vom hinduistischen Menschenbild.
1. Folie: Bild von Sarasvati (**L 9**)
2. L. liest vor: »Hindu-Kinder feiern das Sarasvati-Fest« (**M 16**)
Währenddessen: Räucherstäbchen abbrennen und Musik z. B. von Ravi Shankar abspielen.

■ *Wissensüberprüfung zu indischen Göttern / Göttinnen*
Die Sch. überprüfen anhand des Rätsels (**M 17**) ihr Wissen.
Lösungen: 1. LAKSHMI; 2. VISHNU; 3. NANDI; 4. DURGA; 5. MUSCHEL; 6. TRIMURTI; 7. SARASVATI; 8. KARMA; 9. PUJA; 10. KASTEN; 11. VAISHYA; 12. GANESH; 13. SITA; 14. ANANTA; 15. DHARMA; 16. KRISHNA; 17. ASCHE; 18. BRAHMAN.
Lösungswort: HINDUISMUS IN INDIEN.
Die Lösungen ergeben sich z. T. auch aus Kursbuch Religion 9/10, S. 224 ff.

Religiöse Riten für alle Lebenslagen

■ *Gruppenpuzzle oder Lernzirkel*
1. Aufgabenblatt: Gruppenpuzzle (**M 18**)
2. Bild: Im frühen Kindesalter (**M 19**), Textblatt: Im frühen Kindesalter (**M 21**)
3. Bild: Vom Kind zum Erwachsenen (**M 20**), Textblatt: Vom Kind zum Erwachsenen (**M 22**)
4. Textblatt: Gemeinsam feiern (**M 23**), Bild: Haus-Puja (**M 24**)
5. Bilder: Zu Gott beten (**M 25**), Textblatt: Zu Gott beten (**M 26**)

■ *Hinduistische Begräbnisrituale*
Geschichte »Die Bestimmung des Schicksals« (**M 27**) vorlesen.
Fragen zum Text:
Was tut der Jüngling, um seinen Vater nach allen Vorschriften des Hinduismus in rechter Weise zu bestatten bzw. zu verbrennen?
1. Zähle die verschiedenen Aktionen des Jünglings auf.
2. Stelle aus diesen Aktionen den Ablauf einer Totenverbrennung auf.
3. Warum ist es für den Jüngling so wichtig, alle Riten im Zusammenhang mit der Verbrennung einzuhalten?
Informationsblatt für L.: Bestattungsritus (**L 10**)

Heilswege

L.-Info: Die Wege zum Heil (**L 11**)

■ *Verschiedene Wege zum Heil*
1. Einstieg: Mit Hilfe des Arbeitsblattes **M 28** (Schema zu den einzelnen Heilswegen) wird unter Anknüpfung an **M 7** »Wie das Leben so spielt« *Karma-Marga*, der Weg des Karmas, wiederholt.

2. Film: »Weisheit der Hindus« (s. oben AV-Medien) bzw. Benares – Heilige Stadt (**M 29**). Die Klasse wird in zwei Gruppen (arbeitsteilig) geteilt.
Beobachtungsaufgaben zum Film:
Erste Gruppe: Wie wird die persönliche Hingabe (Bhakti-Marga) an eine Gottheit praktiziert?
Zweite Gruppe: Wodurch zeichnet sich Inana-Marga aus?
3. UG/AB: Begleitend zum Auswertungsgespräch wird **M 29** vollständig ausgefüllt.

■ *Alternativen*
1. Film: »Benares«
Arbeitsblatt zu »Benares« (Inhalt von der EMZ) (**M 29**)
Im Unterschied zu »Benares«, einem Film, der mit Impressionen arbeitet, ist der Film »Weisheit der Hindus« systematischer und analytischer aufgebaut.
2. Vgl. Indisches Märchen zum Karma (**M 8**) aus dem 2. Aspekt (Karma), das auch hier behandelt werden kann.

■ *Wiederholung und Anwendung: Puzzlespiel*
Puzzlespiel: »Die drei Heilswege im Hinduismus«: Spielanleitung (**M 30a**), Spielplan (**M 30b**), Puzzleteile (**M 30c**).

■ *Yoga*
1. Der Yoga (Didaktischer Kommentar und Informationen) (**L 12**)
2. Übung zur visuellen und gedanklichen Konzentration (**M 31**)
3. Arbeitsblatt: Das klassische Yoga-System des Patandschali (**M 32**)
4. Mandalas (**M 33, M 34**)
5. L.-Information: Zur Rechtfertigung von Mandalas im christlichen Religionsunterricht (**L 13**)
6. Der Text: »Der Abgrund« von Kurt Marti (**M 35**) wird zunächst ohne Hinweis verteilt. Die Sch. bekommen dann den Auftrag, 10 bis 15 Minuten lang nur diesen Text zu betrachten. Sie sollen nicht reden und auch nichts anderes dabei tun. Danach:
7. UG: offenes Gespräch ohne L.-Dominanz.

Die Rolle der Frau im Hinduismus

■ *Traditionelle Redensarten*
1. Brainstorming/TA: Assoziationen sammeln zu: Speichel – Pflanze – eigen – fremd
2. Elfchen dichten: mit dem Wortvorrat auf der Tafel als Hilfe.
Gedichtschema: Ausgangswort – 2 Wörter – 3 Wörter – 4 Wörter – Schlusswort
Beispiel:

Ausgangswort	eine Farbe	grau
2 Wörter	etwas, das diese Farbe hat	Der Nebel
3 Wörter	genauere Bestimmung, wo es ist ist oder was es tut	Er umschließt mich
4 Wörter	etwas über sich selbst, mit »Ich« beginnend	Ich sehe nichts mehr
Schlusswort	ein abschließendes Wort	Allein

Aus: Unterwegs, Lesebuch 6, Ernst Klett Schulbuchverlag, Stuttgart 1992, S. 163
(Natürlich sind auch andere Textarten denkbar – Lyrik, Prosa ...)

3. UG: Besprechung der Ergebnisse im Klassenverband
4. TA/HE: Traditionelle Redensarten aus Indien:
   - Ein Mädchen im Hause ist wie Speichel am Boden: Einmal ausgespien, kann man sie nicht in den Mund zurücknehmen, ebenso wenig wie ein Mädchen in ihre ursprüngliche Familie zurückgeholt werden kann.
   - Einen Sohn aufziehen, das ist, als ob man eine Pflanze auf eigenem Grund und Boden düngte und bewässerte; wenn sie wächst, gibt sie Schatten und Frucht. Doch eine Tochter aufziehen, das ist, als ob man eine Pflanze auf fremdem Grund hegen würde. Ihre Dienstwilligkeit und ihre Liebesbereitschaft wird für Fremde herangebildet.

■ *Ein Fest für junge Inderinnen*
1. Vorlesen (L.) »Das Fest der Parvati« (**M 36**).
2. Umfrage (anonym): Bevor die Geschichte vorgelesen wird, wird der Arbeitsauftrag erteilt: »Möchtest du dieses Fest mitfeiern? Warum ja, warum nein?«
   Die Antworten können schon während des Vorlesens aufgeschrieben werden.
3. Sammeln: Die Zettel werden in einem Korb gesammelt, so dass Anonymität gewahrt ist.
4. Vorlesen: Jede/r Sch. zieht einen beliebigen Zettel aus dem Korb und liest ihn vor.
5. Tafel: Die Tafel ist in zwei Spalten (Ja und Nein) unterteilt. Einige Gründe werden aufgeschrieben.
   Klassenspiegel: Zu welcher Meinung tendiert die Klasse?
6. Diskussion: Während des Tafelanschriebs und/oder danach.

■ *Vorstellungen von Partnerschaft und Ehe*
1. Bild/Folie: Keith Haring: Untitled (**M 37**, bearbeitet als Schwarz-Weiß-Bild)
2. UG/Bildbetrachtung:
   - Die einzelnen Elemente des Bildes werden besprochen, Sch. äußern ihre Assoziationen, die auf der Folie an die entsprechende Stelle des Bildes geschrieben werden.
   - Die Klasse gibt dem Bild einen Titel, der auch aufgeschrieben wird.
3. Vorlesen (L.): Ram und Ayesha (**M 38**).
   Jede Gruppe erhält ein oder zwei Exemplare von **M 38** wegen der folgenden Aufgaben.
4. UG: Was erscheint europäisch erzogenen Jugendlichen in diesem Text befremdlich?
5. Nun wird die Klasse in vier Gruppen eingeteilt. Jede Gruppe erhält das Arbeitsblatt »Ram schreibt an seine Verlobte Ayesha« (**M 39**) und beantwortet seine Frage zum Brief.
6. Die Ergebnisse von Gruppe 1–3 werden auf Folie oder Tafel präsentiert (Lösungen für die Lehrerin/den Lehrer: **L 14**).
7. Folie/HE: Die Klasse schreibt die Ergebnisse auf ihr Arbeitsblatt ab.
8. Gruppe 4 präsentiert ihr Ergebnis zu der Frage: »Welche Voraussetzungen müssen eurer Ansicht nach für eine gut funktionierende Ehe gegeben sein?«
9. Diskussion im Klassenverband
10. Sch. bekommen das Folienbild **M 37** als Arbeitsblatt und malen es mit den Farben, die ihrer Ansicht nach zu der Situation passen, aus.

■ *Vertiefung: Tradition und Moderne*
1. A-B-C-Rollenspiel (**M 40**): Vertiefung durch potentielle Gespräche mit/von Ayeshas Eltern. Es werden Dreiergruppen (A, B, C) gebildet. Zuerst diskutieren A und B innerhalb der festgelegten Rollen, während C dieses Gespräch protokolliert. Nach einigen Minuten wird durch ein Zeichen von L. abgebrochen. Jetzt unterhalten sich B und C innerhalb festgelegter Rollen und A protokolliert das Gespräch. Danach diskutieren C und A, B protokolliert usw.
   Vor Beginn des A-B-C-Rollenspieles:
   1. Dauer der Einzelgespräche festlegen.
   2. Einigung auf »Schlusszeichen«.
2. UG: Nach Beendigung des A-B-C-Rollenspieles:
   Die Gesprächsnotizen werden in das Plenum eingebracht – Diskussion.
Alternative:
Natürlich ist es auch durchaus möglich, die Gesprächssituationen 1–4 (**M 40**) gesondert, also nicht im Rahmen eines A-B-C-Gespräches spielen zu lassen.

■ *Interview mit der indischen Frauenbewegung Manushi*
1. Arbeitsblatt **M 41**
   - in verteilten Rollen lesen lassen
   - Fakten (Geschichte, Gesetzgebung ...) unterstreichen
2. HE: Sch. fassen die auf dem Blatt angestrichenen Fakten selbstständig zusammen.
3. UG: Vorlesen, Besprechen im Klassenverband.

■ *Witwen in Indien*
1. Spiel: Die Ecken des Zimmers werden gekennzeichnet (Zahlen, Farben o. ä.). Die Gruppe versammelt sich in der Mitte des Zimmers. Auf L.-Kommando (Bsp.: Alle blonden Mädchen in Ecke Nr. 1) ordnen sich die Sch. den entsprechenden Ecken zu. Schließlich: Zuordnungen finden, bei denen zwei Sch. alleine in jeweils einer Ecke sitzen.
   L: diese beiden interessieren uns jetzt nicht mehr ...
   Mit dem Rest der Gruppe wird ein *Sitzkreis* gebildet.
2. Der Brief »Liebe Claudia« (**M 42**; Ayesha erklärt Claudia in einem Brief die Situation der Witwen in Indien) wird abschnittsweise von mehreren Sch. vorgelesen, um die Konzentration von den Sch. in der Ecke abzulenken.
3. UG: Spontane Äußerungen zu **M 42**, Verständnisfragen.
4. Sch. aus der Ecke werden in die Gruppe geholt und berichten über ihr Gefühl als Außenseiter.
5. TA: Stichworte zum Ergehen von Witwen in Indien, Menschen am Rande der Gesellschaft.

Im folgenden Verlauf sind Arbeitsform (EA, PA, GA) und Material frei wählbar. Vorschlag: Plakate gestalten.
6. Malen (EA, PA, GA):
   a) Sch. malen (auf ein Blatt oder Plakat) den Umriss einer Frau, aus deren Körperhaltung die zuvor gesammelte Befindlichkeit ersichtlich wird.
   b) Ausmalen mit passenden Farben.
7. Gedichtpuzzle: Gedichte von Rose Ausländer (»Allein«, »Nächstes Ziel«; **M 43**) in Puzzleteile zerschneiden und zusammensetzen lassen.
   Alternativ: Nur eines von beiden Gedichten wählen, Wahl begründen, Puzzleteile richtig auf ein Plakat kleben oder abschreiben.
8. Die Rede einer Witwe in Indien schreiben.
9. Präsentation/UG: Die Ergebnisse werden dem Plenum vorgestellt und besprochen.

*Alternative: Wer Stoff für eine Klassenarbeit braucht, kann auch aufgrund des Briefes »Liebe Claudia« (***M 42***) ein Frage- und Antwortspiel entwickeln lassen.*

Hinweis: Die Situation der Frau in Indien ist auch in den folgenden Texten (in Vorlesebuch fremde Religionen 2) gut aufgearbeitet:
- Die Frau ist dem Manne untertan
- Liebe bis über den Tod hinaus

Es ist auch möglich, mit dem Material und den unter »Literatur« genannten Internet-Links ein Projekt zu gestalten.

L 1   **FOLIE: KUTSCHE**

Lösung

- VERSTAND
- GEISTIGE KRAFT
- ATMAN (SELBST)
- 5 SINNE (AUGE, OHR USW.)

Zeichnung: Daniel Fleischmann

L 2   DÜRFEN DIE BEIDEN HEIRATEN? AUSWERTUNG

Auswertung des Rollenspiels:
1. Zunächst äußern sich die Schüler/innen:
   – Wer hat mich unterstützt?
   – Wer war gegen mich?
2. Auswertung der Beobachtungsaufgaben:
   – Notiert euch wesentliche Argumente.
   – Welche Allianzen haben sich gebildet?
   – Wo sind die Unterschiede der drei Gesprächspartner?

Möglicher TA:
Geschlossene Gesellschaft in Indien – und bei uns?

Indien:
Heute Konflikt zwischen moderner Menschenrechtsauffassung und traditionellem Kastenwesen. Das Kastenwesen wird als natürliche Lebensordnung empfunden, Kastenzugehörigkeit als Folge vergangener Karmas.

Gesellschaft in der BRD:
Konflikt zwischen Gleichheit vor dem Gesetz und sozialer Ungerechtigkeit.
Gleichheit wird vor allem als Chancengleichheit verstanden, nicht als Gleichwertigkeit. Unterschied zum Kastenwesen: Jede/r kann alles werden, zumindest theoretisch; im Kastenwesen ist dies aber unter Umständen erst in weiteren Reinkarnationen möglich.

1.–3. Welt:
Konflikt zwischen Menschenrechten und wirtschaftlicher und politischer Ungleichheit.

Vertiefende Texte zum Kastenwesen:
– »Der Bastard – Leila findet keinen Mann« (**M 12**)
– Schöpfungsmythos »Die Erschaffung der Kasten« aus der Rig-Veda/Indische Verfassung (**M 13**)

L 3   BRAHMA: DER SCHÖPFER

Im Hinduismus wechseln sich Weltentstehung und Weltuntergang periodisch ab. Brahma schläft jedes Mal 4.320 Millionen Erdenjahre, in denen die Welt verschwindet. Wenn er danach an einem neuen Brahmamorgen erwacht, bildet er im gleichen Zeitraum eine neue Welt.

Attribute: 4 bärtige Gesichter
                   4 Arme
                   Bücher
                   Muschel
                   Gebetsperlen
                   Lotus

Mit seinen 4 Gesichern überblickt Brahma alle 4 Himmelsrichtungen, er verkörpert auch die 4 Veden (älteste heilige Bücher der Hindus) und die 4 Hauptkasten. Die Bücher, die Brahma trägt, sind die Veden, die Muschel enthält das Urwasser oder den Trank der Unsterblichkeit. Die Gebetsperlen sind Zeichen der Frömmigkeit.

Reittier: weiße Wildgans oder Schwan

Die weibliche Seite des Brahma ist *Sarasvati*, die Göttin der Weisheit, der Wissenschaft und der Künste.

L 4   VISHNU: DER WELTERHALTER

Als Urgrund und Erhalter der Welt vertritt Vishnu die ewige Ordnung Dharma. Immer, wenn die ewige Ordnung des Dharma in Gefahr ist, erscheint er als Avatara (Herabkunft) in Tier- oder Menschengestalt. Rama und Krishna sind seine zwei wichtigsten Avataras. Die offizielle Vishnu-Theologie bezeichnet 10 (manchmal auch 22) Avataras: 1. Fisch, 2. Schildkröte, 3. Eber, 4. Mann-Löwe, 5. Zwerg, 6. Parashurama, 7. Rama, der Held des Epos Ramayana, 8. Krishna, 9. Buddha, 10. Kalki, der zukünftige Avatara, in dem Vishnu, auf dem weißen Pferd reitend, die Bösen vernichtet und alles für eine neue Abfolge der Weltzeitalter vorbereitet.

Attribute: *4 Arme*
ringförmiger Diskus
Keule
Muschel
Lotusblüte
Szepter
Edelstein

Der ringförmige Diskus ist Vishnus Waffe (oft auch noch Darstellung einer Keule); wenn in die Muschel geblasen wird, erklingt ein Ton. Die Lotosblüte ist Symbol des Ursprungs. Auf der Brust trägt Vishnu einen Edelstein, der alle heilsamen Wünsche erfüllt. Vishnu befindet sich im Schutz der vielköpfigen Schlange Ananta. Aus Vishnus Nabel wächst eine Lotosblüte, die den Gott Brahma trägt. Damit soll die Verflechtung der Götter versinnbildlicht werden.

Reittiere: Garuda, der adlerähnliche Wundervogel und die Weltenschlange Ananta. In Garuda drückt sich Vishnus Handeln aus, seine Eingriffe in das Geschehen der Welt, wodurch sie erhalten bleibt. Die Schlange symbolisiert die Ewigkeit, den kosmischen Kreislauf der Kräfte.

Die weibliche Seite des Vishnu ist *Lakshmi*, die Göttin der Liebe, der Schönheit und des Glücks. Ihr gemeinsamer Sohn ist der Liebesgott *Kama*.

L 5   SHIVA: DER ZERSTÖRER

Shiva ist Gott der Zerstörung, des Wandels und ein Heilsbringer. Er wird von den Gläubigen mit 1008 Namen angerufen.

Attribute: *4 Arme*
Dreizack
3 Augen
Tigerfell
Schlangen
Gebetsperlen
Flechtenkrone

Haarschmuck:
Halbmond und Bildnis der Ganga (= Ganges)

Die 3 Augen und der Dreizack, den er als Waffe trägt, weisen Shiva als universellen Gott aus. Manchmal sind ihm auch ein Gefäß mit Nektar und eine Trommel zugeordnet, auf der er sich im Tanz selbst begleitet. Sie ist Symbol für die Erschaffung der Welt, weil dies mit großem Getöse geschah. Das Tigerfell, das Shiva um die Hüften trägt, ist Symbol für den Urmenschen. Ist seine Haartracht als Flechtenkrone abgebildet, so ist sie Zeichen des Absoluten. Wenn er einen Haarknoten oder eine verfilzte Mähne hat, so symbolisiert dies den Asketen- oder Yogiaspekt Shivas. Dann wird er oft weiß abgebildet, als ob er mit Asche bestäubt wäre. Hat Shiva Flammenhaar auf dem Haupt, so symbolisiert dies seinen destruktiven Aspekt. Als Gott der Zeit, der von allen Gesetzmäßigkeiten des Universums und vom göttlichen Plan weiß, gilt er für seine Anhänger als Meister und Lehrer der Erkenntnis. Als Urbild der Yogis und Sinnbild von Zeugung und Fruchtbarkeit ist er die Versöhnung aller Gegensätze. Deshalb wird Shiva oft zweigeschlechtlich dargestellt.

Reittier: Der bucklige Stier Nandi, Symbol männlicher Zeugungskraft; er bezeugt auch Shivas kriegerische und zerstörerische Natur.

Die weibliche Seite Shiva ist seine Gemahlin *Parvati* (oder *Uma*. Sie ist die Tochter des Himalaya und die Schwester des Ganges, Sinnbild der unzertrennlichen Einheit von Gott und Göttin). *Parvati*, schön und weiblich, kann auch in ihren Gestalten als wilde *Durga* oder schreckliche *Kali* erscheinen.

Söhne des Shiva und der Parvati: *Ganesh* und *Skanda*, der Kriegsgott.

L 6   GANESH

Herr der ewigen Überlieferung, beseitigt Hindernisse und schützt die Gelehrsamkeit

Attribute: 4 Arme
             Elefantenkopf
             ein Stoßzahn
             dicker Bauch

Der Elefant ist für die Inder das weiseste Landtier. Der Elefantenkopf ist Symbol für die Einheit der kleinen sterblichen Welt, in welcher der Mensch lebt, mit dem Universum der großen kosmischen Gesetzmäßigkeiten, die unser menschlicher Kopf nicht begreifen kann. Mit seinen 4 Armen beherrscht Ganesh die ganze Welt.

In den Händen hält er einen zweiten Stoßzahn, Lotos, Muschel, Rad, Schlinge oder andere shivaitische Symbole. Auch das Stirnauge weist auf die Zugehörigkeit zu Shiva hin.

Reittier: Ratte oder Maus als Zeichen der Schläue, weil diese sich in der Nacht Zugang zu verschlossenen Getreidespeichern verschaffen.

L 7   KALI

Göttin der Rache und des Unheils, manchmal aber auch des Bewahrens und der Kraft

Attribute: 4 Arme
             Schwarze Haut
             weit heraushängende Zunge
             Kette mit 8 abgeschlagenen Köpfen oder 7 Totenschädeln
             Abgeschlagenes Haupt in der Hand

Kali ist die Gemahlin Shivas in ihrer furchtbaren Gestalt, sie repräsentiert die zerstörerische Seite der weiblichen Kraft.

L 8   KRISHNA

Gott der Hirten und Bauern, der die Menschen und Tiere liebt.

Attribute: Goldflöte
Schöne Kleider

Krishna erinnert an die Urgewalt der Töne und an die Faszination alles Schönen.

Krishnas Liebesverhältnis mit dem Hirtenmädchen *Radha* wurde zum Symbol der Liebe Gottes zur menschlichen Seele.

Die Anhänger Vishnus orientieren sich vielfach an Krishna, einer Inkarnation des Vishnu, und erhoffen sich die Erlösung durch *bhakti*, die liebende Hingabe.

L 9   SARASVATI

Göttin der Weisheit, der Wissenschaft und der Künste (v.a. Musik und Tanz)

Attribute: 4 Arme
Stabzither (Vina)
Buch
Gebetsperlen

Sarasvati wird immer als schöne weiße Frau dargestellt.

Oft erscheinen auf ihren Darstellungen auch eine weiße Wildgans (Bezug zu ihrem Mann Brahma) und fließendes Wasser (Sarasvati war ursprünglich eine Flussgöttin).

Reittier: Pfau

L 10 — BESTATTUNGSRITUS

Informationen für den Lehrer/die Lehrerin:
- Die Nachricht vom Tod wird den Verwandten und Freunden sofort mitgeteilt.
- Man bringt den Toten in der Regel nicht eher fort, bis die allernächsten Verwandten innerhalb von 12 oder 15 Stunden nach dem Tod angekommen sind.
- Die Leiche wird gewaschen und gereinigt und in weiße Tücher der Trauer gehüllt oder mit einem weißen Tuch bedeckt. Das Gesicht muss frei bleiben.
- Sechs Verwandte tragen den Toten auf einer Bahre zum Verbrennungsplatz, während die anderen Verwandten, Nachbarn und Freunde folgen.
- Auf den Scheiterhaufen kommt trockenes Holz, Sandelholz und Ghee (= Butterfett), damit das Holz sich leicht entzündet.
- Trockene Stücke von zerquetschtem Zuckerrohr werden angezündet und auf verschiedene Stellen des Scheiterhaufens gelegt.
- Für die Verbrennung ist in der Regel der älteste Sohn verantwortlich, während der Verbrennung sollen sich nur Angehörige in der Nähe des Toten aufhalten.
- Der älteste Sohn muss den Scheiterhaufen anzünden. Er schreitet mit dem brennenden Holzscheit siebenmal um den Scheiterhaufen herum, wobei er jedes Mal mit dem Holzscheit das Kopfende des Scheiterhaufens berührt.
- Der Schädel muss platzen oder zerbrochen werden. In der Stunde des Todes ist die Seele in den Kopf hinaufgestiegen, woraus sie befreit werden muss.
- Der Priester singt Hymnen aus geheiligten Hindubüchern.
- Man darf erst weggehen, wenn man die Leiche nicht mehr sehen kann.
- Der Sohn muss bleiben, bis der letzte Funke erloschen ist.
- Am nächsten Tag kommt die Trauerfamilie zusammen und sucht den Verbrennungsplatz auf.
- Die Überreste des Toten und seine Asche sollen gesammelt und in den Ganges gestreut werden (= Einswerden mit dem göttlichen Element. Der heilige Ganges trägt die Asche ins Meer, dort wird sie zusammen mit dem Wasser des Ozeans von der Sonne aufgesogen und mit dem Regen dem Himalaya-Gebirge zugeführt. Im Himalaya aber ist die Quelle des Ganges und so bleibt die Asche für alle Zeiten im ewigen Kreislauf Ganges-Ozean-Regen-Ganges). In entfernten Landesteilen gilt jeder Fluss oder das Meer als gleichwertig.
- Am vierten Tag besuchen die Verwandten und Freunde wiederum das Haus des Verstorbenen, um ihrem Schmerz Ausdruck zu geben und der Familie Trost zu spenden.
- Eine Trauerfeier findet statt. Die Hinterbliebenen erhalten Geschenke in Form von Geld, Nahrung oder Kleidung. Es werden Gebete gesprochen für den Frieden der Seele des Verstorbenen.
- Am elften oder manchmal am dreizehnten Tag nach dem Tod feiert man das Kriyafest, welches die letzte Zeremonie ist. Es kommen noch einmal alle früheren Trauergäste zusammen und auch andere, die vorher nicht kommen konnten, um der Familie ihr Mitgefühl zu bekunden.

Unter Verwendung von: Gröger, Regina u.a. (Hg.): Hinduismus, Folienmappe. Kordon, Klaus; Wie Spucke im Sand

L 11 — DIE WEGE ZUM HEIL

I. Der normale Mensch versteht ohne größere Anstrengung und ohne religiöse Anleitung die Welt nicht, wie sie wirklich ist. Der normale Mensch kann nicht zwischen dem äußerlichen Erscheinungsbild und dem wahren Wesen der Dinge unterscheiden. Der Schleier der Maya verbirgt ihm den Blick auf die Wirklichkeit.

II. Da alles in der Welt aus Gott hervorgegangen ist, ist die wahre Wirklichkeit hinter allen Erscheinungen etwas Göttliches, das nicht aus Materie besteht. An diesem Göttlichen hat der Mensch mit seinem innersten Selbst (Atman) Anteil. Dieses innerste Selbst (Atman) ist verbunden mit dem Welt und Mensch umgreifenden Göttlichen (Brahman).

III. Das wichtigste Ziel aller Bemühungen des Menschen um das Heil ist die Befreiung des innersten Selbst aus seiner vergänglichen, irdischen Hülle und seine Wiedervereinigung mit dem Göttlichen (Brahman). Nur so kann er hoffen, aus dem Kreislauf der Wiedergeburt erlöst zu werden.

IV. Das Heil kann zunächst in einer zeitweiligen Erlösung aus dem Lebenskreislauf bestehen, einem vorläufigen Aufenthalt im Himmel, aus dem man wieder in den Kreislauf der Wiedergeburt zurückgeschickt wird. Endgültige Erlösung (Mokscha) findet das innerste Selbst (Atman), wenn es sich mit dem Göttlichen (Brahman) endgültig vereinigt.

V. Diese grundlegenden Ziele vor Augen, hat der Hindu mehrere Möglichkeiten, sich je nach seinen Lebens- und Kastenverhältnissen um die Erlösung zu bemühen:

1. Der Weg der Werke = Karmamarga

Hier muss man sich vor allem an die Regeln der jeweiligen Kaste, der religiösen Bräuche (Rituale, Feste, Feiern, Opfer usw.), aber auch an astrologische Ratschläge halten.

■ Karmamarga in Stichpunkten:
- führt nicht direkt zur Erlösung, schafft aber die Vorbedingungen dafür durch Verbesserung des eigenen Karmas.
- Befolgung der spezifischen Regelungen einer Kaste mit Riten und Opfern führt zur Wiedergeburt als Mensch. Brahmane: viele Opfer täglich, geregelter Tagesablauf (Pflichtenkatalog) Weisungen aus dem Bereich der Astrologie; Rest des Tagesablaufs: Beruf.
- Der Tag ist durch bestimmte Riten geregelt.
- Moralische Gebote, z.B. nicht nach dem Besitz eines Anderen oder nach einer Lüge trachten, nicht in Gedanken Böses planen etc.

2. Der Weg der Erkenntnis = Inanamarga

Ein gutes Stück weiter als der Weg der Werke führt der Weg der Erkenntnis. Zwar kann er den Weg der Werke durchaus einschließen, aber er führt weiter. Das Ziel ist höher gesteckt: Befreiung aus dem Kreislauf der Wiedergeburt. Dazu muss man den Urgrund der Welt (Brahman) erkennen und verstehen lernen. Da das Göttliche (Brahman) ewig ist, nimmt man beim Erkennen des Brahman an dieser Unsterblichkeit teil. Der Erkenntnisweg setzt allerdings voraus, dass man schon in einer der drei obersten Kasten geboren ist.

■ Inanamarga in Stichpunkten:
- Vertiefung von Karmamarga, will den transzendenten Bereich erschließen.
- für gebildete Menschen
- Ziel: Die Befreiung vom Kreislauf der Wiedergeburten, nicht nur die Verbesserung des Karmas.
- Inanamarga bedarf der Anleitung durch einen Guru.
- Philosophen und Yogis erreichen selbst die Erkenntnis, dass Atman = Brahman, d.h. dass das wahre Selbst des Menschen eins mit dem göttlichen Urgrund ist.

3. Der Weg der liebenden Hingabe = Bhaktimarga

Der vielleicht beliebteste Heilsweg in Indien ist aber der, den man als den Weg der liebenden Hingabe bezeichnet. Gemeint ist, dass man sich mit seinen Sorgen, Hoffnungen, seinem ganzen Vertrauen, Gefühl und Liebe einem Gott zuwendet. Da hier der ganze Mensch, samt Gefühl und allen Sinnen, angesprochen ist, ist der Zugang zur vertieften Religion natürlicher und einfacher. Man muss nicht mehr Tausende von Regeln und Gesetzen im Auge behalten, man muss auch nicht komplizierte philosophische Gedanken denken können, sondern alle Menschen bis hin zu den Kastenlosen können an dieser Art der Heilssuche teilnehmen. Ähnlich wie beim Weg der Erkenntnis kann beim Weg der liebenden Hingabe die Vereinigung mit dem Göttlichen (Brahman) erreicht werden.

■ Bhaktimarga in Stichpunkten:
- Bhakti ist die hingebungsvolle Gottesliebe, Hingabe an einen persönlichen Gott (z.B. Krishna).
- Emotionaler Zugang zur höchsten Gottheit; der affektive Bereich wird angesprochen.
- Persönliches Gottesverhältnis. Gläubige/r = Diener/in Gottes
- Unaufhörliche Beschäftigung mit Gott, die sich beispielsweise im Hören geweihter Legenden und im Preisen seines Namens äußert.
- Die Bhakti hat die Frömmigkeit der breiten Massen der indischen Bevölkerung geprägt.
- Bhakti ist für Menschen aller Kasten möglich, auch für Frauen und Kastenlose.
- Zusammensein mit frommen Menschen
- noch deutlicherer Verzicht auf sinnliche Genüsse
- Verzicht auf den Lohn der guten Werke
- wichtig ist ein reiner, sittlicher Lebenswandel
- Die Hilfe eines geistigen Lehrers ist manchmal nötig.
- Höchste Entfaltung: Die Seele des Frommen fühlt sich als Geliebte Gottes.

4. Yoga (= 1.–3.)

Anmerkung: Die Bhagavad-Gita[1] (= Bhakti-Schrift) versucht, alle Heilswege als gleichberechtigt und zum gleichen Ziel führend darzustellen.
Unter Verwendung von: Kursbuch Religion 9/10 Lehrerhandbuch, S. 271 ff.

---

[1] Bhagavad-Gita (sanks.): 18 Gesänge religiös-philosophischen Inhaltes, zurückgehend bis ins 4. Jahrhundert v. Chr. (aus: *Duden-Lexikon, Duden Verlag*, Mannheim/Wien/Zürich 1969, S. 235).
Der »Gesang Gottes«; dieses Werk bezeichnet einen Wendepunkt im Hinduismus, denn hier wird zum ersten Mal ein völlig neuartiges Element hinduistischer Geistigkeit spürbar: Gottes Liebe zum Menschen und des Menschen Gottesliebe (aus: Zaehner, R. C.: *Der Hinduismus,* Goldmann Verlag, München 1979, S. 16).

L 12 DER YOGA: BAUSTEIN »YOGA«

■ Didaktischer Kommentar:
Unsere Informationen zum Thema beschränken sich auf ein Minimum.

Die Unterrichtsstunde besteht aus zwei Teilen:
a) »Gedankenübung«
b) Weiterführung im Unterrichtsgespräch und Klärung mit Hilfe eines Informationsblattes.

Der Unterricht beginnt mit einer kleinen Konzentrationsübung, deren Ergebnis von den Sch. im Heft festgehalten wird. Es ist wichtig, den Begriff der »Konzentrationsübung« nicht vorzugeben, sondern ihn durch die Sch. im Anschluss an ihre Erfahrung selbst finden zu lassen. Leitfrage ist dabei, welches Ziel diese Übung verfolgte.
Unter der gleichen Fragestellung wird der Begriff »Yoga« beleuchtet.
Zur Vertiefung und Klärung dienen die Informationen unter »Infoblatt«.

☐ Zu a): Hinführung zum Thema durch eine Gedankenübung:
Hinweis für die Lehrerin oder den Lehrer:
Vor dieser Übung sollten vorher zwei Grundvoraussetzungen geklärt werden:
1. Kurze Information darüber, was die Sch. erwartet.
2. Das Augenschließen ist eine große Hilfe, sollte aber freiwillig sein.
Es folgt eine kleine praktische Übung.

■ Übung:
Siehe Arbeitsblatt »Übung zur gedanklichen und visuellen Konzentration« (**M 31**).

☐ Zu b): TA/Hefteintrag: Was ich »gesehen« habe!
Schüler/innen zeichnen ihre innere Vorstellung unter dem oben genannten Thema ins Heft.
Später erfolgt ein Austausch in der Klasse.
☐ Unterrichtsgespräch:
– Welchen Sinn hat diese Übung?
– Worin unterscheidet sich Yoga von dieser Konzentrationsübung?
 (Vorwissen der Sch. klären)
Alternativ wäre die Textmeditation »Der Abgrund« möglich (aus: Marti, Kurt: Fromme Geschichten, Radius Verlag, Stuttgart, 1994, S. 113).

■ Infoblatt:

☐ Definition aus einem Lehrerhandbuch:
Eine Kombination aller Heilswege wird im Yoga angeboten. Mit Yoga verbinden wir die Vorstellung einer Technik spirituellen Trainings zur Kontrolle des Leibes und des Geistes mit dem Ziel, die höchste Bestimmung des Menschen, die Einheit von Atman und Brahman zu verwirklichen.

(Kursbuch Religion/Lehrerhandbuch, 1981, Calwer Verlag; S. 280)

☐ Definition aus einem Lexikon:
Joga (Yoga) (Sanskrit), philos.-religiöses Meditationssystem Indiens mit dem Ziel, die Seele von der Materie zu trennen, um sie in einen Zustand der Bewusstlosigkeit jenseits der Welt zu führen.
Dazu bedient sich der Jogi der acht Glieder des Joga:
1. Yama (Disziplin): Einhaltung bestimmer Gebote, z. B.: niemandem Schaden zufügen, nicht stehlen.
2. Niyama (Reinheitsvorschriften): z. B.: Askese, forschen in den Schriften.
3. Asana (Körperhaltungen): z. B.: verschiedene Körperpositionen, wie Lotussitz.
4. Pranayama (Beherrschung des Atems): achten auf den Atemvorgang, z. B. Atemvorgang verlangsamen.
5. Pratyahara (Zurückziehen der Sinne): Die Sinnesorgane entfernen sich vom Wahrnehmen äußerer Reize, d. h. völlige Isolierung von der Außenwelt.
6. Dharana (Konzentration): z. B.: Fixierung des Denkens auf einen Punkt, auf Herz, Stirn, äußere Objekte oder auf ein Mandra.
7. Dhyana (Meditation): Tiefes Eindringen in den Gegenstand, bis hin zum Einswerden.
8. Samadhi (Versunkenheit): Einheitserfahrung. Völliges Aufgehen des Personenkerns (Atman) mit Brahman, wenn dieser als Objekt der Meditation dient. (Höchstes Ziel des Joga.)

Der Joga hat verschiedene Schulrichtungen ausgebildet. Der Hatha-Joga (Anstrengungs-Joga) stellt die körperlichen Übungen in den Vordergrund, der Karma-Joga (Tat-Joga) die sittlichen Werte, der Radscha-Joga (königlicher Joga) die intuitive Einsicht.

(Meyers Taschenlexikon)

L 13 MANDALAS

Mandalas und Christentum

»In allen Bereichen der Natur und der Kultur ist der Kreis ein Grundsymbol. Seit Urzeiten dient er als Hilfe bei der Besinnung, der Versenkung, der Konzentration (...), weil der Kreis automatisch die Aufmerksamkeit auf die Mitte lenkt.

»Mandala« ist das altindische Wort für »Kreis« und bezeichnet zunächst einmal ein sehr altes Meditationszeichen aus dem buddhistischen (indisch/tibetischen) Kulturkreis. Allerdings ist es sehr *früh auch in der christlichen Religion zu finden* (z. B. bei den Fensterrosetten gotischer Kathedralen).«

Aus: Hund, Wolfgang: Mandalas für Frühling, Sommer, Herbst und Winter, Verlag an der Ruhr, Mülheim a. d. Ruhr, 1996, S. 5 + 6

»Der Kreis in den Religionen: Jede Religion hat versucht, Formeln zu finden für die Versöhnung dieser Gegensätze, Bilder für die Zusammengehörigkeit von Zentrum und Umkreis, von Gott und Welt. Der christliche Mystiker *Meister Eckhart* zeichnet gleichsam das Gleichnis des Kreises nach, wenn er sagt: »Gott ist drinnen, wir sind draußen.«

Aus: Küstenmacher, Marion u. Werner: Energie und Kraft durch Mandalas, Ludwig Buchverlag, München, 1998, S. 5

»Zu seiner Vollendung kommt diese Dynamik in der christlichen Vorstellung von der Menschwerdung Gottes. Gott nimmt Menschengestalt an, zu einem ganz bestimmten Zeitpunkt innerhalb der Geschichte, an einem ganz bestimmten Ort. Mittelpunkt und Kreislinie berühren sich durch das Kreuz. Das Urbild des Kreuzes ist das Zusammentreffen zweier Linien, die sich im Unendlichen verlieren.

Eine sinnliche Entsprechung für die Kombination von Menschwerdung und Unendlichkeit fanden die *christlichen Mönche*, als sie unter den Kelten im heutigen Irland Mission betrieben. Hier gelang es, das keltische Erbe mit den Inhalten des Neuen Testamentes zu verschmelzen. Eindrucksvollstes Zeugnis sind die Sonnenkreuze, bei denen sich beide Symbole ineinander verflechten.«

Aus: Küstenmacher, Marion u. Werner: Energie und Kraft durch Mandalas, Ludwig Buchverlag, München, 1998, S. 7

Die Lutherrose

Nicht zuletzt lohnt es sich, über die Form der »Lutherrose« nachzudenken.

Während des Aufenthaltes auf der Veste Coburg (1530) schenkte der Kurprinz Johann Friedrich Luther ein goldenes Petschaft (Stempel zum Siegeln z. B. von Briefen) mit der Lutherrose.

Luther hatte dieses Zeichen schon 1516 aus seinem Familienwappen entwickelt und als Sinnbild seiner Theologie gedeutet. Dazu schreibt er in einem Brief:

»Weil ihr begehrt zu wissen, ob mein Petschaft recht troffen sei, will ich Euch meine ersten Gedanken anzeigen zu guter Gesellschaft, die ich auf mein Petschaft wollte fassen als in ein Merkzeichen meiner Theologie.

Das erste sollte ein Kreuz sein: schwarz im Herzen, das seine natürliche Farbe hatte, damit ich mir selbst Erinnerung gäbe, dass der Glauben an den Gekreuzigten uns selig machet. Denn der Gerechte wird seines Glaubens leben, den Glauben an den Gekreuzigten.

Solch ein Herz aber soll mitten in einer weißen Rose stehen, anzuzeigen, dass der Glaube Freude, Trost und Friede gibt, darum soll die Rose weiß und nicht rot sein; denn die weiße Farbe ist der Geister und aller Engel Farbe. Solche Rose stehet im himmelfarbenen Felde, dass solche Freude im Geist und Glauben ein Anfang ist der himmlischen Freude unkünftig.

Und in solch Feld einen güldenen Ring, dass solch Seligkeit im Himmel ewig währet und kein Ende hat und auch köstlich über alle Freude und Güter, wie das Gold das höchste, edelste und köstlichste Erz ist.«

L 14 RAM SCHREIBT AN SEINE VERLOBTE AYESHA

Lösungen:

Gruppe 1: Weshalb erscheint Ayesha ihrem Verlobten Ram als geeignete Braut und Ehefrau?
- Ihre beiden Horoskope passen sehr gut zusammen.
- Ram findet Ayesha attraktiv.
- Beide stammen aus der gleichen Kaste (Brahmanen).
- Sie ist eine gebildete Brahmanin.
- Sie wurde in einer guten, wohlhabenden Familie erzogen.

Gruppe 2: a) Welche Bedingungen müssen Rams Ansicht nach erfüllt sein, damit die Hochzeit stattfinden kann?
- Die beiden Horoskope müssen sehr gut zusammenpassen.
- Ayeshas Vater muss die von Rams Familie geforderte Höhe der Mitgift akzeptieren.
- Ram muss seine Doktorprüfung abgeschlossen haben.
- Sie muss seine Wünsche respektieren.

b) Was erfahren wir aus Rams Brief über Ayeshas Wünsche zu Hochzeit und Ehe?
- Es ist ihr unwohl bei dem Gedanken, nach der Hochzeit in das Haus von Rams Familie zu ziehen.
- Ayesha will nur mit Ram zusammen wohnen.

Gruppe 3: Wie äußert sich Ram zu den Aufgaben und zur Stellung seiner späteren Ehefrau?
- Sie muss bei seiner Familie wohnen.
- Sie darf die Möglichkeit, nicht bei seiner Familie zu wohnen, nicht mehr erwähnen.
- Er verlangt von Ayesha die Hochschätzung der Tradition.
- Sie muss Söhne zur Welt bringen.
- Sie wird Eigentum von Rams Familie.
- Eine junge Ehefrau hat die unterste Stufe in der Hierarchie ihrer neuen Familie inne.
- Ayesha muss allen Familienangehörigen von Ram gehorchen.

M 1 **KREISLAUF DER WIEDERGEBURT**

Kreislauf der Wiedergeburt aus einer deutschen Ausgabe der Bhagavad-Gita. © The Bhaktivedata Book Trust

M 2 NADSCHIKETA

In dieser Geschichte aus der Upanishadenzeit* sucht der Junge Nadschiketa eine Antwort auf die Frage, ob es ein Leben nach dem Tod gibt. Schließlich beantwortet der Totengott Yama seine Frage folgendermaßen:

Und so begann Yama den Jungen zu lehren: »Nadschiketa, vor dem Menschen liegen zwei Wege, von denen er einen wählen kann. Die Weisen wählen den guten Pfad, auf dem man das Selbst (= Atman) erkennen und verwirklichen kann. Die Törichten wählen den Weg weltlicher Vergnügungen und geraten so in den nicht mehr endenden Kreislauf von Geburt, Heranwachsen, Altern und Tod.« Und weiter sagte Yama: »Wenn ein Mensch stirbt, dann geht nur sein Körper zugrunde, nicht jedoch das eigentliche Selbst (= Atman).« »Ist das denn nicht dasselbe?« »Nein, das Selbst befindet sich im Körper wie ein reisender Passagier in der Pferdekutsche, Kutsche und Passagier sind zweierlei.« Da meinte Nadschiketa: »Ist dann wohl das eigentliche Selbst des Menschen Wille und Verstand?« »Nein«, sagte Yama, »der Verstand verhält sich zum Selbst wie der Wagenlenker zum Passagier, den er befördert. Das Selbst ist auch zu unterscheiden von den Sinnesorganen. Diese gleichen den Pferden, die den Wagen ziehen. Die Sinnesorgane zerren den Menschen in verschiedene Richtungen. Denk an das Auge. Du sitzt da und schreibst. Da siehst du beim Aufblicken ein hübsches Mädchen, das einen Krug Wasser auf dem Kopf vom Brunnen heimwärts trägt und schon bist du abgelenkt. Oder du sitzt und meditierst. Da dringt Musik in deine Ohren und du wendest dich ihr zu. Der Duft einer Blüte, die köstlich schmeckende Frucht, das Empfinden von Hitze und Kälte, all das kann dich beherrschen. So wie die Pferde durch die Zügel in die richtige Richtung gelenkt werden, so zügelt die geistige Kraft die Sinnesorgane. Und wenn wieder ein hübsches Mädchen beim Schriftstudium vorbeikommt, dann sagst du dir: »Ich schaue einfach nicht hin. Ich lese die heiligen Schriften und lasse mich durch nichts ablenken. Wenn die Pferde, die einen Wagen ziehen, auseinander laufen, wird kein Ziel erreicht. Genauso wenig kann der Mensch irgendein Ziel erreichen, der seine Sinne nicht unter Kontrolle hat.« Auf diese Weise erklärte Yama dem Nadschiketa das Wesen des Selbst: »Es wird nicht geboren und stirbt nicht. Wenn alles Begehren aufgegeben wurde, dann wird der Mensch unsterblich. Er wird eins mit Gott, sogar schon in dieser Welt.«

Aufgabe:
Wie erklärt der Totengott Yama dem Jungen die Ursachen für die Reinkarnation?
1. Beschrifte die Zeichnung **L 1**.
2. Welche Möglichkeiten gibt es für den Menschen, aus dem Kreislauf der Wiedergeburten zu entkommen?
3. Was bleibt nach dem Tod auf der Erde zurück und was wird wiedergeboren?

---

* Upanishaden (sansk.: Gemeinlehren): philosophische Traktate (= Abhandlungen), deren ältestes wohl um 800 v. Chr. anzusetzen ist. Die Upanishaden handeln vom Wesen des Absoluten, des allem zugrunde liegenden Weltgeistes; in ihnen ist auch der Glaube an die Seelenwanderung entwickelt worden.

M 3   **FRAGEBOGEN**

1. Hältst du Wiedergeburt für möglich?

2. Hast du schon einmal eine Situation erlebt, von der du den Eindruck hattest: ›Das gab's schon mal!‹, obwohl du sicher bist, dass du diese Situation noch nicht erlebt hast?

3. Was von deiner Persönlichkeit wird deiner Meinung nach wiedergeboren:
   – Leib,
   – Seele oder
   – Geist?

4. Glaubst du, dass deine guten oder schlechten Taten Folgen für das nächste Leben haben?

5. Hältst du diese Vorstellung für vereinbar mit dem christlichen Glauben?

6. Würde es dich eher beruhigen oder beunruhigen, immer wieder in das »Rad der Wiedergeburt« zurückzukehren?

M 4 »WIEDERGEBURT: JA ODER NEIN?«

Viele glauben an Wiedergeburt – Rund zwölf Prozent »haben schon einmal gelebt«

ALLENSBACH (dpa) – Etwa jeder zehnte Bundesbürger glaubt an die Wiedergeburt. Auf die Frage »Glauben Sie, dass Sie früher schon einmal gelebt haben«, antworteten nach Angaben des Instituts für Demoskopie Allensbach zwölf Prozent von 2264 befragten Bundesbürgern mit ja.

74 Prozent sagten nein und 14 Prozent konnten sich nicht entscheiden. Die Allensbacher Meinungsforscher betonten, dass auf die absolute Bevölkerungszahl hochgerechnet rund sechs Millionen Bundesbürger an Seelenwanderung und Wiedergeburt glaubten.

Dabei gehöre diese Vorstellung eher ins hinduistisch-buddhistische Religionsverständnis und sei im christlich-abendländischen Raum eher fremd. Deutliche Unterschiede zeigen sich in den Antworten, wenn man nach dem Geschlecht und dem Alter differenziert. So sagen immerhin 15 Prozent der befragten Frauen, dass sie an Wiedergeburt glaubten. Bei den befragten Männern hatten nur neun Prozent diesen Glauben.

Überdurchschnittlich hoch ist der Glaube daran auch bei jüngeren Leuten mit höherer Schulbildung. So meinten in der jetzt veröffentlichten repräsentativen Umfrage 19 Prozent der 16- bis 29-Jährigen und 18 Prozent der 30- bis 44-Jährigen dieser Gruppe, sie hatten früher schon einmal gelebt. Die Demoskopen kommentierten dies als einen aktuellen Trend: »Der Glaube an Seelenwanderung und Wiedergeburt hat offensichtlich Konjunktur.«

Stuttgarter Nachrichten, 17.3.1990

Fragen zum Zeitungstext:
1. Hättest du gedacht, dass jeder zehnte Bundesbürger an Wiedergeburt glaubt, oder hättest du gedacht, es seien mehr, oder weniger? Warum?
2. Der Gedanke an die Wiedergeburt stammt ursprünglich aus dem indisch-asiatischen Raum. Wie erklärst du dir, dass dieser Gedanke bei uns so populär ist?
3. Warum glauben deiner Meinung nach mehr Frauen als Männer an Seelenwanderung und Wiedergeburt?
4. Wie erklärst du dir, dass relativ viele jüngere Menschen mit höherer Schulbildung an die Wiedergeburt glauben?
5. Stimmst du mit den Demoskopen (= Meinungsforschern) überein, wenn sie behaupten, der verstärkte Glaube an die Wiedergeburt folge dem aktuellen Trend?
6. Vergleiche den Glauben an die Wiedergeburt mit den Aussagen des Christentums. Lies dazu unser Glaubensbekenntnis.

Die Lehre von der Wiederkehr
ist zweifelhaften Sinns;
es fragt sich sehr, ob man nachher noch sagen kann, ich bin's.

Wilhelm Busch

Ein Mal jedes,
nur ein Mal.
Ein Mal und nicht
mehr.
Und wir auch ein Mal.
Nie wieder.

Rainer Maria Rilke

Fragen zu den Gedichten:
Wilhelm Busch und Rainer Maria Rilke sehen den Glauben an die Wiedergeburt kritisch.
1. Welche Frage beschäftigt die Dichter jeweils?
2. Beziehe zu den beiden Aussagen Stellung.
3. Welches Gedicht ist deiner Meinung nach treffender? Warum?

M 5 »SCHON EIN PAAR MAL AUF DER WELT«

Das ist ein Franz Beckenbauer, wie ihn bisher nicht viele kennen. Er glaube an ein Leben nach dem Tod und er sei sicher »schon ein paar Mal« auf der Welt gewesen. Solcherart private Gedanken äußerte Beckenbauer in einem Interview mit dem Magazin »Penthouse«. Vor dem Tod habe er »mit Sicherheit« keine Angst, erzählte der 47-Jährige. »Aber ich weiß nicht, ob ich nicht Angst vor dem Sterben habe. Ich wünsche mir jedenfalls, dass ich bewusst sterbe. Mit Schmerzen. Ich kann Schmerzen gut ertragen. Ganz sicher glaube ich, dass es ein Weiterleben gibt. Sei es sogar eine Zurückversetzung auf die Erde, wenn du deine Hausaufgaben nicht gemacht hast.«

Da hat Beckenbauer auch konkrete Vorstellungen. »Wenn du mal als Mensch auf der Welt warst, hast du die Stufen Pflanze und Tier überschritten. Vielleicht versuche ich, den Abteilungsleiter dort oben zu überzeugen, dass er mich als Frau runterschickt.« Ist es der Reiz, vielleicht ein Kind zur Welt zu bringen? »Zum Beispiel.« Aber es gibt auch andere Aspekte: »Frauen sind vielleicht einfühlsamer. Ich will nicht sagen intelligenter, aber sie haben natürlich einiges voraus.«

Stuttgarter Zeitung Nr. 221, 1992
Foto: dpa-Bild

Fragen zum Text:
1. Gibt Franz Beckenbauer Gründe an, warum er an Wiedergeburt glaubt?
2. Welche Gründe könnte Franz Beckenbauer haben, dass er sich mit einem einzigen Leben nicht zufrieden geben möchte?
3. In welchen Lebenssituationen könnte der Glaube an Wiedergeburt Trost spenden?
4. Stelle diese Gedanken in Beziehung zur Auffassung des Christentums. Konzentriere dich dabei auf folgende Punkte: a) Begrenztheit des irdischen Lebens, b) Die Gnade Gottes.

M 37 PARTNERSCHAFT

Nach Keith Haring

M 6 SCHREIBDISKUSSION

Reinkarnation
Wer ohne Leidenschaft und Hass sich durch die Welt der Sinne schlägt,
Gelangt, im Einklang mit sich selbst, zum Frieden, den kein Sturm bewegt.
Und diesen Seelenfrieden stört ihm keine Not und Pein der Welt,
Denn wer sein Herz beruhigt hat, der fühlt sich auf sich selbst gestellt.
Wem Andacht mangelt, bleibt an Geist und Selbstvertiefung auch zurück,
Wem aber Selbstvertiefung fehlt, dem fehlt auch wahres Seelenglück.
Wess' Geist einmal der Allgewalt des losen Sinnentrugs erlag,
Gleicht einem Schiffe, das dem Sturm nicht mehr zu widerstehn vermag.
Darum, wer vor der Außenwelt abschloss, o Freund, der Sinne Tor,
Nur der gelangt mit Sicherheit zu höh'rer Weisheit auch empor.
Wann alle Wesen schlummern, kommt die Zeit, in der der Denker wacht,
Doch wann für alle Wesen Tag, ist's für den Selbstbeherrscher Nacht.
Gleichwie das Meer, in welches alle Wasser einmünden, anschwillt, aber nie tritt über,
Gelangt zum Frieden nur, wer seine Lüste zu bänd'gen weiß, doch nicht der Lust Verüber.
Nur wer der Selbstsucht und dem Neid entsagungsfähig sich verschließt,
Erwirbt die Seelenheiterkeit, in welcher Frieden man genießt.
Wer also lebt, der lebt in Gott, erhaben über Trug und Schein,
Und wenn sein Licht im Tod erlischt, so geht er in die Gottheit ein.
Aus der Bhagavad-Gita (400 v. Chr. – 400 n. Chr.). zitiert nach: Religion heute, September 1995

Tat und Wiedergeburt

Welche Leiden im Kreislauf des Lebens.
Vor der Empfängnis im Mutterschoß
wurde ich schon 8.400.000mal geboren.
Und nun bin ich hier, mittellos, ein Bettler.

Die Summe meiner Leben
hält mich wie ein Netz gefangen.
Der Ertrag meiner Taten, das karman, fesselt mich.
Ich leide unter der Peitsche seiner Macht.

Nichts um meinen Bauch zu füllen. Keine Ruhe.
Kein Platz im Dorf, der mir zugewiesen würde.
Ohne Kraft, ohne Hoffnung, so werde ich, mein Gott,
geschüttelt wie der Reis in der Pfanne.

Unzählige Zeitalter sahen mich in diesem Zustand;
ich weiß nicht, wie viele noch kommen.
Kein Bleiben:
die unaufhaltsame Bewegung fängt von vorne an.
Selbst am Ende des Kreislaufs,
kein Wechsel für mich.

Wer wird mein Unglück tragen?
Wer nimmt meine Last auf sich?
Dein Name
ist der Fährmann auf dem Fluss des Lebens,
du kommst dem zu Hilfe, der ihn anruft.

Es ist Zeit, dass du herbeieilst
Ich bin, o Narayana*, ein Armer in Not.
Schau nicht auf meine Fehler;
Tuka bittet um dein Erbarmen.

Schreibmeditation des Hindudichters Tukaram (1598–1650). Zitiert nach: Hubert Hänggi: Reinkarnation, Paulus-Verlag, Fribourg/Schweiz, 1988

Schreibdiskussion: Gruppen von ca. vier Sch. bilden Gruppentische. Jede/r Schüler/in schreibt auf ein Blatt die Fragestellung bzw. Aufgabe und schreibt dazu eine kurze persönliche Stellungnahme. Wenn jede/r geschrieben hat, werden die Blätter in der gleichen Richtung (Bsp.: Uhrzeigersinn) an den Nächsten weitergegeben, der dann schriftlich auf die erste Stellungnahme eingeht.
Danach werden die Blätter wieder in die gleiche Richtung weitergegeben usw. Es ist möglich, nur den letzten Kommentar schriftlich zu diskutieren, es ist aber auch möglich, gleichzeitig auf verschiedene Beiträge eingehen.
Wichtig: 1. Schweigegebot; 2. Jede/r bekommt soviel Zeit, wie sie/er braucht, die anderen müssen warten. 3. Kraftausdrücke sind verboten.
Interessant wird die Sache dann, wenn die Blätter mehrere Runden hinter sich haben. Am Schluss soll jede/r sein Blatt wieder bekommen, das dann in den Ordner eingeheftet wird.

Aufgabe:
Führt anhand eines der beiden Texte eine Schreibdiskussion zu folgendem Thema durch:
  Ist es möglich, den Kreislauf der Reinkarnation zu durchbrechen?
Konzentriert euch dabei auf die kursiv hervorgehobenen Sätze.

---
* Narayana: Unsterblicher Seher, eine Manifestation des höchsten Wesens. Inkarnation des Krishna. Dem Namen Narayana wird eine heilsame Macht zugesprochen.

M 7a — WIE DAS LEBEN SO SPIELT – SPIELANLEITUNG ZUM HINDUSPIEL

Anzahl der Spieler/innen: maximal 5

Spielmaterial: Spielanleitung
1 Spielplan
32 Ereigniskarten
5 Spielfiguren
1 Würfel

Vorbemerkung:
Die Ereigniskarten des Spieles wollen kein typisches Bild der indischen Gesellschaft zeichnen, sind also **nicht** diskriminierend gemeint. Vielmehr geht es darum, die Begleiterscheinungen des Karmagesetzes Menschen des europäischen Kulturkreises anschaulich zu machen.

Spielregeln:
Der älteste Teilnehmer beginnt zu würfeln. Mit der 1. Würfelrunde legt jeder Spieler seine Seins-Ebene fest. Allerdings muss eine Zahl zwischen 2 und 4 gewürfelt werden! Jeder begibt sich mit seiner Spielfigur auf die entsprechende Ausgangsposition. Der älteste Teilnehmer darf beginnen.

Die Spielfigur wird jeweils um die Anzahl der gewürfelten Punkte vorgerückt. Kommt man auf ein Ereignisfeld ›E‹, wird eine Ereigniskarte gezogen und entsprechend der Anweisung gehandelt.

Die gezogene Ereigniskarte behält man. Die Ereigniskarten sind aber gleichzeitig das Lohnkonto für jeden Spieler (es sind sowohl Plus- wie Minuspunkte aufgeschrieben), denn der Aufstieg in eine höhere Seins-Ebene ist erst möglich, wenn man mit Verrechnung aller vorliegenden Karten mindestens 10 Pluspunkte gesammelt hat. Die Punkte sind sozusagen das Karma jedes Spielers und entscheiden somit über seine zukünftige Reinkarnation (= Wiedergeburt). Die Seins-Ebene kann nur am Ende einer Runde bei der entsprechend dafür ausgewiesenen Linie gewechselt werden, die den Tod symbolisiert (Ausnahme: Wenn eine Ereigniskarte den sofortigen Wechsel verlangt). Wenn sich Plus- und Minuspunkte gegenseitig neutralisieren, gibt man die betreffenden Karten ab. Sie kommen wieder in den Stapel der Ereigniskarten. Sind 10 Minuspunkte erreicht, bedeutet dies eine Wiedergeburt in der nächsttieferen Seins-Ebene. Nach dem Wechsel in eine andere Seins-Ebene muss der betreffende Spieler seine bisher gesammelten Ereigniskarten wieder dem Stapel zuführen.

Ist man auf der Ebene der Tiere reinkarniert, kann man erst wieder aufsteigen, wenn man eine ›1‹ gewürfelt hat.

Nun bleibt nur noch zu wünschen, dass du bald Moksha (= Befreiung aus dem Kreislauf der Reinkarnation) erreichst! Erst wenn dir dies gelungen ist, hast du das Ziel erreicht!

Viel Spaß!

M 7b   **EREIGNISKARTEN FÜR DAS HINDUSPIEL (1)**

+ 5 Du hast geopfert. Rücke 5 Felder vor!	**+ 5** Du hast geopfert. Rücke 5 Felder vor!
+ 5 Du hast geopfert. Rücke 5 Felder vor.	**+ 5** Du hast geopfert. Rücke 5 Felder vor.
+ 5 Du hast geopfert. Rücke 5 Felder vor.	**+ 5** Du hast geopfert. Rücke 5 Felder vor.
- 4 Du hast eine Ameise zertreten. Gehe 4 Felder zurück.	**+ 1** Du bist als Pilger unterwegs nach Benares. Rücke 1 Feld vor.

M 7c   **EREIGNISKARTEN FÜR DAS HINDUSPIEL (2)**

- 6

Du hast einen alten Mann nicht gebührend begrüßt.

Diese Respektlosigkeit bringt dich 5 Felder zurück.

- 5

Beim Schließen einer Tür hast du eine Spinne zertreten.

5 Felder zurück!

- 3

Deine Eltern haben noch keinen Ehepartner für dich.

Einmal aussetzen.

0

Eine heilige Kuh steht mitten auf der Straße.

Du musst 1 Runde aussetzen.

- 5

Du hast deine tägliche Hauspuja (= Gebet, Gottesdienst) unterlassen.

5 Felder zurück!

- 2

Der Schatten eines Unberührbaren hat dich gestreift.

Einmal aussetzen.

- 6

Du hast dein Kastengesetz (Dharma) gebrochen.

6 Felder zurück.

- 2

Du warst im Hanuman-Tempel. Ein Affe hat dir deine Kleidung zerrissen. Du hast dich gegen das heilige Tier gewehrt.

Gehe 1 Seins-Ebene tiefer!

M 7d EREIGNISKARTEN FÜR DAS HINDUSPIEL (3)

− 5

Du hast einen Mord begangen. Als Brahmane fällst du 3 Stufen tiefer, als Kshatrija zwei, als Shutra eine.
Als Paria erfährst du Tod und Wiedergeburt als Katze.

+ 2

Du hast nur vier Töchter und keinen Sohn. Du verheiratest sie alle im Kindesalter, um schnell den Brautpreis zu bekommen.

Rücke 2 Felder vor.

− 3

Du hast keinen Sohn, der bei deinem Tod den Scheiterhaufen entzündet und die Gebete spricht.

Dein Karma bringt dich eine Seins-Ebene tiefer.

− 3

Du hast deine Yogaübungen abgesetzt.

Einmal aussetzen.

− 7

Aus Versehen hast du eine heilige Kuh verletzt.

7 Felder zurück!

− 4

Du hast dich in ein Mädchen einer niedrigeren Kaste verliebt.

Gehe 4 Felder zurück.

− 7

Du hast Fleisch gegessen!

1 Seins-Ebene tiefer!

− 5

Du hast Tempelschätze gestohlen!

Tod und Wiedergeburt als Ratte!

M 7e   EREIGNISKARTEN FÜR DAS HINDUSPIEL (4)

+ 5

Du hast Krishna geopfert.
Dies ist heilige Pflicht.

Rücke 5 Felder vor.

+ 5

Du hast das tägliche Opfer
für Shiva erfüllt.

Rücke 5 Felder vor.

+ 4

Du hast ein Morgenbad
im Ganges genommen.

Würfle noch einmal.

+ 6

Du gehst als Witwe freiwillig
mit deinem soeben verstorbenen
Mann in den Tod.

Aufstieg in die
nächste Seins-Ebene!
(unabhängig von den Karma-Punkten)

+ 3

Bei deiner täglichen Hauspuja
(= Gebet, Gottesdienst)
bringst du Reisopfer
für Brahman dar.

Rücke 1 Feld vor.

+ 2

Im Tempel verehrst du Ganesh,
den Gott der Weisheit.

Rücke 1 Feld vor.

+ 5

Du hast geholfen,
den Dorfelefanten zu baden.

Das bringt dich 3 Felder
nach vorne.

+ 6

Du hast fleißig Spenden
gesammelt, damit man für
Sarasvati
(= Göttin der Gelehrsamkeit)
eine neue Statue kaufen kann.

Würfle noch einmal.

M 7f **EREIGNISKARTEN FÜR DAS HINDUSPIEL (5)**

− 1

Du bist neidisch auf deinen Nachbarn, der ein besseres Karma hat.

Einmal aussetzen.

+ 2

Du hast den Urin einer Kuh getrunken. Das ist heilige Medizin, die dir weiterhilft.

Rücke 2 Felder vor.

+ 2

Du hast deine Kuh einem Priester zur Pflege gegeben.

Würfle noch einmal.

− 3

Du hast beim Fahrrad fahren eine Fliege verschluckt!

3 Felder zurück!

− 4

Du hast Geld unterschlagen.

4 Felder zurück!

− 2

Dein neu geborenes Baby ist wieder nur ein Mädchen.

2 Felder zurück!

+ 2

Du hast einen ganzen Abschnitt aus den Veden auswendig gelernt.

Das bringt dich 2 Felder nach vorne.

− 7

Du hast den Initiationsritus (Rasur des Kopfes und Umbinden der heiligen Schnur) deines Sohnes vergessen.

Einmal aussetzen.

M 7g   EREIGNISKARTEN FÜR DAS HINDUSPIEL (6)

+ 3

Du hast in deinem Haus ein weiteres Götterbild aufgestellt.

Rücke 4 Felder vor.

- 2

Du hast eine Heuschrecke zertreten.

2 Felder zurück!

+ 6

Du hast deinen Beruf dein ganzes Leben lang ordentlich und gewissenhaft erledigt.

Würfle noch einmal.

- 4

Du hast das heilige Fest des ersten Reises für einen Sohn nur sehr nachlässig gefeiert.

4 Felder zurück!

- 5

Als Frau beginnst du trotz des ausdrücklichen Verbotes deines Mannes mit dem Studium der Politik. Er fühlt sich blamiert!

5 Felder zurück!

- 7

Du hast als Frau deiner Schwiegermutter widersprochen! Sie fühlt sich beleidigt.

6 Felder zurück!

+ 4

Du hast dich volle zwei Wochen nur der Verehrung des Ganesh gewidmet.

Würfle noch einmal.

+ 5

Du erzählst deinem Sohn jeden Abend eine Krishna-Legende.

Das bringt dich 3 Felder nach vorne.

M 8 DER BRAHMANE HARISCHARMAN

In einem Dorf lebte ein Brahmane Harischarman; der war ebenso dumm wie arm und da er nicht wusste, wovon er leben sollte, so befand er sich in sehr bedrängter Lage, zumal er schier allzu viel kleine Kinder besaß, zur Strafe für Übeltaten, welche er in einem früheren Dasein begangen hatte.

So blieb ihm nichts weiter übrig, als mit seiner Familie bettelnd umherzuziehen. Einst kam er in eine Stadt und begab sich in ihr zu einem reichen Hausbesitzer, welcher Sthuladatta hieß. Bei dem nahm er Dienste, indem er sich in seines Hauses Nähe niederließ; seine Frau diente Sthuladatta als Magd und seine Söhne als Hirten der Rinder und des anderen Viehs.

Eines Tages sollte seines Herrn Tochter Hochzeit halten und das Haus wimmelte von Hochzeitsgästen, die scharenweise herbeigekommen waren. Harischarman freute sich schon darauf, sich bei dieser Gelegenheit mit den Seinen bis zum Halse an Butter, Fleisch und anderen schönen Sachen voll essen zu können. Er lauerte auf die Gelegenheit; aber kein Mensch dachte an ihn und als es Nacht geworden, hatte er keinen Bissen zu essen bekommen und sagte bekümmert zu seiner Frau: »Wenn man hier so gar nichts auf mich hält, so ist daran nur meine Armut und meine Dummheit schuld. Da muss ich schon eine List gebrauchen und tun, als ob ich ein gescheiter Mann wäre. Dann kann's nicht fehlen, dass Herr Sthuladatta mich hinfort mit besonderer Ehrfurcht behandelt. Sobald sich darum eine Gelegenheit bietet, sagst du ihm, ich besäße übermenschliches Wissen.«

So sprach er zu ihr und strengte seinen Verstand an und als alles schlief, stahl er aus Sthuladattas Hause das Reitpferd des Eidams[1]. Das führte er weit fort in ein sicheres Versteck und als am Morgen die Hochzeitsgäste nach dem Rosse suchten, war all ihr Suchen vergeblich: Es war nirgends zu finden. Sthuladatta war ganz bestürzt über diese schlimme Vorbedeutung und forschte nach dem Rossdieb. Da ging Harischarmans Frau zu ihm und sprach: »Warum fragt Ihr denn nicht meinen Mann? Der ist nämlich nicht nur sehr gescheit, sondern versteht sich auch auf die Astrologie und andere hohe Wissenschaften und gibt Euch das Pferd gewiss zurück.«

Als Sthuladatta solches vernahm, ließ er sich sogleich den Harischarman kommen. Dieser sagte zu ihm: »Gestern habt Ihr mich vergessen; aber heute, da Euch das Ross gestohlen worden, kommt Euch die Erinnerung an mich zurück!« Sein Herr bat ihn, seine Vergesslichkeit verzeihen zu wollen und ihm zu sagen, wer das Ross gestohlen habe. Harischarman tat, als ob er etwas von der Sache verstände, zog allerlei Linien und sagte dabei: »An der Gemarkung der Stadt, gerade im Süden von hier, haben es die Spitzbuben versteckt. Lauft, was Ihr könnt und holt das Pferd, bevor es Abend wird und die Diebe es aus seinem Verstecke holen und fortführen.« Auf diese Auskunft hin liefen eine Menge Leute, es zu suchen und es währte nicht lange, so hatten sie es gefunden und brachten es herbei, voll des Lobes über Harischarmans Wissen.

Nun stand es bei allen fest, dass er im Besitze höheren Wissens war. Und von Stund an lebte Harischarman dort, von den Leuten verehrt und von Sthuladatta gepriesen, in bequemem Wohlstand.

Die Tage gingen dahin; da gefiel es einem Diebe, aus einem inneren Gemach des Königspalastes eine Menge von Gold und Edelsteinen und anderen Kostbarkeiten zu rauben. Der Dieb war nicht herauszubringen und da Harischarman seines übermenschlichen Wissens wegen berühmt war, so entbot ihn der König eiligst vor sich. Als er zu dem Fürsten geführt worden war, suchte er Zeit zu gewinnen und sprach: »Ich will es morgen verkünden.« Da ließ ihn der König in ein Gemach bringen und scharf bewachen, so dass ihm sein übernatürliches Wissen recht unbequem ward.

---

[1] *Eidam*: Schwiegersohn.

Nun lebte im Königspalast eine Zofe, die hieß Zunge; und sie war es gewesen, die mit ihrem Bruder zusammen die Kostbarkeiten aus dem inneren Zimmer gestohlen hatte. In der Nacht schlich sie sich an das Gemach, in welchem sich Harischarman befand und legte wissbegierig ihr Ohr an die Tür, denn sein hohes Wissen machte sie bange. Zu dieser Zeit war Harischarman gerade allein und darum schalt er auf seine Zunge, die ihm fälschlich hohe Weisheit zugesprochen, indem er rief: »Warum hast du auch das getan, o Zunge, in deiner Sucht nach allerhand Genüssen! Du schlechtes Ding! Nun nimm nur hier auch jetzt die Strafe hübsch auf dich!«

Als das die Zofe hörte, welche Zunge hieß, erschrak sie und dachte: »Der weise Mann hat mich erkannt!«, und durch eine List verschaffte sie sich Zutritt zu ihm. Als sie drinnen war, stürzte sie sich dem Weisheitsschwindler vor die Füße und sagte zu ihm: »Da bin ich, Brahmane, die Zunge, in der du die Diebin erkannt hast. Ich habe das Gut hierher, hinter dieses Gebäude, getragen und hab' es unter dem Granatapfelbaum vergraben. Nimm das Gold, das ich davon behalten habe – es ist leider nicht viel –, aber schone mich!«

Als das Harischarman hörte, warf er sich in Positur und sagte zu ihr: »Alles ist mir bekannt, Vergangenheit, Zukunft und Gegenwart; trotzdem will ich dich nicht verraten, du Jammerweib, da du um meinen Schutz flehst. Geh! Was du aber zurückbehalten hast, das musst du mir dafür geben.« Die Zofe versprach's und machte sich schleunigst aus dem Staube. Harischarman war bass erstaunt und dachte: »Das Unmöglichste bringt das Schicksal doch im Handumdrehen zuwege, wenn es einem hold ist! Schon klopfte das Verderben an meine Tür, da – kaum vermag ich's zu glauben – ist auch schon meine Aufgabe erfüllt! Ich tadle meine Zunge und die Diebin, welche Zunge heißt, liegt vor mir! Die verborgensten Sünden drängen sich ans Licht; natürlich! Das macht die Furcht.« In derlei Gedanken verbrachte er froh die Nacht in seinem Zimmer.

Am nächsten Morgen führte er, sich mit geheuchelter Weisheit brüstend, den König nach dem bezeichneten Ort im Garten und händigte ihm den Schatz aus, welcher dort vergraben lag, indem er behauptete, der Dieb sei unter Mitnahme eines Teils desselben geflohen.

Der König war hoch erfreut und wollte ihm schon einige Dörfer verleihen, als ihm sein Kanzler ins Ohr flüsterte: »Wie käme ein unstudierter Mann zu solchem übermenschlichen Wissen? Die Sache sieht mir ganz nach Gaunererwerb aus, der sich auf Einverständnis mit dem Spitzbuben gründet. Deine Majestät prüfe doch diesen Weisen vorher noch einmal durch eine andere Probe.«

Da kam der König auf den Gedanken, einen neuen Topf hereintragen zu lassen, mit einem Frosch darinnen und einem Deckel darauf und sagte zu Harischarman: »Wenn du weißt, was sich in diesem Töpfchen befindet, Brahmane, so will ich dich sogleich mit reichstem Lohn belohnen!« Als der Brahmane das hörte, dachte er, jetzt sei es mit ihm aus; und da ihm durch den Sinn fuhr, dass ihn, als er noch ein Kind war, sein Vater im Scherze ›Frosch‹ zu nennen pflegte, so gab ihm der Leiter der Geschicke ein, diesen Namen zu verwenden, als er plötzlich in die Klage ausbrach: »Darauf warst du nicht gefasst, braver Frosch, dass dich hier plötzlich ein Topf verderben würde, ohne dass du's hindern kannst!«

Als nun die Anwesenden den Sachverhalt erfuhren, war die Freude allgemein; sie sagten: »Der Mann hat ein ganz wunderbares Wissen! Sogar den Frosch hat er gewusst!«

Der König war überzeugt, dass Harischarmans Wissen auf höherer Eingebung beruhte und in seiner Freude verlieh er ihm eine Anzahl Dörfer nebst Gold und Ross und Wagen.

Ein Augenblick hatte aus Harischarman einen Mann gemacht, der einem Vasallenfürsten an Macht und Würde nahe stand.

Wer einen Schatz guter Werke besitzt, dem schenkt das Schicksal eitel gute Dinge.

Sanskrit-Literatur (Brahmanische Literatur). Aus: Indische Märchen, gesammelt und ins Deutsche übertragen von John Hertel, erschienen in der Reihe »Märchen der Weltliteratur« bei Diederichs im Heinrich Hugendubel Verlag Kreuzlingen/München

M 9   **WIE MAN KARMA UND SCHULD LOSWERDEN KANN**

Über das Karma:
Jeder Einzelne genießt mit Sicherheit die Früchte der eigenen Taten, wenn nicht in diesem Leben, so in einem künftigen Leben.

Alle individuellen und sozialen Unterschiede sind auf diese Weise selbst erworben und selbst gewählt.

Doch Karma wird dadurch gelöscht, dass man seine Wirkung erlebt. Wer also durch gute Werke sogar in den Götterhimmel gelangt, wird dort den Lohn dieser Werke nur so lange genießen, bis sein gutes Karma verbraucht ist. Wer aber die Folgen schlechter Taten in einer niedrigeren oder leidvolleren Existenz abbüßt, vernichtet damit auch sein schlechtes Karma.

Ob allerdings mit gutem oder schlechtem Karma behaftet, die Seele bleibt in beiden Fällen vorläufig in den Kreislauf der Geburten gebunden.

Nach: H. v. Stietencron in: Christentum und Weltreligionen, Hinduismus, S. 128f

Über die Schuld:
Wenn wir behaupten, ohne Schuld zu sein, betrügen wir uns selbst, und die Wahrheit lebt nicht in uns. Wenn wir aber unsere Schuld eingestehen, dürfen wir uns darauf verlassen, dass Gott Wort hält: Er wird uns dann unsere Verfehlungen vergeben und alle Schuld von uns nehmen, die wir auf uns geladen haben.

Die Bibel, 1. Johannes 1,8.9

Aufgabe:
Nimm zu diesen beiden Texten Stellung, indem du deine Meinung an den entsprechenden Platz schreibst.

M 10 — GESPRÄCH ZWISCHEN EINEM HINDU UND EINEM INDISCHEN CHRISTEN

Das, ein indischer Christ, diskutiert mit einem Hindu über den Sinn von Karma und Samsara:

»Hier«, fuhr Das fort, »sehe ich eine der wesentlichen Verschiedenheiten. In den Schriften des Hinduismus finde ich nichts von der Gemeinschaft zwischen den Menschen. Der Weg zu Gott ist nicht der des Einzelgängers. Ich finde nichts davon, dass wir Menschen Verantwortung füreinander haben, nichts über soziale Ungerechtigkeiten. Ich finde nur das unumstößliche Gesetz von Karma.«

»Sprichst du vom Karma«, fiel unser Freund ein, »so will ich dir einen anderen Unterschied zeigen und wäre es nur wegen dieser Verschiedenheit, würde ich nicht daran denken, nach anderen Wegen als dem des Hinduismus zu suchen. Das Karma antwortet ja auf alle warum. Es gibt keine Ungerechtigkeit, nur eine alles durchdringende kosmische Gerechtigkeit für den Einzelnen als auch für die Gemeinschaft. Alles ist die richtige Folge unserer Handlungen in früheren Existenzen. ›Wie ein Kalb seine Mutter unter tausend Kühen findet, so findet auch die Tat ihren Täter.‹

Hier haben wir die Antwort auf ein Problem, das ihr Christen niemals lösen könnt, das Problem des unverdienten Leidens. Das Einzige, was ihr tun könnt, ist, einen Lazarus an ein zukünftiges Himmelreich zu verweisen, wo er Entschädigung für seine Wunden und seine Brotkrumen bekommt. Für uns ist das kein Problem: Es gibt kein unverdientes Leiden, ... kein unverdientes Gutes. Jeder Mensch bekommt, was er verdient.«

»Das ist genau das, was das Furchtbare an der Lehre vom Karma ist«, entgegnete Das. »Ich würde alle Hoffnung verlieren, wenn ich nichts anderes zu erwarten hätte, als das, was ich selbst verdiente. Und du hast auf die Ursache dafür hingewiesen, dass es im Hinduismus keine Fürbitte, keinen Gedanken an andere gibt. Es ist, gemäß dem Karma, nicht nur so, dass meine eigenen Missetaten auf die Dauer nichts für andere bedeuten. Auch was ich an Gutem tun kann, welche Hilfe ich geben kann, spielt keine Rolle. Wenn meine guten Taten einem Mitmenschen ein wenig mehr Gutes im Leben geben, als er nach dem strengen Karmagesetz verdient hat, wird das mit einem entsprechenden Maß Leiden im nächsten Dasein ausgewogen. Und da er in jedem Falle sein gerechtes Maß von Gut und Böse bekommt, ist es sinnlos für mich, zu versuchen, die Balance zu verändern. In einer solchen Welt würde ich nicht leben wollen. Ich glaube, dass es nicht nur unverdientes Leiden – das ich selbst mitverschulden kann –, sondern auch sowohl verdientes als auch unverdientes Glück – das ich selbst mit vermitteln kann – gibt. Ich glaube an das größte von allem unverdienten Glück: die Barmherzigkeit Gottes erfahren zu dürfen. Wo du nichts anderes als das Karma findest, sehe ich Christi Kreuz, das Symbol für das Unverdienteste, das Sinnvollste alles Leidens. In seinem Sinn bist auch du, mein guter Freund, eingeschlossen.«

Dort endete das Gespräch dieses Mal. Unser Freund hatte einen Tempelbesuch zu machen.

Aus: Edsmann, C. M.: Die Hauptreligionen des heutigen Asiens, Urban, Tübingen 1976, S. 76

Aufgabe:
Schreibe auf, welche positiven bzw. negativen Eigenschaften von Hinduismus und Christentum in diesem Text dargestellt werden. (Es ist hilfreich, zuvor mit zwei unterschiedlichen Farben die jeweiligen Positionen im Text zu markieren.)

M 11a   TALK AM VORMITTAG:
»DÜRFEN DIE BEIDEN HEIRATEN?«

Die Eltern der Paare sind anwesend, um über das Thema zu diskutieren!
Karten für die Vorstellungsrunde:

Herr Dr. Singh, ein Brahmane
Beruf: Dozent an einer Universität
Inder: 45 Jahre alt

Verteidiger des Kastensystems.
Seine Argumente:
1. »Der Kopf atmet höher als der Schuh«
2. Er hat in seinem früheren Leben schon sehr viel geleistet, deshalb ist er jetzt Brahmane.
   Sein Sohn will die Tochter des Unberührbaren Herrn Shankar heiraten.

Herr Shankar, ein Unberührbarer
Beruf: Schuhmacher
Inder: 50 Jahre alt

Er ist ein Anhänger von Mahatma Gandhi und ist für die vollständige Abschaffung des Kastenwesens. Dass er mit »unreiner Arbeit«, der Verarbeitung von Leder, seinen Lebensunterhalt verdient, berührt ihn deshalb überhaupt nicht.
Seine Tochter hat ihr Studium an der Universität fast abgeschlossen und möchte den Sohn des Brahmanen Dr. Singh heiraten.

Frau Dr. med. Hagedorn
Beruf: Chefärztin an einer großen Klinik
Deutsche: 48 Jahre alt

Ihrer Meinung nach ist eine fundierte, umfassende Bildung notwendig, um ein glückliches Leben zu führen.
Sie meint, dass nur die gehobene Schicht mit ihrem Können und ihrem Verstand den Fortbestand unserer Gesellschaft sichern kann.
Ihre Tochter will Herrn Schulze jun., einen angelernten Lackierer heiraten.

Herr Schulze
Beruf: Lackierer, angelernt
Deutscher: 53 Jahre alt

Herr Schulze hat wie sein Sohn Hauptschulabschluss, beide arbeiten als angelernte Spritzlackierer in einer Autofirma.
Er findet, dass in unserer Gesellschaft keine Chancengleichheit besteht.
Seiner Ansicht nach wird bei uns in Zukunft das Handwerk immer wichtiger werden.
Sein Sohn will die Tochter von Frau Dr. med. Hagedorn heiraten.

Herr Krumbiegel
Beruf: Landwirt
Deutscher: 60 Jahre alt

Er hat nach einem mittleren Schulabschluss eine landwirtschaftliche Lehre gemacht und hat es dann mit viel Fleiß zu einem recht großen, eigenen Bauernhof gebracht.
Er bedauert den Werteverfall in der modernen Gesellschaft.
Seine Tochter will einen Asylbewerber, den Sohn von Frau Kabila, heiraten.

Frau Kabila
Beruf: Krankenschwester
Asylbewerberin aus Zaire: 42 Jahre alt

Sie fordert faire Bedingungen für unterentwickelte Länder und die Aufhebung der 1., 2. und 3. Welt.
Hier in Deutschland ist sie arbeitslos. Auch ihr Sohn, der eine Ausbildung zum Altenpfleger machen möchte, ist momentan arbeitslos.
Ihr Sohn möchte die Tochter von Herrn Krumbiegel heiraten.

M 11b **HINTERGRUNDINFORMATIONEN**

Der Brahmane Herr Dr. Singh, Dozent an einer Universität

Er hat eine Abneigung gegen Frauen, nimmt aber ihre Argumente auf, wenn sie ihm zuträglich sind; allerdings stellt er sie dann als seine eigenen Gedanken dar.
Er hält an den Kastengesetzen fest. Seiner Meinung nach ist die Weltordnung unumstößlich, er sagt dies aber nicht offen. Seiner Meinung nach ist dies in Deutschland auch nicht anders.
Herr Dr. Singh weiß, dass sein Karma abstürzt, wenn sein Sohn eine Unberührbare heiraten würde. Das will er um jeden Preis verhindern.

Der Unberührbare Herr Shankar, Schuhmacher

Er plädiert für die Aufhebung des Kastenwesens und für eine offene Gesellschaft. Er fordert gleiches Recht für alle, schließlich hat Gandhi die Unberührbaren »Harijans« genannt, was »Kinder Gottes« bedeutet.
Er ist stolz darauf, dass zwei seiner acht Kinder studiert haben.
Seine Tochter hat ihr Studium fast abgeschlossen und bewirbt sich im Moment um die Aufnahme in ein wissenschaftliches Projekt. Es werden aber nur vier Plätze vergeben und es gibt sehr viel mehr Bewerberinnen und Bewerber.

Frau Dr. med. Hagedorn, Chefärztin

Sie hat eine Abneigung gegen Schwarze aus Afrika.
Frau Dr. med. Hagedorn ist sehr stolz darauf, aus einer reichen Familie zu stammen, denn sie liebt den Stil der gehobenen Gesellschaft. Damit ihre Tochter in ihrem Sinne erzogen wird, hat sie diese auf ein Internat für »höhere Töchter« in die Schweiz geschickt. Dort kann man schließlich auch die entsprechenden Kontakte für eine spätere Karriere knüpfen.
Einen Hauptschüler zum Schwiegersohn zu haben, würde ihr überhaupt nicht behagen.
Frau Dr. Hagedorn versucht ständig, den Brahmanen für sich zu gewinnen.

Herr Schulze, Spritzlackierer

Er meint, dass nur die Liebe zählt! Das ist sein Argument.
Außerdem sind seiner Ansicht nach vor Gott alle Menschen gleich und Toleranz ist für ihn eine sehr wichtige Tugend.
Er regt sich fürchterlich darüber auf, dass in Deutschland immer noch derartige Standesunterschiede gemacht werden.
Herr Schulze versucht herauszufinden, wer in der Diskussion genauso denkt wie er, um die- oder denjenigen zu unterstützen.

Herr Krumbiegel, Landwirt

Er hat etwas gegen Ausländer, will dies aber nicht offen zeigen.
Er braucht einen jungen, dynamischen Deutschen als Nachfolger für seinen Bauernhof, aber niemanden aus der 3. Welt! Menschen von dort haben seiner Ansicht nach eine ganz andere Kultur und haben von moderner Landwirtschaft sowieso keine Ahnung.
Er ist sich sicher, dass der junge Asylbewerber seine Tochter nur heiraten will, um über diese Hintertür eine Aufenthaltsgenehmigung in der Bundesrepublik zu bekommen.

Die Asylbewerberin Frau Kabila, Krankenschwester

Sie meint, dass alle Menschen gleich sind. Ihrer Ansicht nach lassen sich kulturelle Unterschiede überbrücken und es kommt nicht darauf an, als was man geboren wird, sondern darauf, was man aus seinem Leben macht. Dies denkt sie, obwohl sie großes Heimweh nach ihrer Heimat hat.
Sie fühlt sich in Deutschland diskriminiert, weil sie aus einem so genannten Dritte-Welt-Land kommt.
Frau Kabila wendet sich ständig hilfesuchend an die Ärztin, weil sie glaubt, dass diese als »gebildete Frau« das doch genauso sehen müsste.

M 12 DER BASTARD – LEILA FINDET KEINEN MANN

»Ich bin jetzt sechsundzwanzig Jahre alt. Bis zum vorigen Jahr habe ich in Trivandrum gelebt.

Dort bin ich in die Schule und auf die Universität gegangen. Ich habe Wirtschaftswissenschaften studiert. Aber ich habe keine Arbeit gefunden, als ich mein Examen gemacht hatte. Arbeit zu finden ist in Indien noch schwerer als in vielen anderen Ländern. Wir haben so unendlich viele Menschen, die meisten davon noch jung. Hunderttausende haben studiert und finden keine Arbeit. Da haben Frauen kaum eine Chance. Die meisten heiraten auch bald.«

Es ist verwunderlich, dass Leila noch nicht verheiratet ist.

Stimmt etwas nicht mit ihr?

»Wie man's nimmt. Für indische Verhältnisse stimmt in der Tat etwas sehr Wichtiges nicht mit mir. Ich bin – wie könnte man auf Deutsch sagen? – ich glaube, ich bin ein Bastard. Sie müssen wissen, dass die indische Gesellschaft seit vielen tausend Jahren in Kasten eingeteilt ist: Priester, Krieger, Kaufleute und Bauern oder Handwerker. Sogar die Kastenlosen, die Unberührbaren, haben für sich eine Einteilung in eine Art Kastensystem entwickelt. Und eine der langlebigsten Auswirkungen des Kastenwesens ist noch heute, dass man nur Leute aus der eigenen Kaste heiraten darf. Die Kasten sind zwar, nachdem Indien von England die Unabhängigkeit erkämpft hatte, abgeschafft worden. Aber gerade bei Heiraten wirkt sich das alte System noch sehr strikt aus.«

Na und?, könnte man fragen. Leilas Vater gehört zur zweithöchsten Kaste in Kerala, zur Kriegerkaste. Er ist nicht arm. Er hat Biologie studiert, war lange Zeit Universitätsprofessor und dann hoher Beamter des Kultusministeriums in Kerala. Er hat Tausende von Artikeln und viele Bücher geschrieben. Er ist in Südindien, besonders in Kerala, ein berühmter Mann. Ein moderner Geist mit ein paar traditionellen Streifen. Ein Brautgeld für seine Tochter, sogar ein stattliches, könnte er leicht aufbringen. Wieso ist Leila dann ein Bastard?

»Als mein Vater studierte, hat er sich in eine Mitstudentin verliebt. Sie hat auch Biologie studiert. Später haben sie geheiratet. Daraufhin ist mein Vater – damit kein Zweifel aufkommt, ich bewundere und liebe meinen Vater – zu Hause hinausgeworfen worden. Denn seine Frau ist eine Unberührbare. Meine Mutter ist eine wunderbare Frau. Vater, Mutter und ich – wir waren und sind sehr glücklich miteinander. Ich besuche sie, sooft ich kann. Aber ich bin ein Bastard. Denn wenn zwei Menschen aus verschiedenen Kasten heiraten und es kommen Kinder, kann man diese nicht mehr richtig einsortieren. Also gehören die Kinder zur jeweils niedrigeren Kaste, gleichgültig, ob es die des Vaters oder der Mutter ist. Und in meinem Fall ist die Mutter sogar kastenlos.«

Demnach ist Bastard nicht einmal das richtige Wort. Streng genommen ist Leila eine Unberührbare. Nur ihre gute Erziehung, ihre Ausbildung und das Vermögen ihres Vaters haben sie vor der offenen Einstufung als Unberührbare, vor der brutalen Ausstoßung aus der Gemeinschaft der »richtigen« Menschen geschützt. Denn nach dem traditionellen hinduistischen Glauben sind Unberührbare keine richtigen Menschen.

»Ich habe das nie gespürt. Bis ich in das Alter kam, in dem indische Mädchen heiraten. Hin und wieder haben meine Eltern Angebote von Eltern junger Männer bekommen, die mich heiraten wollten. Aber es waren immer aufgestiegene, zu kleinem Vermögen gekommene Kastenlose. Die gibt es auch.

Mein Vater ist eben zu berühmt. Seine Heirat hat damals vor etwa dreißig Jahren soviel Aufhebens gemacht, dass die Menschen heute noch wissen: Leila ist keine Frau für einen anständigen, hochkastigen Hindu. Und wer sich nicht erinnert, am Namen der Mutter ist immer zu erkennen, dass sie kein Kastenhindu ist. Das hat mich eine Zeitlang bedrückt. Aber nun habe ich mich damit abgefunden.

Jetzt bin ich Lehrerin hier. Und heiraten? Wenn kein Wunder geschieht, mit Sicherheit nicht mehr. Wunder dieser Art geschehen in Indien nicht. Unsere Wunder sind anders.«

Dass Leila aber einen Unberührbaren heiratet, ist auch heute noch – trotz des Beispiels ihres Vaters – so gut wie undenkbar. Den freiwilligen »Abstieg« in die Unberührbarkeit nimmt niemand auf sich.

Aus: Marchand, Wolf: Sie leben – aber wie?, Georg Bitter Verlag, Recklinghausen, 1980

Aufgaben:
1. Warum ist Leila trotz einer guten Ausbildung nicht verheiratet?
2. Welche Bedeutung hat eine Kaste?
3. Gibt (gab) es auch bei uns solche »Ehehindernisse«?

M 13 — DIE ERSCHAFFUNG DER KASTEN UND DIE INDISCHE VERFASSUNG

Die Erschaffung der Kasten

Diese Welt war finsternisartig, unwahrnehmbar, ohne Merkmale, unerschließbar, unerkennbar, gleichsam im Schlafe allerwärts.
Da geschah es, dass der durch sich selbst Seiende, Heilige, Unoffenbare ... in die Erscheinung trat, die Finsternis verscheuchend ...
Er meditierte und beschloss, aus seinem Leibe die mannigfachen Geschöpfe zu schaffen; ...
Um Ordnung in den Welten zu schaffen, ließ er aus seinem Mund den Brahmanen, aus seinem Arm den Kshatriya, aus seinen Schenkeln den Vaishya, aus seinen Füßen den Shudra hervorgehen. ...
Den Brahmanen befahl er, zu lehren und zu studieren, für sich selbst und andere Opfer darzubringen, zu studieren, sich nicht an sinnliche Dinge zu klammern;
den Vaishyas, Vieh zu halten, zu geben, für sich Opfer darzubringen, zu studieren, zu handeln, gegen Zinsen Geld zu leihen und das Land zu bestellen;
den Shudras aber hat der Herr nur eins geboten: den drei anderen Kasten neidlos zu dienen.
Schon die Geburt eines Brahmanen ist die ewige Inkarnation des Gesetzes: Geboren, um das Gesetz zu erfüllen, ist er dem Stand des Brahma geweiht.
Wenn ein Brahmane auf die Welt kommt, herrscht er über die Erde, er ist der Herr über alle Wesen, um den Schatz des Gesetzes zu hüten.
Alles, was auf dieser Welt ist, ist das Eigentum des Brahmanen; infolge seines besonderen Ursprungs hat der Brahmane auf alles ein Recht. Was der Brahmane isst, ist sein, womit er sich kleidet, ist sein und sein ist, was er gibt: Wenn die anderen essen, so nur durch die Mildtätigkeit des Brahmanen.

Aus: Rig Veda, aus dem Sanskrit übersetzt und mit Kommentar versehen von K. F. Geldner

Aus der indischen Verfassung vom 26.11.1949

§ 14
Der Staat darf keiner Person Gleichheit vor dem Gesetz oder den Schutz durch das Gesetz verweigern.

§ 15
Der Staat darf keinen Bürger benachteiligen aus Gründen seiner Zugehörigkeit zu einer bestimmten Religion, Rasse oder Kaste oder seines Geschlechts oder seiner Geburtsstellung wegen.
Keinem Bürger darf aus diesen Gründen der Zutritt zu Läden, zu öffentlichen Gasthäusern und Unterkünften oder Vergnügungsstätten verweigert werden, noch die Benutzung von Brunnen, Teichen, Bade-ghats, Straßen und anderen Plätzen, die der Allgemeinheit dienen.

§ 16
Alle Bürger haben zu den Staatsämtern den gleichen Zugang und die gleiche Möglichkeit.

§ 17
Die ›Unberührbarkeit‹ ist abgeschafft und ihre Aufrechterhaltung in irgendwelcher Form ist verboten. Die Durchsetzung irgendwelcher aus Unberührbarkeit sich ergebender Nachteile soll ein gemäß den Gesetzen strafbares Vergehen sein.

§ 46
Der Staat soll mit besonderer Sorgfalt sich der erzieherischen und wirtschaftlichen Belange der schwächeren Schichten der Bevölkerung annehmen, vornehmlich derjenigen der ›Scheduled Castes‹ und ›Scheduled Tribes‹, d. h. der zu besonderer Berücksichtigung ausgesonderten (unberührbaren) Kasten und primitiven Stämme und sie gegen soziale Ungerechtigkeit und jede Form der Ausbeutung schützen.

M 14   EINS VOLLBRACHT, ALLES VOLLBRACHT

Es war einmal ein Radsha[1], der war sehr tugendhaft. Mit seinen Untertanen verfuhr er, als ob sie seine eigenen Kinder wären. Das Volk war glücklich. Diebe und Halunken hielten sich nicht in seinem Reich.

Einmal ließ der Radsha in seiner Hauptstadt einen großen Teich graben und daneben einen Shiwatempel[2] errichten. Die Einweihung des Tempels wurde groß gefeiert. Der Radsha, die Minister, alle waren dabei. Einige Leute ergriffen die günstige Gelegenheit und schlugen dem Radsha vor: »Maharadsh! Ihr habt eine edle Tat vollbracht, indem Ihr den Teich habt graben und den Tempel habt bauen lassen. Wenn Ihr jetzt hier noch für einen Monat einen Mela[3] veranstaltet, werden die Leute von weither kommen, um sich das anzusehen und dem Tempel ihre Ehrerbietung bezeigen. So wird sich der Ruf des Tempels ringsum ausbreiten.«

Dem Radsha gefiel dieser Vorschlag. Er ließ den Mela in allen Dörfern austrommeln. Der Mela wurde gut besucht. Die Leute kamen mit ihren Waren von weither, deshalb ließ der Radsha noch verkünden, dass jeden Tag alle Waren, die zum Verkauf zum Mela gebracht und bis zum Abend nicht verkauft worden waren, von ihm zum entsprechenden Preis abgenommen würden. Daraufhin kamen die Händler von weither. Auf dem Mela versammelten sich viele Leute. Was bis zum Abend nicht verkauft war, kaufte der Radsha.

In der gleichen Stadt lebte ein armer Brahmane[4]. Außer ihm und seiner Frau gehörte niemand zur Familie. Mit Mühe nur bekam er bis zum Abend etwas für seinen Unterhalt zusammen. Eines Tages sprach die Brahmanin: »Es wird immer schwerer, nur vom Betteln zu leben. Du bist doch nicht dumm! Streng deinen Verstand mal an, damit wir ordentlich leben können!« Der Brahmane antwortete: »Wozu sollte ich meinen Verstand anstrengen? Was einem vom Schicksal vorherbestimmt ist, bekommt man auch. Was brauchen wir denn noch mehr. Ein Brahmane muss zufrieden sein!« Die Brahmanin erwiderte: »Zum Teufel mit deiner Zufriedenheit: Wenn es nur für kurze Zeit wäre, könnte ich damit einverstanden sein. Soll ich denn mein ganzes Leben lang Not leiden? Du musst irgend etwas tun! Ich werde dir sagen, was! Pass auf! Lass dir vom Töpfer eine Figur des Gottes Saturn[5] formen. Ich werde sie mit Sindur[6] schmücken. Bring sie zum Verkauf auf den Bazar und nenne als Preis fünfhundert Rupien. Wer wird denn schon eine Figur des Saturn kaufen? Die nimmt keiner, nicht mal umsonst! Am Abend gehst du dann zum Radsha und sagst: »Diese Figur wurde nicht verkauft.« Der Radsha wird sie nehmen und du bringst fünfhundert Rupien nach Hause. Na, ist das was?« Der Brahmane meinte: »Auch wenn dein Vorschlag nicht schlecht ist, steht so etwas einem Brahmanen nicht an. Ein Brahmane muss mit dem zufrieden sein, was er auf anständige Weise bekommt.« Doch, was tut man nicht alles aus Hunger?

Am nächsten Tag ließ sich der Brahmane notgedrungen eine Figur des Saturn beim Töpfer formen. Die Brahmanin schmückte sie mit Sindur. Der Brahmane brachte sie zum Markt. Die Figur war gut gemacht. Ihr schönes Aussehen lockte Kauflustige herbei, doch die verliefen sich sofort wieder, wenn sie den Namen Saturn hörten. Wer nimmt denn schon eine Figur des Saturn für fünfhundert Rupien? Welcher Dummkopf holt sich denn das Unglück selbst ins Haus? Die Figur fand keinen Käufer. Es wurde Abend. Der Brahmane meldete sich bei den Reichsbeauftragten, die die übriggebliebenen Waren aufkauften. Die gerieten in arge Bedrängnis. Um Gottes willen! Eine Figur des Saturn! Wie sollte man die kaufen und ins Schloss bringen? Dann wäre alles Glück des tugendhaften Radshas dahin.

Sie fragten den Radsha um Rat. Der Minister, die Ratsmitglieder, alle waren dagegen: »Das Schloss als Wohnsitz von Saturn? Das darf nicht sein! Sobald Saturn eingezogen ist, sind Frieden und Glück des Reiches dahin! Maharadsh! Ihr dürft sie nicht einmal aus Versehen kaufen!« Darauf der Radsha: »Und was soll ich tun? Was sein muss, muss sein! Ich kann nicht gegen die religiösen Pflichten verstoßen. Ich habe austrommeln lassen, dass ich jedes Stück kaufen werde, was nicht verkauft wurde. Um bei meinem Wort zu bleiben, muss ich die Figur kaufen. Welches Unglück sie mir

---

1 Radsha: Ein König, Herrscher oder Fürst.
2 Shiva (= Schiwa): Einer der Hauptgötter. Er vernichtet das Böse, erneuert das Gute. Er gilt als Lebensspender und als Urheber des Yoga.
3 Mela: Eine Art Jahrmarkt oder Volksfest; wird oft aus religiösen Anlässen veranstaltet.
4 Brahmane: Priester- und Gelehrtenstand. Seit alters her sind die Brahmanen der oberste Stand in der sozialen Hierarchie des Hinduismus, der das Recht auf das heilige Wissen hat.
5 Saturn: Der Planet wird in Indien wie ein Gott verehrt.
6 Sindur: Zinnoberrot.

auch bringt, ich bin bereit, es zu ertragen. Was einem das Schicksal vorherbestimmt hat, das wird auch geschehen.«

Die Figur wurde gekauft und in einer Nische des Schlosses aufgestellt. Kaum war die Figur da, verfielen alle Leute in Angst, sie befürchteten ein Unglück. Auch den Radsha beschlich Furcht. Seitdem stellte er an der Tür Wachen auf, ehe er schlafen ging. Er ließ alles durch brennende Kerzen und Öllämpchen erleuchten.

Eines Nachts lag der Radsha mit offenen Augen auf seinem Bett. Seit er die Figur gekauft hatte, waren einige Tage vergangen. Mitten in der Nacht sah er eine vierhändige Göttin, eine Lotosblume in jeder Hand und von göttlichem Schein umgeben, aus dem Schloss hinausgehen. Als der Radsha sie erblickte, sprang er sofort vom Bett auf, neigte den Kopf, faltete die Hände und fragte: »Dewi[7]! Wer seid Ihr? Und wo geht Ihr mitten in der Nacht hin?« Die Göttin antwortete: »Ich bin die Lakshmi[8] des Reiches, Radsha! Dein Haus ist jetzt der Wohnsitz von Saturn. Hier kann ich nun nicht mehr bleiben. Ich verlasse dein Reich.« Da sagte der Radsha: »Nun gut, Mutter! Geht! Ich kann Euch nicht halten!« So ging die Lakshmi des Reiches fort.

Eine Weile später sah der Radsha einen Gott das Schloss verlassen. Als er dabei war, das Haupttor zu durchschreiten, fragte ihn der Radsha wie bereits vorher die Göttin: »Gott! Wer seid Ihr? Wohin geht Ihr zu dieser ungelegenen Zeit?« Der Gott erwiderte: »Radsha! Ich bin Glück und Wohlstand. Ich kann nicht dort bleiben, wo sich Saturn niedergelassen hat. Die Lakshmi des Reiches ist gegangen, so gehe ich auch.« Daraufhin sagte der Radsha traurig: »Nun gut, Gott! Geht! Ich kann Euch nicht halten!« Der Gott ging weg.

Eine Weile später kamen zwei Göttinnen mit goldenen Kronen auf dem Kopf aus dem Schloss. Auch sie fragte der Radsha: »Göttinnen! Wer seid Ihr und wohin geht Ihr?« Die Göttinnen erwiderten: »Wir sind Gesundheit und Wohlergehen. Wie sollten wir hierbleiben? Wir gehen dorthin, wo die Lakshmi des Reiches hingegangen ist.« Der Radsha meinte: »Wie Ihr wollt!« Beide gingen weg.

Auf diese Weise verließen einer nach dem anderen, die Lakshmi des Reiches, Glück und Wohlstand, Gesundheit und Wohlergehen, den Radsha und gingen fort.

Der Sinn des Radshas verhärtete sich. Er beschloss, selbst das Größte hinzugeben, auch die härteste Qual auf sich zu nehmen, nur um bei dem einmal gegebenen Wort zu bleiben. Während er in diese Gedanken vertieft war, trat eine beeindruckende Erscheinung aus dem Schloss. Der Radsha stellte sich an die Tür und faltete die Hände. Als die Gottheit hinausgehen wollte, fragte der Radsha: »Gott! Wer seid Ihr und warum verlasst Ihr mich?« Der Gott antwortete: »Ich bin die Wahrheit und die Gerechtigkeit, Radsha! Da sich Saturn in diesem Schloss niedergelassen hat, gehe nun auch ich dorthin, wo sich die Lakshmi des Reiches niedergelassen hat.«

Als der Radsha das hörte, ergriff er plötzlich die Hand des Gottes der Wahrheit und der Gerechtigkeit und fragte: »Gott! Wohin geht Ihr? Dieser Diener hier hat doch Euretwegen alles aufgegeben! Wenn Ihr trotzdem gehen wollt, dann geht! Die Tür steht offen!« Als der Gott der Wahrheit und der Gerechtigkeit die Worte des Radshas vernahm, schämte er sich. Im Stillen dachte er, dass der Radsha recht hatte. Alles Unglück war über ihn hereingebrochen, weil er ihm gedient hatte. Alle hatte er fortgelassen, ihn aber festgehalten! Wie hätte er nun seinen treuen Diener verlassen können? Der Gott sprach: »Radsha! Es ist wahr, was du sagst. Du hast alles aufgegeben und an mir festgehalten. Ich kann dich nicht verlassen.« Mit diesen Worten kehrte der Gott der Wahrheit und der Gerechtigkeit ins Schloss zurück.

Als die anderen Götter, die den Radsha vorher verlassen hatten, sahen, dass der Gott der Wahrheit und der Gerechtigkeit wieder umkehrte, kamen auch sie einer nach dem anderen zurück. Der Radsha fragte sie mit gefalteten Händen: »Götter! Warum kommt Ihr ungerufen zurück?« Die Götter antworteten: »Radsha! Wir können niemals einen Ort verlassen, wo Wahrheit und Gerechtigkeit sind. Die Lakshmi des Reiches, Glück und Wohlstand, sowie Gesundheit und Wohlergehen folgen alle der Wahrheit und der Gerechtigkeit. Der Gott der Wahrheit und der Gerechtigkeit wollte gehen. Er ist nicht weggegangen. Wie können wir da gehen?« Und so kehrten alle Götter und Göttinnen wieder in das Schloss zurück.

Der Radsha blieb schweigend stehen, obwohl er sich innerlich freute. Es ist schon wahr: Eins vollbracht heißt alles vollbracht! Was man angefangen hat, muss man auch zu Ende bringen! Ein Held darf die Wahrheit nicht aufgeben, sonst verliert er auch die Ehre! Wer den Weg der Wahrheit geht, wird auch vom Glück nicht verlassen werden! Es kehrt zurück!

Aus: Margot Gatzlaff (Hg.): »Indische Märchen aus dem Hindi«, © Insel Verlag, Frankfurt am Main und Leipzig 1991, S. 114–118

---

7 Dewi: Göttin.
8 Lakshmi: Göttin des Reichtums und des Glücks. Eine Frau, die ihrer Familie Glück bringt, wird oft als Lakshmi des Hauses bezeichnet.

M 15   HOCHMUT KOMMT VOR DEM FALL

In einem Dorf lebte einmal ein Weber, der war sehr arm. Manchmal aß er einmal am Tag, manchmal hatte er noch weniger zu essen und an anderen Tagen musste er gänzlich fasten.

Er hatte eine Tochter. Wie der zunehmende Mond wuchs sie allmählich heran und wurde sehr schön. Sie glich einer Fee von Indras[1] Hof. Ihr Name war Luta Rani. So schön sie war, so tugendhaft war sie auch. Sie webte herrliche Kleider auf dem Webstuhl: schöne Saris, Dhotis[2] und Tücher. An die Dhotis und Saris webte sie prächtige Kanten und bestickte alles mit bunten Blumen. Die Leute bewunderten ihre Kunst. Nun wich die Armut aus des Webers Haus.

Ein Feuer kann man nicht verheimlichen. Die Leute sprachen von Luta Ranis Kunst und so breitete sich die Kunde davon im ganzen Lande aus. Die größten Radshas[3] und alle reichen Leute bestellten jetzt Kleider bei ihr. Sie kauften sie zu jedem von ihr geforderten Preis. In Luta Ranis Haus zog der Wohlstand ein. Die elende Hütte wich einem festen Haus. Dann wurde auf das erste Stockwerk noch ein zweites gesetzt. Nach dem einen wurden noch mehrere andere Häuser gebaut. Luta Rani hielt sich nun Diener, einen Verwalter und einen Rechnungsführer, legte sich Wagen und Pferde zu, lebte also auf großem Fuße.

Doch Luta Rani erging es wie auch anderen, die reich werden. Sie bildete sich nun viel auf ihre Kunst und ihren Reichtum ein. Vor Stolz stand sie mit ihren Beinen nicht mehr auf der Erde. Sie dünkte sich sehr groß und pflegte zu sagen, dass niemand auf der Welt so schöne Kleider weben könne wie sie. So schöne Blumen, wie sie sticke, brächten nicht einmal die Götter zu Stande. Sie beleidigte die Gurus[4] und die Götter und die Leute tadelten sie jetzt wegen ihres Stolzes.

Eines Tages saß sie mit Freundinnen zusammen. Sie unterhielten sich über ihre Kunstfertigkeit. Eine Freundin meinte: »Luta! Du stickst wunderschöne Blumen. Wenn man sie ansieht, möchte man dir die Hände küssen. Sag! Wer hat dir das eigentlich beigebracht? War das Saraswati[5] selber?« Luta glaubte, dass es an Kunstfertigkeit weder auf der Erde noch im Himmel jemand mit ihr aufnehmen könne. Saraswati erschien ihr als Lehrerin zu gering. Deshalb erwiderte sie: »Schwester! Man sagt, dass im Himmel Saraswati die Kunstfertigste ist. Aber sie kann keine so schöne Blumen sticken wie ich, noch kann sie Bilder malen. Das kann ich ihr noch beibringen. Was ist schon dabei? Lass sie herkommen, dann werden wir sehen, wer die Wette gewinnt!«

Die Götter kennen die Gedanken der Menschen. Als Saraswati Lutas Worte hörte, lachte sie innerlich. Sie dachte: »Wie eingebildet dieses Mädchen geworden ist! Ich muss einmal hingehen und mit ihr reden und sehen, was daran wahr ist!« Gedacht, getan! Eines Tages verkleidete sich Saraswati als alte Frau und hinkte, auf einen Stock gestützt, zu Lutas Haus und rief: »Tochter Luta Rani! Wo bist du?« Luta kam herbei. Die Alte hub zu sprechen an: »Tochter! Ziemt es sich etwa für einen Menschen, mit den Göttern zu streiten? Dank ihrer Güte hast du alles bekommen, Reichtum und Wohlstand, Ansehen und Ehren. Warum schmähst du Saraswati?«

Bei diesen Worten der Alten geriet Luta in Zorn: »Werden die Leute alt, verlässt sie der Verstand. Wenn du dich so für Saraswati einsetzt, kannst du sie auch hierher holen! Dann machen wir eine Prüfung. Wozu braucht ein Armreif einen Spiegel?«

Saraswati nahm ihre wahre Gestalt an und sprach: »Ich bin Saraswati. Besiege mich!« Luta legte ihr die verschiedensten

---
1 Indra: König der Götter und Gewittergott in wedischer Zeit. Er ist der Welthüter des Ostens, der Herr des Firmaments und Repräsentant der Kriegerkaste im Himmel.
2 Dhoti: Indisches Beinkleid für Männer, manchmal auch von Frauen getragen.
3 Radsha: Ein König, Herrscher oder Fürst.
4 Guru: Geistlicher Lehrer und Führer, der im Besitz eines besonderen transzendenten Wissens ist und deshalb über übernatürliche Kräfte verfügt. Durch seine Belehrung verhilft ein Guru seinen Schülern zu ihrer zweiten, der geistigen Geburt und sichert ihnen dadurch ihr Heil im Diesseits wie im Jenseits.
5 Saraswati: Gemahlin von Brahma und Göttin der Rede, der Künste und der Wissenschaften.

Blumen und Bilder vor, die sie in Kleider gewebt hatte und sagte: »Zeig Blumen- und Rankenmuster wie diese hier, dann wissen wir, wie klug du bist!« Als Saraswati sah, dass Luta es tatsächlich mit ihr aufnehmen wollte, meinte sie ärgerlich: »Tochter! Es ziemt sich nicht für die Menschen, mit den Göttern zu streiten. Wer sich mit einer Gottheit anlegt, wird dafür büßen müssen!«

Saraswati versuchte es auf die verschiedenste Weise, doch Luta ließ nicht ab von ihrem Stolz. Sie bot Saraswati nicht einmal einen Platz an und stickte weiter ihre Blumen. Da konnte Saraswati nicht mehr an sich halten. Zornig nahm sie ihr die Sticknadel aus der Hand und warf sie ihr an den Kopf. Luta war sehr stolz, Demütigung konnte sie nicht ertragen und wollte sich aufhängen. Saraswati sagte: »Luta! Du wirst nicht sterben. Du wirst ewig an einem Seil hängen bleiben!«

Nach diesen Worten ging Saraswati fort. Luta verwandelte sich in eine Spinne. Seitdem spinnt sie mit dem Faden, den sie aus ihrem Maul herausbringt, ein Netz und bleibt in ihrem eigenen Netz hängen.

Aus: Margot Gatzlaff (Hg.): »Indische Märchen aus dem Hindi«, © Insel Verlag, Frankfurt am Main 1991, S. 134–136

M 16 HINDU-KINDER FEIERN DAS SARASVATI-FEST

»Feierst du mit uns Sarasvati-Puja?«, so fragten mich die Kinder meines indischen Freundes in Ranchi, einer Provinzhauptstadt in Bihar. Krischna, der seinen Namen einer der beliebtesten Gottheiten der Hindus verdankt, war etwa 12 Jahre alt. Seine Schwester Radha, so genannt nach einem Hirtenmädchen, in das sich *Krischna* verliebt hatte, zählte 10 Jahre und *Mahesch* war knapp 8 Jahre alt. Gewiss wollte ich Sarasvati-Puja mit ihnen feiern. Aber, was war das, Sarasvati-Puja? »Das wirst du bald erleben, morgen beginnt es. Wenn du willst, kannst du uns begleiten«, sagte Krischna. Die Kinder taten geheimnisvoll. Eine emsige Aufregung hatte sie ergriffen. »Wir müssen morgen ganz früh aufstehen, damit wir die Ersten sind«, so hörte ich sie flüstern. »Radha, du besorgst einen Korb«, ordnete Krischna, der Älteste an. »Wir brauchen auch noch eine Tasche und einen Beutel für das Geld«, ergänzte Radha. »Ich frage Mutter, die hilft uns bestimmt.« Und schon eilte Radha mit fliegenden Zöpfen in den Hof, wo die Mutter am offenen Feuer das Essen bereitete. Sie hatte viel zu tun. Das ganze Haus sollte noch fein säuberlich gefegt und der Fußboden mit verdünnten Kuhdung ausgestrichen werden. Der trocknete schnell und gab einen schönen glatten Estrich. Bei all der Arbeit trug Mutter das jüngste Schwesterchen in ein Tuch eingebunden auf dem Rücken. Aber sie wurde nicht ungeduldig, als Radha mit ihren Wünschen kam. Sarasvati-Puja (= Sarasvati-Fest) war ja ein Fest, das die Kinder selbst mit vorbereiten sollten. Und so gab sie dem Mädchen Korb, Tasche und Beutel.

Am nächsten Morgen wurde ich früh aus dem Schlaf gerissen. Radha, Krischna und Mahesch hatten ihre Matten, auf denen sie schliefen, bereits aufgerollt. Das Schlafzimmer war in ein Ess- und Wohnzimmer verwandelt. Die Mutter brachte uns Männern und den Jungen frisch gebackene Fladen und Hirsebrei zum Frühstück. Die Frauen und Männer aßen im Hof bei der Feuerstelle. Heute ging alles schneller. Ich merkte, die Kinder konnten es gar nicht abwarten hinauszustürmen, bewaffnet mit Korb, Tasche und Beutel. Blitzblank sahen sie aus, die drei mit den glänzenden schwarzen Haaren, den großen dunkelbraunen Augen und den schlanken gelenkigen Händen. Radha hatte zur Feier des Tages einen großen roten Punkt auf die Stirn gemalt. Das tun die indischen Mädchen und Frauen, um sich hübsch zu machen. Auch die Finger- und Fußnägel waren lackiert.

Auf der Straße ging es lebhaft zu. Was war dort alles unterwegs! Männer und Frauen, Kühe und Ziegen, Ochsenkarren und Fahrrad-Rikschas (das sind dreirädrige Fahrrad-Kutschen), Taxis, Lastwagen, blinde Bettler und viele Kinder. Es hupte und klingelte und ratterte und schnatterte und zu allem dröhnte noch laute Radiomusik aus dem Lautsprecher an der Straße.

»Kommt, wir gehen jetzt von einem Laden zum anderen und bitten um Spenden für Sarasvati-Puja!«, sagte Krischna. »Was wollt ihr denn mit den Spenden machen?«, fragte ich erstaunt. »Wir wollen eine Sarasvati mit anderen zusammen kaufen und sie schön schmücken. Weißt du, Sarasvati ist die Göttin der Weisheit und der Kunst. Wir verehren sie, indem wir ein Abbild von ihr auf einen Opfertisch bauen und ihr unsere Opfer bringen. Damit unsere Sarasvati die Schönste ist, brauchen wir viele Blumen, Bilder und Girlanden.«

Also deshalb brauchten die drei Korb, Tasche und Geldbeutel. Wir gingen zusammen zum Obsthändler. Der hockte inmitten seiner Früchte auf der Straße. Er ahnte schon, was die Kinder wollten und gab Radha eine Apfelsine, Krischna und Mahesch jeweils eine Zitrone. Wie viele Kinder mochten heute zu ihm kommen? Da musste er sparsam sein mit den Geschenken. Gleich daneben hockte ein Gemüsehändler zwischen Kartoffeln, Kohl und Rüben. Auf mehreren Säcken war Reis ausgebreitet. Davon hatte er am meisten, denn Reis ist das wichtigste Nahrungsmittel der Inder. Viele Inder leben fast nur vom Reis und essen ihn mittags und abends. Kartoffeln sind so wertvoll, dass sie als Gemüse gelten. Ich beobachtete, wie der Händler einer Frau Reis verkaufte. Er wog den Reis nicht etwa in einer Tüte ab, sondern benutzte einen Messingkrug als Maß. Und auch die Frau hatte einen Messingkrug als Gefäß, in den sie den gekauften Reis hineinschüttete. Dann hob sie ihn geschickt auf den Kopf und ging kerzengerade mit gemessenen Schritten davon. Sie balancierte den Krug so geschickt, dass sie die Hand kaum zum Festhalten brauchte. Natürlich bekamen meine drei kleinen Freunde auch bei diesem Händler eine Gabe. Und so ging es von Stand zu Stand und von einem Laden zum anderen. Tasche, Korb und auch der Geldbeutel wurden voller und voller.

Schließlich drängten wir uns durch das Gewühl zu einem Schreibwarenladen. »Wollt ihr dort auch sammeln?«, fragte ich. »Nein, dort kaufen wir neue Hefte. Die soll Sarasvati segnen, wenn wir ihr geopfert haben, damit wir viel lernen und gute Arbeiten schreiben«, erklärte mir Krischna.

In diesem Laden hingen viele, viele Bilder. Meistens waren es Abbildungen von Sarasvati. Sie war als bildhübsche Frau dargestellt. Um ihren Kopf schwebten eine Ente und zwei kleine Elefanten. Das kam mir sehr merkwürdig vor. Ich fragte einen jungen Mann – offensichtlich ein Student – der ein Bild der Sarasvati kaufte, was das zu bedeuten habe. Dabei erfuhr ich, dass jede Hindu-Gottheit auf den Abbildungen ein Lieblingstier hat, an dem man die Gottheit auch erkennen kann. So wird Brahma, der Schöpfergott, der der Mann von Sarasvati sein soll, mit einem Schwan und Sarasvati mit einer Ente gezeichnet. Die beiden Elefanten sollen hingegen eine Eigenschaft Sarasvatis verdeutlichen.

Deshalb muss man wissen, was der Elefant für die Hindus bedeutet. Sie schätzen ihn sehr als kluges Tier und bewundern seine gewaltigen Kräfte, mit denen er auch die größten Hindernisse beiseite räumt. Deshalb wählen sie das Bild des Elefanten, wenn sie zeigen wollen, was einer leisten kann und welche Hindernisse er zu beseitigen vermag. Jeder, der in die Schule geht und einen Beruf erlernt, muss Hindernisse überwinden. Das kostet Anstrengung, Geduld und Fleiß. Die Hindus glauben nicht, dass dies alles von selbst da ist. Sie sind vielmehr überzeugt, dass alles Leben und alles, was gedacht und getan wird, von einer höheren Macht, die sie Brahman (unterscheide Brahma) nennen, verursacht wird. Brahman wirkt durch viele Gottheiten, die nach Vorstellung der Hindus auch sterblich sind. Sie sind nur viel mächtiger als die Menschen. Die Gottheiten sind eine Erklärung für alles, was es auf der Welt gibt, z. B.: Warum gibt es Kunst und Wissen? Weil Sarasvati einen Sohn geboren hat, der Kunst und Wissen unter die Menschen gebracht hat. Warum gibt es Reichtum? Weil die Göttin Lakshmi für Reichtum sorgte. Warum gibt es Böses in der Welt? Weil es böse Dämonen gibt, die Götter und Menschen plagen. Warum besteht die Welt immer noch? Weil Shiva – der von vielen Hindus als der Mächtigste unter den vielen Gottheiten verehrt wird, das Alte zerstört und neues Leben schafft. Der Hindu glaubt, dass niemand aus eigener menschlicher Kraft allein leben kann. Nicht nur die Kinder, auch die Erwachsenen. Deshalb kauften auch jüngere und ältere Männer Abbildungen Sarasvatis in unserem Schreibwarenladen, um sie zu Hause auf einen kleinen Hausaltar zu stellen. Man sah es ihnen an; es waren Studenten und Gelehrte. Auch für sie ist das Sarasvati-Puja ein wichtiges Fest.

Inzwischen war es Mittag geworden. Es gab nur ein paar Früchte, denn die Hauptmahlzeit war am Abend. Wir Älteren ruhten ein wenig, da die Mittagshitze uns lahm und müde gemacht hatte. Nur die Kinder spielten im Schatten und planten den Abend. Er war dazu bestimmt, eine Sarasvati-Figur zu kaufen. Auch das war eine aufregende Sache. Man hatte sich zu mehreren Familien zusammengetan, denn Sarasvati-Puja wird nicht in den einzelnen Häusern, sondern draußen auf den öffentlichen Plätzen gefeiert, auf denen jeweils ein Opferaltar errichtet wird. Deshalb braucht man einzelne Figuren, die dann von ganzen Wohnvierteln zusammen gekauft werden. Jetzt hatten die älteren Jugendlichen das Wort und unsere Kinder durften nur zusehen und untereinander diskutieren, ob man eine gute Wahl getroffen hatte oder nicht. Am nächsten Tag waren sie dann wieder mit dabei, wenn es an das Ausschmücken der Plätze ging.

Dieser folgende Tag sollte der Höhepunkt von Sarasvati-Puja werden. Er begann mit Fasten. Es gab nur eine Tasse Tee zum Frühstück. Dann eilten die Kinder hinaus, um den Platz, an dem ihre Sarasvati aufgestellt werden sollte. mit Blumen und Girlanden zu schmücken. Bald kannte man ihn nicht mehr wieder. Wo sonst Abfall und aller möglicher Unrat verstreut lagen, war es jetzt sauber gefegt. Die Hauswand, vor der der Opfertisch stand, war mit Tüchern und Girlanden verhängt. Auf dem Tisch thronte Sarasvati in einem Meer von Blumen.

Nachdem alles fertig geschmückt war, holten Radha, Krischna und Mahesch ihre Opfergaben. Sie hatten nun ihre Festtagskleidung angezogen. Erstmals sah ich sie mit Schuhen. Ehrfürchtig schritten sie zum Opfertisch, verneigten sich und legten Blumen und Früchte als Opfer vor Sarasvati hin. Dann legten sie die Handflächen aneinander, berührten mit den Fingerspitzen die Stirn und verneigten sich nochmals. Darauf holten sie ihre Hefte und breiteten sie vor Sarasvati aus, damit sie diese segnete. Erneut verbeugten sie sich mit zusammengelegten Händen und schritten zurück.

Ich beobachtete, mit welchem Ernst die Kinder das taten. In diesem Augenblick standen sie ganz allein vor der Gottheit, die sie verehrten. Es störte sie auch nicht das Getümmel ringsherum und die laute Musik, die aus den Lautsprechern tönte. Doch nach dem Opfer sprangen sie in den Kreis ihrer Freunde, lachten und tanzten vor Begeisterung.

Bald machte sich ein ganzer Trupp von Kindern auf den Weg zum nächsten Opferplatz, um zu sehen, wie er ausgeschmückt war. Es gab viele Opferplätze in der Stadt. Sie wollten so viel wie möglich sehen. Darüber verging der Tag.

Ich hatte geglaubt, mit dem Festessen am Abend würde Ruhe einkehren und das Fest beendet sein. Da hatte ich mich aber gründlich geirrt. Nach dem Essen strömte noch mal alles hinaus in die laue Frühlingsnacht, hin zu den Opferplätzen. Dort warteten schon Musikanten mit verschiedenen Handtrommeln, Schellen und den Lauten ähnlichen Instrumenten. Und nun wurde in Gruppen getanzt. Die ganze Nacht durch. Der Rhythmus der Trommeln riss sie mit, Kinder, Jugendliche und Ältere, sodass sie nicht müde wurden. Das war ein Fest!

Und am folgenden Tag ging es weiter. Wieder versammelten sich die Kinder und Jugendlichen am Opferplatz. Jetzt wurde Sarasvati vom Opferaltar herunter geholt und auf einen geschmückten Karren gesetzt. Und dann marschierte man in langer Prozession durch die Straßen der Stadt. Es war ein fröhlicher Zug, begleitet vom Jubel der Menge. Schließlich bewegte sich der Zug aus der Stadt hinaus. »Wohin gehen wir jetzt?«, fragte ich Krischna. »Wir übergeben Sarasvati den heiligen Wassern des Flusses, damit sie hinausgetragen wird ins unendliche Meer«, sagte er. Und so geschah es.

Keiner war traurig, als Sarasvati, aus Lehm geformt, sich im Wasser auflöste und die Kleider den Fluss hinunter schwammen. Sie wussten: Der Leib vergeht, aber die Seele und auch Sarasvati lebt weiter und wird wieder erstehen – bald im nächsten Jahr. Dazwischen liegen aber noch viele andere Feste, Feste mit den Gottheiten, denen man sein Leben verdankt.

Hans Grothaus

Aus: Regina Gröger u. a.: Hinduismus, Folienmappe, Deutscher Katecheten-Verein e. V., München 1995, S. 46–69

M 17 RÄTSEL

Hier kannst du dein Wissen überprüfen.

Das Lösungswort muss von oben nach unten gelesen werden.

Schreibe die Lösungen in die dafür vorgesehenen Zeilen:
1. Shakti oder Gemahlin Vishnus; Göttin der Liebe, der Schönheit, des Glücks. 2. Göttlicher Welterhalter. 3. Buckliges, titanisches Reittier Shivas. 4. Gattin Shivas in ihrer wilden Gestalt. 5. Attribut verschiedener Götter, sie enthält das Urwasser. 6. Göttliche Dreigestalt. 7. Gattin Brahmas; Göttin der Weisheit, der Wissenschaft und der Künste. 8. Tatenregister, welches die Art der nächsten Wiedergeburt eines Lebewesens festlegt. 9. Gottesdienst, rituelle Verehrung. 10. Traditionelle indische Sozialordnung. 11. Kaste der Dienenden. 12. Elefantenköpfiger Sohn Shivas, Herr der ewigen Überlieferung. 13. Gattin Ramas, die durch das Feuer ging, um ihre Unschuld zu beweisen. 14. Weltenschlange, Reittier Vishnus. 15. Das ewige, sittliche Weltgesetz. 16. Flötenspielender Gott der Hirten und Bauern. 17. Sie muss nach der Feuerbestattung in den Ganges gestreut werden. 18. Weltenseele; der heilige, absolute Urgrund alles Seins.

Lösungswort:

M 18   **GRUPPENPUZZLE**
RELIGIÖSE RITEN FÜR ALLE LEBENSLAGEN

Gruppe 1:   ... im frühen Kindesalter ...

1. Runde: Betrachtet das Bild.
1. Was könnt ihr entdecken?
2. Was könnten das Wasser, das weiße Babykleid und die Kerze bedeuten?

Notiert eure Ergebnisse!
Holt euch danach bei der Lehrerin/dem Lehrer die Texte zum Thema »im frühen Kindesalter«.

Gruppe 2:   ... vom Kind zum Erwachsenen ...

1. Runde: Betrachtet das Bild.
1. Welche kirchliche Handlung ist dargestellt?
2. Unterhaltet euch über den Sinn dieser Handlung.

Notiert eure Ergebnisse!
Holt euch danach bei der Lehrerin/dem Lehrer die Texte zum Thema »vom Kind zum Erwachsenen«.

Gruppe 3:   ... gemeinsam feiern ...

1. Runde: Unterhaltet euch darüber, warum bei uns immer weniger Menschen in den Gottesdienst gehen.

Notiert eure Ergebnisse.
Holt euch danach bei der Lehrerin/dem Lehrer die Texte zum Thema »gemeinsam feiern«.

Gruppe 4:   ... zu Gott beten ...

1. Runde: Betrachtet die Bilder.
1. Was verbindet die Bilder?
2. Was unterscheidet die Bilder?
3. In welcher Situation würdet ihr beten? Gibt es Situationen, in denen euch das Gebet unpassend erscheint?
4. Formuliert Gebete, die die Menschen auf den jeweiligen Bildern sprechen könnten.

Notiert eure Ergebnisse!
Holt euch danach bei der Lehrerin/dem Lehrer die Texte zum Thema »zu Gott beten«.

M 19 **IM FRÜHEN KINDESALTER**

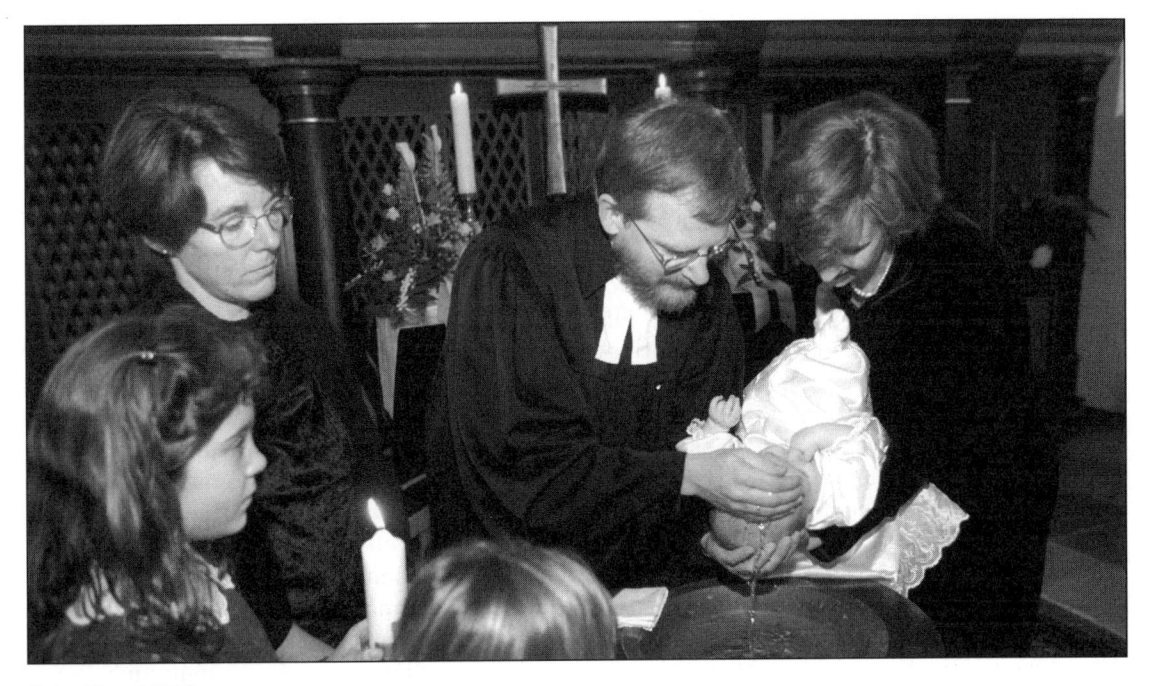

Foto: © epd-Bild

M 20 **VOM KIND ZUM ERWACHSENEN**

Foto: © epd-Bild

M 21 IM FRÜHEN KINDESALTER

Hinduistische Riten
Sakramente begleiten das ganze Leben eines Hindu. Empfängnis, Geburt und Namensgebung, das Durchbohren der Ohrläppchen (was auch bei Jungen geschah), der erste Anblick der Sonne, wenn das Kind zum ersten Mal außer Hauses genommen wurde, die erste Verabreichung fester Speise, all diese Anlässe wurden durch die Rezitation vedischer Verse (*Veden = Heilige Schriften*) geweiht, die dem Wunsch nach Söhnen Ausdruck verliehen oder als Segenssprüche Kraft, Verstand und langes Leben bewirken sollten. Sie sind auch heute noch Anlässe, an die sich traditionelle Bräuche knüpfen. Es kommt auch heute noch vor, dass Kindern während der ersten drei Lebensjahre die Haare nicht geschnitten werden. Selbst wenn dies nur ein Jahr lang nicht geschieht, kann der erste Haarschnitt ein religiöses und familiäres Ereignis sein. Es gibt genaue Vorstellungen darüber, wann es zu geschehen hat und man nimmt oft eine Pilgerfahrt zum Anlass, um das Kind an einem heiligen Ort scheren zu lassen. Der Kopf wird dabei kahl geschoren, lediglich am Hinterkopf bleibt eine Locke oder Haarsträhne stehen. Sie bezeichnet jene Stelle, an der die Boten des Todes die Seele aus dem Körper ziehen. Es gehört zu den Zeichen des Entsagers, dass er sich auch diese letzte Haarsträhne (Shikha) abrasieren lässt. Auch Mädchen werden geschoren, allerdings meist nur einmal und oft sehr früh. Die Haare, mit denen ein Kind geboren wird, werden manchmal als unrein angesehen; außerdem gehört es zu den weit verbreiteten Begründungen für den Brauch des Kahlscherens der Kinder, dass dadurch ein üppiger Haarwuchs gefördert werde.

Lesehefte Ethik: Hinduismus, Klett, Stuttgart

Taufe
Gott will jedem Kind ein Freund für's Leben sein. Einer, der immer hinter ihm steht oder vor ihm den Weg frei macht. Der treu bleibt und ihn nicht verlässt. Ganz mein Freund und doch mein Gott. Keiner weiß noch, wo's langgeht mit dem Kleinen. Keiner kennt die Kinder, mit denen es spielen wird, die Lieder, die es einmal singen wird, die Schulnoten, die es voll Freude oder schweren Herzens heimbringen wird. Für einen Menschen wäre es schon ein Risiko, jetzt so früh eine Freundschaft einzugehen. Zumal keiner von uns wissen kann, ob das Kind überhaupt etwas mit Gott anfangen wird, ob es selbst diesen Freund annimmt und mit ihm durchs Leben geht. Mit manchem wird Gott sich abfinden müssen. Mit sparsamen Gebeten vielleicht, mit lautem Fluchen, mit Zweifeln und offener Ablehnung. Wer weiß?

Gottes Liebe zeigt sich in Jesus Christus. Weil Jesus sich selbst als das Licht der Welt bezeichnete, schenkt man dem Kind zur Taufe häufig eine Kerze. Das bei der Taufe verwendete Wasser symbolisiert die immerwährende Bereitschaft Gottes, uns unsere Schuld zu vergeben. Das weiße Taufkleid ist ein Bild für den von seinen Sünden gereinigten Menschen.

Wenn ein Baby im Gottesdienst getauft wird, versprechen Eltern und Paten, dem Kind zu helfen, Gottes liebende Zuwendung zu erkennen.

Frei nach Dirk Keller (Ev. Erwachsenenkatechismus)

Aufgaben:
1. Was bedeuten Wasser, Taufkleid und Taufkerze?
2. Welche Beziehung Gottes zu den Menschen soll durch die Taufe deutlich gemacht werden?
3. Frage zu den »Hinduistischen Riten im frühen Kindesalter«: Welche Ereignisse im Leben eines Kindes werden mit welchen religiösen Handlungen verknüpft?

Sichert die Ergebnisse, damit ihr sie eurer Stammgruppe vermitteln könnt.

M 22 VOM KIND ZUM ERWACHSENEN

Hinduistische Initiationsriten
Die Initiation (*upanayana*, »Hinführen«), deren äußeres Zeichen das Umlegen der heiligen Schnur, eines aus mehreren Strängen bestehenden Baumwollfadens, ist, ist neben der Heirat und den Totenriten das wichtigste Sakrament.

Die brahmanischen Handbücher schreiben je nach Kaste ein unterschiedliches Alter für diesen Ritus vor. Erst mit der Initiation wurde ein junger Mann (bzw. ein Kind, wenn, wie im Fall von Brahmanen, die Initiation im Alter von acht Jahren vorgenommen wurde) zu einem vollwertigen Mitglied der dem Dharma (= *Kastengesetz*) verpflichteten Gemeinschaft. Mit der Initiation trat der Lehrer an die Stelle des Vaters. Der Aufenthalt beim Lehrer sollte zwölf Jahre dauern; in dieser Zeit wurde dem jungen Mann durch mündliche Belehrung der Wortlaut des Veda (*Veden = Heilige Schriften*) beigebracht, d. h. er musste die Texte durch ständiges Nachsprechen auswendig lernen. Heutzutage beschränkt sich die Vermittlung der vedischen Tradition oft auf die Erlernung eines einzigen vedischen Gayatri-Mantra, das ist ein an die Sonne gerichteter Vers, mit dem um Inspiration (= *göttliche Eingebung*) gebeten wird.

Vom Schüler wurde absolute Enthaltsamkeit erwartet; er lebte mit dem Lehrer und er hatte zu dienen. Seine Nahrung erwarb er sich durch Betteln; sein Stand wurde u. a. durch die Kleidung zum Ausdruck gebracht. Am Ende der Ausbildung stand ein rituelles Bad und die Entlohnung des Lehrers.

Aus: Schreiner, Hinduismus kurz gefasst; Neuausgabe, © Knecht-Verlag 1999

Konfirmation
Das lateinische Wort »Konfirmation« bedeutet »Stärkung, Befestigung«.

Es geht um die Stärkung und Befestigung des Vertrauens zu Gott.

In der katholischen Kirche hat die Firmung vergleichbaren Sinn.

Mit 14 Jahren wird ein junger Mensch nach dem Gesetz religionsmündig. Durch die Konfirmation/Firmung will die Kirche den getauften Jugendlichen durch entsprechenden Unterricht Hilfestellung zum Glauben geben. Der Sinn der Taufe soll neu bedacht werden. Der Jugendliche soll mit Bewusstsein seine Taufe bestätigen. Als Baby konnte er noch nicht »Ja« sagen, jetzt kann er sich bekennen.

Traditionell wird mit der Feier der Konfirmation der Schritt in die Erwachsenengemeinde öffentlich vollzogen. Damit kann der Jugendliche eine Taufpatenschaft übernehmen und darf in der evangelischen Kirche am Abendmahl teilnehmen.

Nach dem Ev. Erwachsenenkatechismus

Aufgaben:
1. Was sagt der Text zum ursprünglichen Sinn der Konfirmation aus?
2. Was bedeutet das Umlegen der heiligen Schnur für
   a) das Verhältnis zur Gemeinschaft?
   b) das Verhältnis zur Religion?

Sichert die Ergebnisse, damit ihr sie eurer Stammgruppe vermitteln könnt.

M 23   GEMEINSAM FEIERN

Vishnu-Puja im Haus eines Bauern
Das ganze Haus wurde am Nachmittag mit einer frischen Schicht Kuhdung ausgestrichen. Der Hof ist noch immer feucht und wir müssen auf Brettchen oder Decken sitzen. In der Mitte des Hofes der tragbare Holztempel, der immer vor dem Haus der Thakurs[1] steht: vier Bananenblätter, viele Mangoblätter. Davor der Tontopf, geschmückt ebenfalls mit Mangoblättern, mit Zinnober gestrichen. Auf dem Deckel wird nachher die Ghi-Flamme[2] in einer kleinen Tonschale entzündet. Außerdem wird der Tempel mit allen im Haus verwendeten Gewürzen und Rohstoffen geschmückt (Reis, Getreide, auch Gras, Pan[3], Baumwolle etc.). Vor dem Tempel ist mit Mehl ein magisches Quadrat geschüttet, in dem der Hausherr Platz nimmt. Ihm werden von den Töchtern die Füße rot gemalt. Zu seiner Rechten der Purohit[4] der Familie, Shrest Narajan, der Bhang[5]- Trinker. Er verrichtet den Gottesdienst, murmelt die Mantras, gibt dem Opfernden die Anweisungen, übersetzt die in Sanskrit gelesene Geschichte ins Hindi. Zunächst wird der Gott gefüttert, dann bekommt er Pan. Jetzt kann die eigentliche Puja beginnen: Sanskrit wird gelesen und erklärt. Dazwischen immer wieder ein Ton auf der Muschel, wozu alle Anwesenden die Hände aneinander legen, den Kopf senken und die Augen schließen. Die Puja nähert sich dem Ende, immer mehr Leute stellen sich ein, auch Thakurs, wenn auch meist nur die Söhne. Immerhin aber auch der Verwandte Atma Prasads. Das Opferfeuer wird zur Linken des Tempels entzündet, der Hausherr, assistiert von seinem ältesten Sohn, streut zu den Mantras des Priesters die Opfergaben darauf, während der Priester regelmäßig Ghi mit einem Mangoblatt dazuträufelt. Ich schätze, etwa ein halbes Kilo Ghi wurde so verbrannt. Das Prasad[6] wird von den Thakurs verteilt: Das mit Gur[7] gesüßte Mehl, etwas Obst und die Kokosmilch.
Während der ganzen Puja ging das Leben im Haus weiter. Die Frauen zanken, Kinder weinen oder lachen. Leute kommen und gehen. Audesh geht raus, um eine Zigarette zu rauchen, was ich aber seinem Vater nicht erzählen soll. Während des Opferfeuers singen die Frauen des Hauses ein Lied, in dem angeblich die Namen aller Familienangehörigen zusammengefügt worden sind: ein näselnder, lang gezogener Singsang.

Aus: Detlef Kantonski, Bilder und Briefe aus einem indischen Dorf; Campus Verlag, Frankfurt/New York, S. 143–145

Gottesdienst und Abendmahl
Für die ersten Christen in Jerusalem war Gottesdienst und Alltag absolut verbunden.

Der Gottesdienst hatte 4 Bestandteile (siehe Apg 2,42):
– Predigt; meist durch die Jünger Jesu, Apostel
– Abendmahl
– Gebet
– gegenseitige Fürsorge

Diese vier Merkmale sind bis heute die Hauptelemente des christlichen Gottesdienstes.

Das Hören auf Bibeltexte und die Predigt will den Menschen Kraft und Orientierung für ihren Alltag geben und sie ermutigen.

In der Feier des Abendmahls wird besonders deutlich, dass sich Gott uns nicht nur im Wort, sondern auch symbolisch in Brot und Wein zuwendet.

Im gottesdienstlichen Gebet können Klage, Bitte, Dank und Lob vor Gott gebracht werden.

Die gegenseitige Fürsorge zeigt sich zum Beispiel in der Opfersammlung (Kollekte) für Menschen in Not und vor allem im Einsatz für die Diakonie (*Diakonie: organisierter Dienst am Nächsten; berufsmäßig organisiert im Diakonischen Werk der EKD*).

Christen feiern gemeinsam Gottesdienst, weil sie als Kinder Gottes zu einer großen Familie gehören.

Nach dem Ev. Erwachsenenkatechismus

Aufgaben:
1. Was müsste sich eurer Ansicht nach in unserem Gottesdienst ändern, damit der ursprüngliche Sinn wieder ganz deutlich wird?
2. Überlegt, warum die Mehrzahl der Hindus regelmäßig ihre Haus-Puja feiert.
Sichert die Ergebnisse, damit ihr sie eurer Stammgruppe vermitteln könnt.

---

1 Kaste wohlhabender Bauern in Nordindien; 2 Schmelzbutter; 3 hier vermutlich Betelnüsse; 4 der Hauspriester der Familie; 5 berauschendes Getränk; 6 geweihte Gabe; 7 Zuckerrohrmelasse.

M 24

HAUS-PUJA

- Heilige Asche
- Blumen
- Räucherstäbchen
- Kokosnuß
- Ganesh
- Götterbilder
- Früchte
- Speiseopfer
- Öllampe

Aus: Bätz, Kurt (Hg.): Weltreligion heute, Hinduismus, Benziger/Kaufmann, Zürich/Lahr, 1979

M 43

Nächstes Ziel

Der Tag
geht seinen Stundenweg

Du folgst ihm
auf dem Zifferblatt

beschreibst
deinen Kreis
tagein tagaus

bis ein Ziel
dich erreicht

und du weitergehst
zum nächsten Ziel

Allein

Ich lebe allein
mit dem Lied

Meine Fragen
werden nicht fertig

Der Himmel antwortet
nein
ja

Ich weiß nicht
wo das Ende beginnt
der Anfang endet

M 25 ZU GOTT BETEN

Foto: Inge Werth, Frankfurt

Foto: Lothar Nahler

M 26 — ZU GOTT BETEN

Gesang auf Shiva

Tanzt deine Seele sich rot
Bei dem Tanz auf dem Feuer?
Doch viel schöner als Feuer
Ist deine innere Hand –
Wie kommt es – Oh sag's mir!

Wenn auf dem Tanzplatz Dämonen
sich treffen,
Tanzt du mit ihnen.
Nimmst du dann, Herrlicher,
Um auf dem Feuer zu tanzen
Feuer auch noch in die Hand?
Oh, sage mir, sage mir dieses!

Shiva tanzt – es erzittert die Erde.
Shiva schaut – auf flammt der Himmel.
Shiva schlägt – es schreit die Welt.

Psalm 23

Der Herr ist mein Hirte,
mir wird nichts mangeln.
Er weidet mich auf einer grünen Aue
und führt mich zum frischen Wasser.
Er erquicket meine Seele.
Er führet mich auf rechter Straße
Um seines Namens willen.
und ob ich schon wanderte
im finsteren Tal
fürchte ich kein Unglück;
denn du bist bei mir,
dein Stecken und Stab trösten mich.
Du bereitest vor mir einen Tisch
im Angesicht meiner Feinde.
Du salbest mein Haupt mit Öl
und schenkest mir voll ein.
Gutes und Barmherzigkeit
werden mir folgen ein Leben lang
und ich werde bleiben
im Hause des HERRN
immerdar.

Aufgaben:
1. Wie äußert sich der Betende gegenüber Gott?
2. Gibt es inhaltlich Gemeinsames?
3. Worin unterscheiden sich die beiden Gebete?
4. Im Hinduismus ist das Gebet eine Selbstverständlichkeit. Warum haben bei uns so viele Menschen Schwierigkeiten mit dem Gebet?

Sichert die Ergebnisse, damit ihr sie eurer Stammgruppe vermitteln könnt.

M 29 — BENARES – HEILIGE STADT DES HINDUISMUS

1. Gruppe:
1. Was erfahren wir über die Gottheiten der Hindus?
2. Welche religiösen Gebräuche der Hindus führen zur Selbstbesinnung und -erkenntnis?
3. Nenne Beispiele, wo alte Tradition im Großstadtleben erkennbar ist.

2. Gruppe:
1. Beschreibe, was die Gläubigen im Ganges tun.
2. Was erfährst du über das Verhalten der Hindus gegenüber den Tieren?

3. Gruppe:
1. Warum verbringen viele alte Hindus ihren Lebensabend am Ganges?
2. Wie bestatten fromme Hindus den toten Körper?
3. Wie verhalten sich die Hindus gegenüber der Armut und dem Tod?

M 27 DIE BESTIMMUNG DES SCHICKSALS

In einem Dorf lebte einmal ein Brahmane. Er war so gütig und redlich, dass ihn das ganze Dorf verehrte. Selbst in die umliegenden Orte holte man ihn, damit er dort die alten Geschichten erzählte, das Feueropfer vollzog und andere Aufgaben erfüllte. Habgier war ihm völlig fremd. Er begnügte sich mit dem, was er bekam. Nur seine Frau war nicht zufrieden, aber ihre Unzufriedenheit rührte nicht daher, dass sie wenig Geld hatten, sie hatte ihren Grund darin, dass sie sich Kinder wünschte. Ohne Kinder kam es ihr vor, als herrsche unter der Lampe Dunkelheit. Der Pandit[1] hatte Anteil am Glück und Unglück aller Leute im Dorf, den Schandfleck seiner Kinderlosigkeit aber konnte er nicht ausmerzen. Ständig opferte die Frau dem Sonnengott Surya Wasser und brachte Gott Shiw[2] Blumengirlanden dar. Doch schien es, als hätten sich beide Götter Watte in die Ohren gestopft. Dennoch verzagte die Frau nicht und verbrachte Tag und Nacht mit Opfern und Gebeten.

So vergingen zwölf Jahre. Dann erfüllte Gott ihren Herzenswunsch. Sie brachte einen wunderschönen Knaben zur Welt. Mit Liebe und Zärtlichkeit zog sie ihn auf. Der Brahmane aber war, seitdem er einen Sohn hatte, sehr traurig. Weder sah er zu ihm hin, noch lachte und scherzte er mit ihm. Innerlich zürnte die Brahmanin ihrem Gatten sehr, doch wagte sie nicht, ihn deswegen zu befragen. Je größer der Junge wurde, umso mehr sorgte sich der Brahmane. Nun hatte auch die Brahmanin keine Ruhe mehr, denn das ganze Dorf war des Unfugs überdrüssig, den der Junge anstellte. Mal nahm er den anderen Kindern das Spielzeug weg, mal ein Buch, mal die Schreibfeder. Und obgleich ihm der Brahmane immer wieder neue Sachen mitbrachte, hörte der Junge nicht auf, andere zu bestehlen. Eines Tages hatte es der Pandit satt, er sagte zu seiner Frau: »Begreifst du nun den Grund meiner Traurigkeit? An dem Tag, als unser Sohn geboren wurde, habe ich die Sterne befragt und dabei erfahren, dass er ein unverbesserlicher Dieb sein wird. Jetzt siehst du mit eigenen Augen, was dein Sohn alles anrichtet!«

Die Brahmanin erwiderte: »Pandit-dshi![3] Ich sehe zwar, was er anrichtet, doch was könnte ich denn dagegen tun? Wenn es nicht anders geht, schicke ihn in einen Ashram[4]! Vielleicht besser er sich dort.«

Dem Brahmanen gefiel der Vorschlag. Am nächsten Tag schon begab er sich mit seinem Sohn zu einem Ashram. Dem Vorsteher des Ashrams erzählte er von der hässlichen Angewohnheit seines Sohnes, damit dieser sich vorsah und versuchte, ihn mit Liebe auf den rechten Weg zu bringen. Alle Bewohner des Ashrams ließen sich geduldig den Schabernack des Knaben gefallen. Stahl er etwas, so sagten sie nichts, sondern holten nachts, wenn er schlief, heimlich die von ihm gestohlenen Sachen wieder hervor und gaben sie den Eigentümern zurück. Wenn der Junge das Verschwinden dieser Sachen bemerkte, ärgerte er sich sehr. Doch wie hätte er sich beschweren können? Er meinte, dass es hier Diebe gab, die selbst ihn noch etwas lehren konnten. Eines Nachts nahm er einen dicken Knüppel, versteckte ihn unter seinem Bettzeug und legte sich schlafen. Natürlich schlief er nicht, sondern stellte sich nur so. Als der Vorsteher des Ashrams in seinen Sachen nach dem gestohlenen Gut suchte, stand der Junge leise auf und versetzte ihm mit dem Knüppel einen kräftigen Hieb auf den Rücken. Der Vorsteher fiel auf der Stelle bewusstlos nieder. Der Junge machte sich sogleich aus dem Staub und kehrte nach Hause zurück.

Der Brahmane und die Brahmanin waren sehr betrübt. Sie beschlossen, den diebischen Sohn nicht im Hause zu behalten. Welch ein Unglück, wenn der Sohn eines Brahmanen ein Dieb ist! Eines Tages brachte der Brahmane den Jungen in eine Stadt, um ihn spazieren zu führen; dort verließ er ihn heimlich und kehrte nach Hause zurück. Tag und Nachte irrte der Knabe auf der Suche nach seinem Vater umher. Schließlich gab er es auf, setzte sich an den Straßenrand und fing an zu weinen. Da kam der Radsha[5] mit seinem Gefolge vorbei. Als er den kleinen Jungen schluchzen sah, schmolz ihm das Herz. Er rief ihn zu sich, strich ihm liebevoll mit der Hand über den Rücken und fragte: »Mein Sohn! Warum weinst du?«

Schluchzend gab der Junge zur Antwort: »Mein Vater hat mich hierher gebracht, um mir die Stadt zu zeigen. Dann ist er weggelaufen.«

Der Radsha hieß ihn schweigen und sprach: »Wer macht denn so etwas und läuft dann weg? Ich werde dich zu ihm bringen.«

---

1 Pandit: Titel, der einem gelehrten Brahmanen verliehen wird.
2 Shiw: Shiva, einer der hinduistischen Hauptgötter. Er vernichtet das Böse, erneuert das Gute, er gilt als Lebensspender und als Urheber des Yoga.
3 -dshi: Silbe, die an Namen, Titel, Anreden u. a. angefügt wird. Sie drückt Höflichkeit und Ehrerbietung aus. Etwa: ›Verehrter‹, ›Herr‹ bzw. ›Verehrte‹, ›Frau‹.
4 Ashram: Wohnort und Kultstätte hinduistischer Asketen und anderer Heiliger.
5 Radsha: ein König, Herrscher oder Fürst.

Weinend erwiderte der Junge: »Radsha! Ich werde nie mehr sein Haus betreten. Er wird mich nicht bei sich behalten.«

Erstaunt fragte der Radsha: »Warum?«

Der Junge berichtete: »In meinem Horoskop steht geschrieben, dass ich ein unverbesserlicher Dieb sein werde. Nur deshalb will mein Vater mich nicht in seinem Haus behalten.«

Die Worte des Jungen machten großen Eindruck auf den Radsha. Er zog ihn an sein Herz und sprach: »Mein Sohn! Ab heute bist du mein Kind. Ich werde schon sehen, ob du dich auch als Prinz zum unverbesserlichen Dieb entwickelst und werde zeigen, dass dein Horoskop nicht stimmt.«

Der Radsha setzte den Jungen in seinen Wagen und brachte ihn ins Schloss. Wie ein Prinz wurde er nun behandelt. Auch jetzt noch stahl er tausenderlei kleine Dinge. Doch wer beschwert sich schon über einen Prinzen?

Allmählich wuchs er heran. Nun begab er sich unter dem Vorwand, auf die Jagd zu gehen, in andere Städte und befriedigte dort seine Lust am Stehlen. Er war so geschickt, dass man ihn niemals erwischte. Doch wie lange kann man etwas verheimlichen? Nach und nach erfuhr der Radsha von all seinen Taten und meinte, dass er den Jungen einmal begleiten müsse. Als der Jüngling sich wieder anschickte, auf die Jagd zu gehen, sagte der Radsha: »Mein Sohn, ich werde heute mit dir gehen.«

Der Jüngling antwortete: »Gut!«

So begleitete der Radsha den Jüngling. Den ganzen Tag lang vergnügten sie sich mit Jagen. Nachts gelangten sie in eine Stadt. Der Jüngling sprach zum Radsha: »Mein Vater! Die Prinzessin dieser Stadt liebt mich sehr. Es ist Nacht geworden. Ich denke, es wäre nicht gut, jetzt nach Hause zu gehen. Weshalb sollten wir die Nacht nicht bei der Prinzessin verbringen?«

Der Radsha war einverstanden. Der Jüngling schlug ein Loch in die Mauer des Schlosses und gelangte zusammen mit dem Radsha in das Zimmer der Prinzessin. Die Prinzessin fuhr aus dem Schlaf. Als sie den Jüngling erblickte, wusste sie nicht, ob dies ein Traum war oder ob sie tatsächlich einen Prinzen vor sich hatte. Seine Schönheit nahm sie ganz gefangen. Sie ließ sich auf ein Gespräch mit ihm ein und lachte und scherzte mit ihm. Vor dem Schlafen pflegte die Prinzessin ihren Schmuck abzunehmen und ans Kopfende ihres Bettes zu legen. Heimlich nahm der Jüngling die Schachtel an sich und sprach dann zu der Prinzessin: »Der Morgen bricht gleich an. Ich gehe jetzt. Morgen nacht komme ich wieder.«

Sobald der Jüngling draußen war, wollte auch der Radsha durch das Loch kriechen. In diesem Augenblick schrie die Prinzessin: »Ein Dieb! Ein Dieb!« Auf das Geschrei hin eilten die Soldaten herbei.

Vor Aufregung fiel der Radsha von der Schlossmauer und war auf der Stelle tot. Der Jüngling war sehr unglücklich, doch aus Angst, ergriffen zu werden, hieb er dem toten Radsha den Kopf ab und lief davon.

Als man das Schloss absuchte, fand man den Rumpf eines Menschen. Inzwischen hatte die Prinzessin bemerkt, dass die Schachtel mit ihrem Schmuck fehlte. Als der Radsha davon hörte, meinte er: »Wenn der Schmuck der Prinzessin fehlt, kann man sicher sein, dass noch jemand hier gewesen ist. Dieser Mensch da scheint alt zu sein. Ich denke, Vater und Sohn waren ausgezogen, um zu stehlen. Der Junge ist weggelaufen und das ist der Vater. Gut, es macht nichts! Zeigt seine Leiche überall in der Stadt herum! Wer auch immer sein Sohn ist, er wird bei diesem Anblick in Tränen ausbrechen.«

Der Jüngling erfuhr, was der Radsha gesagt hatte, verkleidete sich als Holzhändlerin, nahm ein Bündel Holz und ging zum Verbrennungsplatz. Die Soldaten feilschten mit ihm um das Holz. Er aber wollte das Holz auf gar keinen Fall verkaufen und sagte: »Ihr Soldaten! Seit zwei Tagen konnte zu Hause kein Brot gebacken werden, weil kein Brennholz da war. Alle meine Kinder sind hungrig und warten auf mich. Ich kann das Holz nicht verkaufen, gleich, was ihr mir dafür geben werdet.«

Die Soldaten nahmen nun das Holz mit Gewalt und gaben nicht einmal Geld dafür. Er blieb dort sitzen, schlug sich immer wieder an den Kopf und heulte laut. Schließlich jagten ihn die Soldaten weg. So erfuhr niemand die Wahrheit.

Als der Radsha sah, dass keiner der Angehörigen zu der Leiche gekommen war, sprach er: »Das macht nichts! Sicher kommt der Sohn und bringt den Schädel seines Vaters, damit er im Totenfeuer mit verbrennt. Dann fassen wir ihn.«

Die Nacht ging vorbei. Man bereitete mit dem Holz das Totenfeuer vor. Kaum hatte man den Holzstoß angezündet, züngelten die Flammen empor. Dieses Mal hatte sich der Sohn des Brahmanen als Bettlerin verkleidet und kam mit einer Schüssel Mehl zum Totenfeuer. Die Soldaten, die dort Wache standen, drohten: »He! Wo willst du hin mit dem Mehl?«

Er flehte: »Nirgendwohin, Brüder! Das Mehl ist alles, was ich den lieben langen Tag erbettelt habe. Als ich das Feuer hier brennen sah, bin ich hergekommen. Ich dachte mir, dass ich zwei dicke Fladen darin backen und dann essen kann. Gott wird euch Gutes tun! Lasst mich zwei Brotfladen backen!«

Die Soldaten brüllten: »Du Verrückte! Verschwinde von hier! Siehst du denn nicht, dass es ein Totenfeuer ist? Und da willst du Brot backen!«

Er erwiderte: »Brüder! Wenn man hungrig ist, kommen einem sogar Bretter wie Papar[6] vor.

---

6 Papar: dünner, knuspriger, in heißem Öl gebackener Fladen aus Erbsenmehl.

Deshalb werde ich mir in diesem Feuer etwas backen.«

Die Soldaten meinten darauf: »Wenn du nicht hören willst, dann stirb. Was geht uns das an!« Der Brahmanensohn hatte den Kopf des Radsha im Sari[7]-Ende verborgen. Unter dem Vorwand, sich Brotfladen zu backen, setzte er sich ans Feuer und warf, vor den Augen der Soldaten verborgen, den Kopf des Radshas in den Scheiterhaufen.

Die ganze Nacht über wachte man, aber der Dieb wurde nicht gefasst. Darüber wunderte sich der Radsha sehr. Nun ließ er den Chef der Polizei rufen und sagte zu ihm: »Polizeichef! Einfache Soldaten schaffen es nicht, diesen schlauen Dieb zu fassen. Sie merkten nicht einmal, dass der Kopf ins Feuer geworfen wurde. Erst am Morgen stellten sie fest, dass auch die Schädelknochen drin lagen. Dieses Mal müsst Ihr selber Wache halten! Der Dieb wird sicher kommen, um die Asche seines Vaters in den Fluss zu werfen!«

Der Polizeichef vertraute voll und ganz auf seinen Scharfsinn und ließ mit großem Pomp auf dem Verbrennungsplatz sein Lager aufschlagen. Er sorgte für Musik und Gesang, damit er nicht einschlief. Wein machte die Runde und im Rausch sangen und spielten alle. Da kam der Sohn des Brahmanen, als Tänzerin verkleidet und mit Schmuck klirrend, dort vorbei. Als der Polizeichef die Tänzerin sah, fuhr er sofort hoch: »Wo gehst du hin?«

Sehr geziert und mit feiner Stimme sprach der Brahmanensohn: »Was geht das Euch an? Ich bin die Tänzerin des Radshas. Lasst mich gehen! Der Radsha wird schon auf mich warten.«

Darauf entgegnete der Polizeichef: »Ich gehöre auch zum Radsha. Tanze erst für uns und geh dann zum Radsha«, und er griff nach dem Sarizipfel. Bei diesem gewaltsamen Zugriff riss die Kette der Tänzerin und die Perlen verstreuten sich auf der Erde. Der Brahmanensohn stieß die Hand des Polizeichefs zurück und sprach mit Frauenstimme: »Geh weg! Lass mich in Ruhe! Du hast meine Kette zerrissen!«

Darauf fing er an, zusammen mit den Perlen die Asche aufzusammeln. Am Morgen merkte der Polizeichef, dass der Dieb, als Tänzerin verkleidet, da gewesen war. Nun bereute er seine Sorglosigkeit sehr.

Als der Radsha sah, dass es auch dem Polizeichef nicht gelungen war, den Dieb zu fassen, beschloss er, das selbst zu tun. Nun mussten die Überreste noch dem Wasser übergeben werden. Der Radsha hielt den Dieb für sehr schlau; ganz bestimmt würde er kommen, um die sterblichen Reste seines Vaters dem Ganges zu übergeben. In der Nacht begab sich der Radsha auf Wache und lief dabei umher. Der Jüngling baute sich eine kleine Hütte und setzte sich, als Kornmahlerin verkleidet, hin, um die Mühle zu drehen. Als der Radsha dort vorbeikam, fragte er: »Warum mahlst du noch so spät in der Nacht?«

Der Jüngling erwiderte: »Ich mahle Korn für die Pferde des Radshas. Wenn ich das nicht bis zum Morgen geschafft habe, wird der Radsha böse und ich bin meine tägliche Einnahme los.«

»Hast du jemanden hierher gehen sehen?«, fragte der Radsha weiter.

Der Jüngling antwortete: »Wen soll ich schon gesehen haben! Ach, da war doch eben einer hier, der neben mir Pfeife geraucht hat! Ich habe das Feuer noch nicht mal ausgemacht!«

Des Wachens müde fragte der Radsha: »Kannst du ihn wieder erkennen?«

»Weshalb nicht? Ich sagte doch schon, dass er eben erst von hier weggegangen ist. Er redete davon, dass er sich um die sterblichen Reste seines Vaters kümmern müsse.«

Darauf meinte der Radsha: »Dann läuft die Sache! Das war der Dieb!«

Der Jüngling sagte: »Warum zögerst du noch? Mach schnell und fang den Dieb!« Daraufhin der Radsha: »Ich bin sehr müde. Ich werde deine Mühle drehen. Du aber geh und bring ihn irgendwie hierher! Ich werde dich reich dafür belohnen.«

Der Jüngling hielt die Asche in seinem Gürtel verborgen. Im Innern sehr froh, lief der Jüngling zum Ganges, übergab die sterblichen Überreste dem Wasser und atmete dann erleichtert auf. Der Radsha saß in der Hütte, mahlte das Korn und wartete darauf, dass der Dieb gefangen werde. Als am Morgen die Soldaten kamen, sahen sie, wie ihr Radsha die Mühle drehte. Jener schämte sich sehr, dass sie ihn in einer solchen Lage vorfanden und sagte: »Der Dieb ist tatsächlich sehr ausgekocht! Er hat auch mich hinters Licht geführt!«

Der Radsha schickte sich in seine Niederlage und ließ austrommeln, der Dieb möge furchtlos vor ihn treten. Er werde ihn nicht bestrafen, sondern erkenne seine Überlegenheit an. Er wolle ihn mit seiner Tochter verheiraten und ihm das halbe Reich übergeben.

Der Jüngling freute sich, ging an den Hof, beugte den Kopf vor dem Radsha und sprach: »Radsha! Verzeiht mir! Ich war es, der Euch die Mühle drehen ließ.«

Der Radsha begriff alles. Er feierte mit großer Pracht die Hochzeit seiner Tochter mit dem Jüngling und gab ihm das halbe Königreich. Seitdem stahl der Jüngling niemals wieder. Er holte auch seine alten Eltern zu sich und lebte nun glücklich und zufrieden.

Aus: Margot Gatzlaff (Hg.): Indische Märchen aus dem Hindi, © Insel Verlag, Frankfurt am Main und Leipzig, 1991, S. 69–76

---

7 Sari: indische Frauenkleidung.

M 28   **DREI HEILSWEGE IM HINDUISMUS**

ZIEL:

Moksha –

Befreiung aus dem Kreislauf der Wiedergeburt

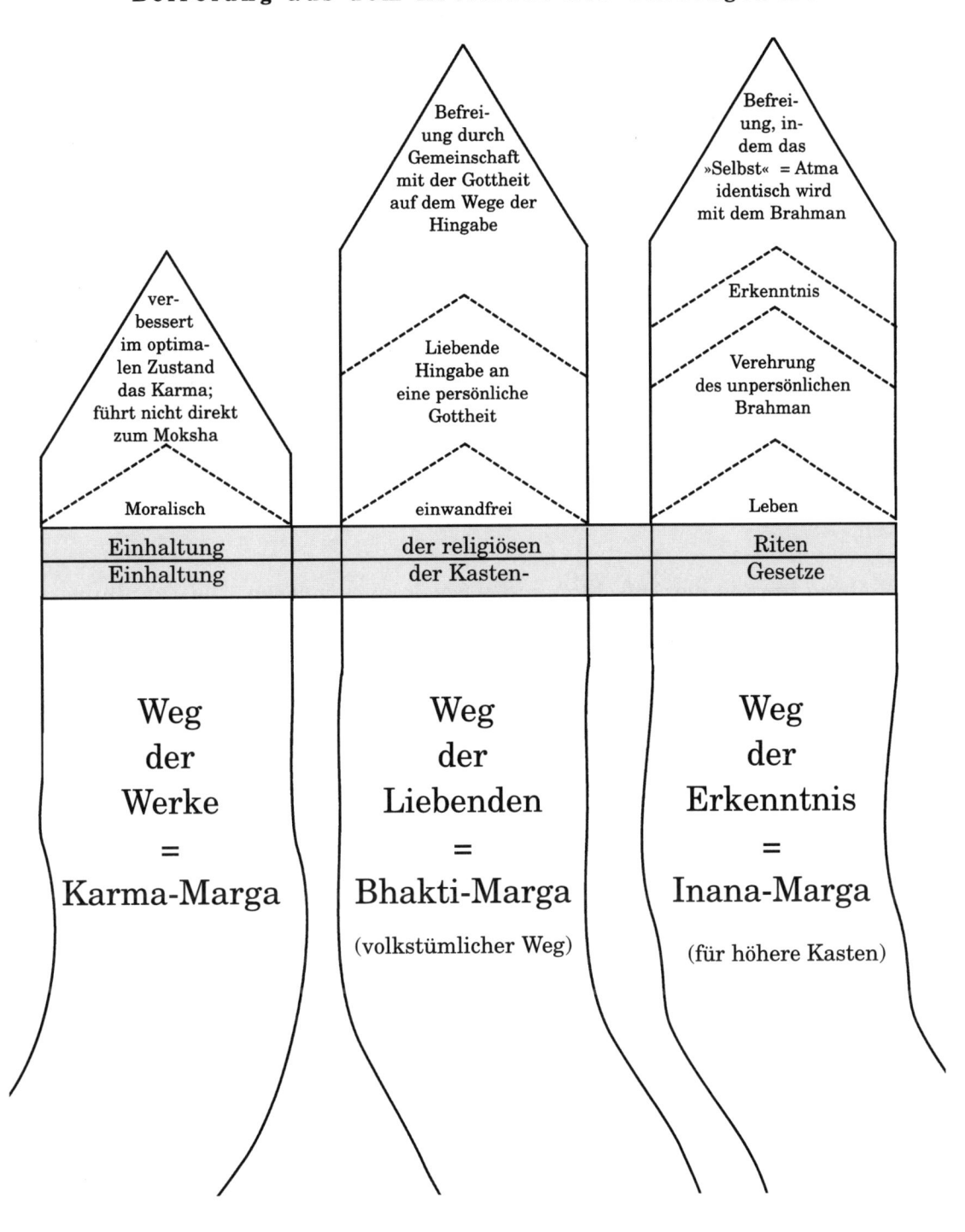

	Befreiung durch Gemeinschaft mit der Gottheit auf dem Wege der Hingabe	Befreiung, indem das »Selbst« = Atma identisch wird mit dem Brahman
verbessert im optimalen Zustand das Karma; führt nicht direkt zum Moksha	Liebende Hingabe an eine persönliche Gottheit	Erkenntnis
		Verehrung des unpersönlichen Brahman
Moralisch	einwandfrei	Leben
Einhaltung	der religiösen	Riten
Einhaltung	der Kasten-	Gesetze
Weg der Werke = Karma-Marga	Weg der Liebenden = Bhakti-Marga (volkstümlicher Weg)	Weg der Erkenntnis = Inana-Marga (für höhere Kasten)

M 29 siehe S. 61

M 30a   **PUZZLESPIEL:
DIE DREI HEILSWEGE IM HINDUISMUS**

Anzahl der Spieler/innen: je 4 Personen

Spielmaterial: je Spielgruppe 1x M 30b und 1x M 30c (ausgeschnitten)

Spielinhalt und Spielregeln:
Hier geht es um die drei
Heilswege des Hinduismus:
- Karma-Marga (Weg der Taten)
- Inana-Marga (Weg der Erkenntnis)
- Bhakti-Marga (Weg der Gottesliebe)

Den Weg zum Brahman (unvergänglicher, unwandelbarer Urgrund) findet ihr nur, wenn ihr die drei Heilswege des Hinduismus richtig zuordnen könnt. Dies geht so:

1. Eine Person der Spielgruppe verwaltet die Puzzleteile mit den ausgeschnittenen Mosaikfragmenten. Dieser Spielleiter nimmt nicht an der Fragerunde teil.

2. Reihum werden die Aufschriften des Spielplanes gelesen. Die Zuordnung zu einem der jeweils genannten Heilswege ergibt die Nummer, die dem Spielleiter genannt wird.

3. Der Spielleiter sucht das Puzzleteil mit der Nummer heraus. Das jeweilige Feld wird damit abgedeckt.

4. Sind alle richtigen Lösungen gefunden, ergibt sich zur Kontrolle ein hinduistisches Mandala.

Viel Spaß beim Spielen!

M 30b   **SPIELPLAN:
DIE DREI HEILSWEGE IM HINDUISMUS**

Die Hingabe an eine persönliche Gottheit. *Bhakti-Marga (5)* *Karma-Marga (11)*	Man darf nichts Unwahres reden. *Inana-Marga (2)* *Karma Marga (10)*	Die Praktizierung dieses Heilsweges findet man vor allem bei gebildeten Menschen. *Inana-Marga (3)* *Bhakti-Marga (7)*
Die genaue Befolgung der Regeln einer Kaste kann je nach Karma zur Wiedergeburt als Mensch führen. *Inana-Marga (3)* *Karma-Marga (14)*	Dieser Heilsweg will den transzendenten Bereich erschließen. *Bhakti-Marga (13)* *Inana-Marga (4)*	Man soll sich unaufhörlich mit Gott beschäftigen. *Bhakti-Marga (6)* *Karma Marga (9)*
Dieser Heilsweg ist auch für Frauen und Kastenlose möglich. *Bhakti-Marga (1)* *Karma-Marga (15)*	Der Tag ist durch die Ausübung genau festgelegter Riten geregelt. *Karma Marga (11)* *Bhakti-Marga (14)*	Rezitieren von Mantras und religiösen Formeln je nach Familien- und Gruppenzugehörigekeit. *Inana-Marga (5)* *Karma Marga (13)*
Bei Praktizierung diees Heilsweges soll man viel Zeit auf das Anhören alter heiliger Legenden verwenden. *Inana-Marga (4)* *Bhakti-Marga (7)*	Dieser Heilsweg bedarf der Anleitung durch einen Guru. *Inana-Marga (2)* *Karma Marga (8)*	Der emotionale Bereich wird angesprochen. *Inana-Marga (12)* *Bhakti-Marga (8)*
Dieser Heilsweg führt nicht direkt in die Erlösung vom Rad der Wiedergeburt, aber er schafft die Vorbedingungen dafür. *Inana-Marga (1)* *Karma-Marga (15)*	Man muss über die Sphäre der Wirklichkeit hinaus gelangen. *Bhakti-Marga (6)* *Inana-Marga (9)*	Philosophen und Yogis erkennen von sich aus, dass ihr wahres Selbst eins mit dem göttlichen Urgrund ist. *Inana-Marga (12)* *Karma Marga (10)*

M 30c   **PUZZLETEILE ZUM SPIEL
»DIE DREI HEILSWEGE IM HINDUISMUS«**

Bitte ausschneiden! ✂

M 31   **ÜBUNG ZUR VISUELLEN UND GEDANKLICHEN KONZENTRATION**

Die Teilnehmer der Übung sitzen entspannt und in ihnen angenehmer Position. Der Lehrer bzw. Gruppenleiter liest den Text sehr langsam (!) und mit beruhigender Stimme.

Wo im Folgenden kursiv »(Pause)« gedruckt ist, macht der Vorlesende die für die betreffende Stelle eine entsprechend lange Pause.

Setze dich bequem auf deinen Stuhl
Schließe die Augen
und versuche
dich zu entspannen.
Bilder und Vorstellungen werden dir in den Sinn kommen:
Schaue sie an,
unterdrücke sie nicht,
lasse sie vorüberziehen.

Verweile bei einem Bild,
das dich erfreut.
Stell dir vor,
dein Bild sei wie eine Photographie,
die auf der Innenseite
einer großen, grünen Tafel erscheint.
Schaue das Bild ruhig an.

(Pause)

Stelle dir vor,
du nimmst eine Kreide in die Hand
und schreibst alle angenehmen Gefühle,
welche beim Betrachten des Bildes
in dir ausgelöst werden,
neben das Bild
auf die Tafel.
Du liest dir
noch einmal in Ruhe durch,
was du geschrieben hast.

(Pause)

Nun
verabschiedest du dich
von deinem Bild
und schließt die Flügel der Tafel.
Hat dich das Betrachten deines Bildes ermüdet?
Du nimmst eine Kreide in die Hand
und schreibst auf die Tafel:
Ich werde nicht einschlafen!
Ich bin wach und bereit für Neues!
Wische nun das Geschriebene wieder aus.

Zeichne nun drei parallele senkrechte Linien.

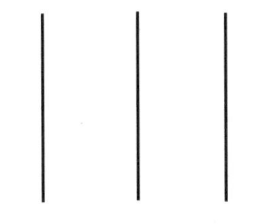

Wische sie wieder aus.
Zeichne drei parallele horizontale Linien.

Zeichne darüber nun erneut die senkrechten Linien.

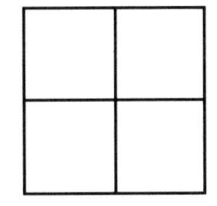

Wische nun wieder alles aus.

Zeichne ein Dreieck mit drei gleichen Seiten, die Spitze muss nach oben weisen.

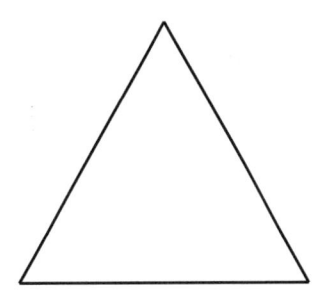

Nimm die drei Seiten diese Dreiecks und zeichne darauf je wieder ein Dreieck gleicher Größe. Es ist, als läge ein großes Dreieck über dem kleinen, seine Spitze weist nach unten.

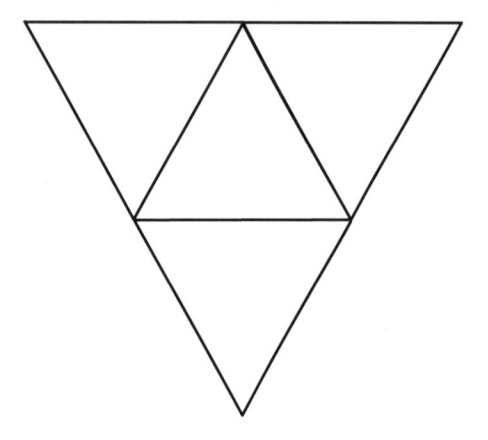

> Dieses Bild zweier überlappender Dreiecke ist eine typische Yandra (Mandala), ein Grundmuster visueller Meditationstechnik, das vielfältigste Variationen zulässt.

Zeichne einen Punkt ins Zentrum des inneren Dreiecks.

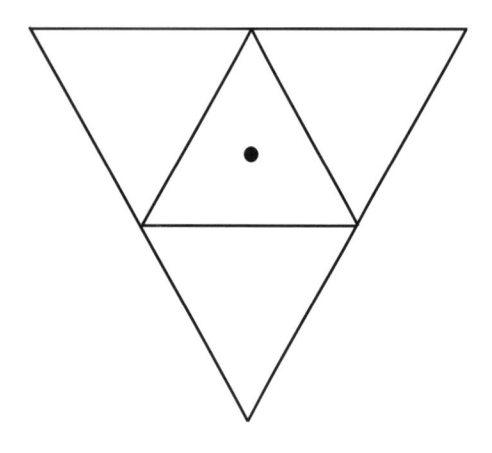

Konzentriere deine Gedanken auf diesen Punkt.
Lass ihn in Farben leuchten.
Lass die Flächen des Dreiecks sich färben.
Konzentriere dich ganz auf den Punkt im Zentrum.
Schau dir dein Ergebnis an.
Präge es dir ein.

Nun streckst du dich etwas
und öffnest die Augen.

Der Text ist eine freie Bearbeitung der »Übung zur visuellen und gedanklichen Konzentration« aus: Weltreligionen heute, (Hg.: Kurt Bätz u. a.), Benziger/Kaufmann, Zürich/Köln/Lahr, 1979, S. 84 und 85

DAS KLASSISCHE YOGA-SYSTEM DES PATANDSCHALI

M 32

Ein gewisser Patandschali sammelte zwischen dem 2. Jh.v. Chr. und dem 5. Jh. n. Chr. (eine genaue Datierung ist heute nicht mehr möglich) viele bis dahin praktizierte asketische Übungen und Meditationsübungen und fasste sie zu einem einheitlichen System, den »Yoga-Sutras« zusammen. Seither wird der Name »Yoga« für diese Lehre des Patandschali benützt

Bevor man mit Yoga beginnen kann, müssen alle Hindernisse für diesen Weg beseitigt werden: Krankheit, Müßiggang, Zweifel, Egoismus, übermäßige Bindung an die Welt, Mangel an Konzentration. Erreicht wird dies durch das Studium der Veden, Einüben von Demut sowie durch körperliche Reinigung, die durch das Einhalten von Diät und anderen freiwilligen Einschränkungen gefördert wird. Erst nach solcher Vorbereitung ist man fähig, die erste von acht Stufen zu erreichen.

Der dann folgende Weg ist ein langer und mühevoller Weg, an dessen Ende der Yogi jedoch Erlösung von Leid und Wiedergeburt erreichen kann. In jahrelanger, geduldiger Selbstüberwindung muss er die folgenden acht Stufen durchlaufen:

■ **Phase I: DISZIPLINIERUNG DES LEBENS**
  1. *Stufe*: Hier müht sich der Yogi um die Erfüllung folgender Gebote bzw. Enthaltungen:
     1. Gewaltlosigkeit (Ahimsa) bzw. Enthaltung von Gewaltanwendungen. Dieses Gebot hat M. Gandhi in konsequenter Weise ausgelegt und befolgt und damit Aufsehen in aller Welt erregt.
     2. Befolgung der Wahrheit bzw. Enthaltung von Unwahrheit.
     3. Keuschheit, Enthaltsamkeit
     4. Aufgeben jeder Selbstsucht, die sich in Gedanken, Worten und Werken zeigt; Gleichgültigkeit gegenüber dem Besitz
     5. Abstellen aller materiellen Begierden überhaupt.
  2. *Stufe*: Hier übt sich der Yogi in fünf Aktivitäten:
     1. Gewinnung ritueller (körperlicher und geistiger) Reinheit durch Körper- und Atemübungen.
     2. Genügsamkeit; Zustand eines ausgeglichenen Geistes.
     3. Selbstkritische Überprüfung durch Selbstzucht (Askese und auch Kasteiungen).
     4. Selbsterforschung und Studium der Heiligen Schriften (Lesen des Veda).
     5. Vertrauen und Hingabe an einen persönlichen Gott.

■ **Phase II: DISZIPLINIERUNG DES LEIBES**
  3. *Stufe*: Körperhaltungen, wobei das Ziel nicht die Extravaganz ist, sondern die größtmögliche Entspannung. Insbesondere geht es um das Einüben des richtigen Sitzens. All dies dient der Konzentration, die den eigenen Leib vergessen lässt. Diese Stufe hat in der westlichen Welt am meisten Beachtung gefunden. Hier, im Hatha-Yoga, gewinnt der Yogi durch lange Übungen die volle Kontrolle über seinen Körper und das Nervensystem.
  4. *Stufe*: Atemübungen, Atemkontrolle
     Ziel ist die Kontrolle des Atems, der schließlich Stunden, ja Tage zurückgehalten werden kann. Indem der Yogi seine Aufmerksamkeit auf das Atmen lenkt, konzentriert er sich auf das Bindeglied zwischen Körper und Geist. Damit verlässt man die Sphäre des Körperlichen und nähert sich dem Geistigen. In diesem Stadium sind bereits Gefühle verschwunden.
  5. *Stufe*: Einziehen der Sinne (Schnecke!)
     Auf dieser Stufe zieht der Yogi seine Sinne von den Dingen der Erscheinungswelt zurück und lässt sich durch nichts Äußeres beeindrucken. Den Sinnen wird schließlich verwehrt, mit den Objekten in Berührung zu kommen. Auf dieser Stufe kann der Yogi bereits so weit kommen, dass er ihm zugefügte Schmerzen nicht mehr empfindet.

■ **Phase III: DISZIPLINIERUNG DES GEISTES**
  6. *Stufe*: Konzentration
     Alle Sinne sollen auf eines gerichtet werden, z. B. Atemzählen, Betrachten der Nasenspitze oder des Bauchnabels. Diese Konzentration soll den Yogi entrücken, so dass er nichts Äußeres mehr wahrnimmt und jegliches Zeitgefühl verliert. Ab dieser Stufe benötigt der Yogi keinen Guru mehr.
  7. *Stufe*: Kontemplation oder auch Meditation
     Durch ununterbrochene Konzentration auf einen Körperpunkt wird das Denken zum Stillstand gebracht und man erfährt das eigene Bewusstsein. Der Yogi öffnet sich dem Einstrom der kosmischen Kraft und versinkt im »kosmischen Meer« der Ruhe und des Friedens.
  8. *Stufe*: Die Versenkung als Trancezustand
     Die Wahrnehmung von Objekten hört auf. Der Yogi hat jetzt die eigene Existenz und das Bewusstsein dieser Existenz hinter sich gelassen. Die Produktion von Karma wird beendet. Er ist der Erlösung nahegekommen. Der Vereinigung mit dem Göttlichen steht nichts mehr entgegen. Er ist erlöst. Freilich nur auf Zeit, denn sein Karma macht es ihm unmöglich, in die letzte Erlösung einzugehen. Das ist dann der nächsten Existenz vorbehalten.

M 33 KREUZ- UND CHRISTUSMONOGRAMM

(Mosaik in der Chora-Kirche (Kariye Camii), um 1320)

Aus: Küstenmacher, Marion und Werner: Energie und Kraft durch Mandalas, Ludwig Buchverlag, München 1998, S. 165

M 34 MANDALA ZUR VERSENKUNG

(Dschaipur, Staat Radschastan, Indien, 18. Jahrhundert)

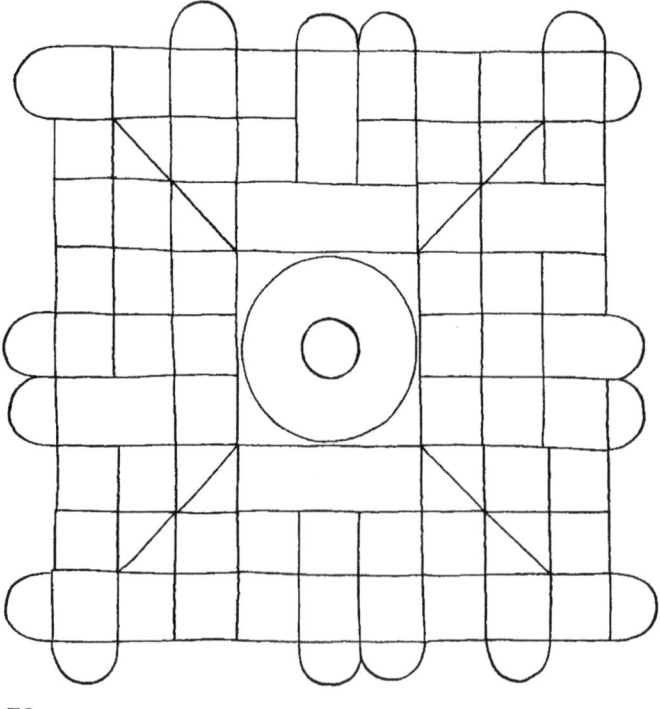

Aus: Küstenmacher, Marion und Werner: Energie und Kraft durch Mandalas, Ludwig Buchverlag, München 1998, S. 138

M 35 DER ABGRUND

> **Der Abgrund**
>
> Ein Meister lehrte:
> Eines ist's,
> am äußersten Rand des Abgrunds
> zu gehen,
> ohne zu sehen,
> dass man
> am äußersten Rand des Abgrunds
> geht.
> Ein anderes,
> am äußersten Rand des Abgrunds
> zu gehen
> und bei jedem Schritt
> in den Abgrund
> hinunter zu sehen.
> Das erste,
> sagte der Schüler,
> ist leichter als das zweite.
> So ist es,
> bestätigte der Meister,
> der Abgrund aber sind wir selbst.
>
> *Kurt Marti*

M 39 RAM SCHREIBT AN SEINE VERLOBTE AYESHA

Aufgaben:
1. Lest den Text aufmerksam durch und
2. Beantwortet folgende Fragen zum Text schriftlich:

Gruppe 1: Weshalb erscheint Ayesha ihrem Verlobten Ram als geeignete Braut und Ehefrau?

Gruppe 2: a) Welche Bedingungen müssen Rams Ansicht nach erfüllt sein, damit die Hochzeit stattfinden kann?
b) Was erfahren wir aus Rams Brief über Ayeshas Wünsche zu Hochzeit und Ehe?

Gruppe 3: Wie äußert sich Ram zu den Aufgaben und zur Stellung seiner späteren Ehefrau?

Gruppe 4: Welche Voraussetzungen müssen eurer Ansicht nach für eine gut funktionierende Ehe gegeben sein?

M 36 DAS FEST DER PARVATI

Es war der Tag der Göttin Parvati, für uns Dorfmädchen der wichtigste aller Tage.

Vor wenigen Wochen war ich dreizehn geworden, also alt genug, um mit den anderen Mädchen zum See hinauszufahren und mich Parvati zu weihen. Schon frühmorgens lag ich vor unserer Hütte und sah zu, wie der neue Tag über die Reisfelder kroch. Wie hoch der Weizen stand! Es war ja März, Frühling, alles grünte, viele bunte Blumen säumten die Wege. Ich atmete so tief, als wollte ich diesen Tag in mich hineintrinken, diesen – wie alle sagten – Tag aller Tage in meinem Leben. »Bist du schon wach?« Ich erschrak und fuhr herum: Mataji[1] stand im Eingang unserer Hütte. (...)

»Kennst du die Geschichte von Shiva[2] und Parvati[3]?«, fragte sie mich. Ich nickte. Sie hatte sie mir schon zwei- oder dreimal erzählt. Sie erzählte sie immer wieder gern; wohl weil sie ihr gefiel und weil sie meinte, dass es eine für ein junges Mädchen wichtige Geschichte sei. Es ging darin um die tiefe Liebe bei den Göttern: Parvati war Shiva stets eine gute Ehefrau gewesen, war hübsch und klug und eine gute Köchin, doch einmal, als er ihr gerade eine große Rede hielt, hörte sie nicht zu. Aus Zorn darüber verstieß er sie. Parvati musste als Tochter eines Fischers auf die Erde zurück. Doch in der Einsamkeit gefiel es Shiva nicht und so überlegte er, wie er Parvati zurückholen konnte und kam auf die Idee, einen Hai in die Gewässer zu schicken, in denen Parvatis Vater fischte. Der Hai, ein riesiger Bursche, zerriss alle Fischernetze und stürzte Parvatis Vater in große Verzweiflung. In seiner Not versprach Parvatis Vater demjenigen, der den Hai töten würde, seine Tochter zur Frau. Shiva hatte erreicht, was er wollte. Er nahm die Gestalt eines jungen Fischers an, tötete den Hai und heiratete Parvati zum zweiten Mal ...

»Dann weißt du also, was du dir zu wünschen hast?« Mataji blickte mich aufmerksam an. Und um sicherzugehen, dass ich es auch wirklich wusste, sagte sie es mir noch einmal: »Lieben muss er dich, hörst du! Lieben! Nur ein Mann, der dich liebt, verzeiht dir deine Fehler.«

Wie oft hatte ich mich gefragt, ob Pitaji[4] Mataji wohl liebte. Er war immer sehr stolz und schnell beleidigt, aber aus seiner Sicht behandelte er sie gerecht. Wenn er sie bat, ihm die Füße zu massieren, ihm den Schnurrbart zu ölen oder zu trinken zu bringen und sie war ihm nicht rasch genug, schlug er sie nicht, wie viele andere Männer es mit ihren Frauen taten, sondern schüttelte nur ärgerlich den Kopf und fragte enttäuscht: »Was ist mit dir? Bist du lahm? Oder blind? Oder taub? Oder warum sonst behandelst du mich so schlecht?« (...)

Aber beim Straßenbau, wo er die Aufsicht hatte, behandelte er sie wie alle anderen Frauen auch, schrie sie an und drohte ihr, wenn sie nicht schnell genug arbeitete. (...)

Würde Parvati mir ein Zeichen geben? Als wir genug Blumen gepflückt hatten, kehrten wir zur Hütte zurück. Mataji ölte mir mein Haar ein und kämmte es. Meine Augen umrahmte sie mit Ruß, damit sie größer wirkten und Krankheiten und böse Zaubereien vertrieben wurden. (...)

Mataji flocht mir den Zopf. »Bist ein hübsches Mädchen«, sagte sie. »Brauchst dich nicht zu verstecken.« Mein kleiner Bruder Mantu grinste und (...) verzog das Gesicht. »Wenn eine hübsch ist, ist der Brautpreis niedrig.« (...)

Ich ließ mich von den anderen Mädchen auf den Karren ziehen und los ging's. Es war eine alberne Fuhre. Die Mädchen auf dem Karren jubelten, lachten, schrien, winkten. Die Mütter (...) winkten zurück. Ich presste mir meine Girlanden vors Gesicht: Dass ich so wichtig war und mit meinen Freundinnen im Mittelpunkt stand, war eine ganz neue Erfahrung für mich. (...)

Mit den Girlanden und den Schälchen in den Händen gingen wir dann langsam in den See. Die lauten Rufe waren längst verstummt. Alle schwiegen, sahen sich kaum noch an. Als wir bis zu den Knien im Wasser standen, banden Dinni, Lata, ich und all die anderen Mädchen aus unserem Dorf unsere Girlanden zu einem Blumenboot zusammen, ließen es auf den See hinaustreiben und sahen dem Boot nach, bis es mit den Booten der Mädchen aus den anderen Dörfern zusammen trieb und in dem riesigen Blumenfeld nicht mehr auszumachen war. Uns war auf einmal sehr feierlich zumute. Die Blumen waren ja für Parvati. Würde sie unser Opfer annehmen und sich gütig zeigen?

---

1 Mutti, Mama.
2 Gott des Wandels und der Zerstörung, aber auch ein Heilsbringer. Lieblingsgott vieler Inder.
3 Gemahlin Shivas, in anderen Gestalten auch Durga oder Kali genannt.
4 Vati, Papa.

Danach waren die Lichter dran. Lata steckte einen Finger in den Mund und prüfte, aus welcher Richtung der Wind wehte. Windrichtung und Wasserströmung mussten wir beachten, wenn wir wollten, dass das Licht im Schälchen lange brannte. Und natürlich wollten wir das. Unsere Mütter hatten uns ja oft genug gepredigt, dass nur das Mädchen, dessen Licht nicht gleich wieder erlosch, darauf hoffen durfte, von ihrem Mann geliebt zu werden. Das Mädchen aber, dessen Licht ganz zuletzt erlosch, würde von dem Mann, dem sie einst zugeführt wurde, am allerlängsten und herzlichsten geliebt werden. War es da ein Wunder, dass wir alle bangten und hofften und dass da plötzlich Neid und Missgunst aufkamen? Zwar taten wir, als nähmen wir die Zeremonie nicht besonders ernst, in Wahrheit aber klopften unsere Herzen zum Zerspringen.

Endlich glaubte Lata, Bescheid zu wissen. Sie setzte ihr Schälchen aufs Wasser und entzündete vorsichtig das Ghee[5] darin. Dann gab sie dem Schälchen einen kleinen Stoß, damit es auf den See hinaustrieb. Dabei murmelte sie ihre Wünsche vor sich hin: »Bitte, Parvati, schick mir einen Mann! Schick ihn mir bald und sorge dafür, dass er mich liebt und auf mich hört, mich beachtet und mir meine Wünsche erfüllt.« (...)

Latas inständiges Bitten machte mich ganz aufgeregt. Ich hatte Angst, dass mein Licht gleich als erstes ausgehen würde. Mit zitternden Händen setzte ich mein Schälchen auf die Wasseroberfläche, nahm die Zündhölzer aus dem Sari und rieb ein Holz an der Reibefläche an. Als das Hölzchen brannte, bückte ich mich und hielt die Flamme an das Fett. Dabei bat ich hastig und leise: »Einen guten Mann, o Parvati, einen, der nicht schlägt und böse wird, wenn die Ernte nicht gut ist.« (...)

Lata (...) ging nun tiefer in den See hinein und folgte ihrem Schälchen mit wachsamen Augen. Und auch ich ging, ohne einen Blick von meinem Schälchen zu wenden, weiter in den See hinein. Der war nun längst voller kleiner, flackernder Lichter, die im hellen Sonnenlicht dahintrieben. Weil wir Mädchen den Lichtern folgten und dabei Wellen machten, trieben wir sie immer weiter auf den See hinaus und hatten bald Schwierigkeiten, sie auseinander zu halten. Dinnis Licht trieb weit ab, Latas und meines aber blieben dicht beieinander. (...)

Da! Das erste Licht erlosch. Es gehörte Shana Plattnase. Manche Mädchen kicherten. Dass Shanas Licht als erstes erlosch, war zu erwarten gewesen. Shana hob die Hände, um sie der Sonne entgegenzustrecken, dann tauchte sie ihren Körper ins Wasser. Erst nur bis zu den Hüften, dann bis zur Brust, danach bis zum Hals. Dabei hielt sie dem Brauch entsprechend die Hände erhoben und murmelte ihr Gebet. Erst als sie alles getan hatte, um nicht noch mehr Unglück für sich heraufzubeschwören, drehte sie sich um, ging aus dem Wasser, hockte sich ans Ufer und weinte. (...)

Immer mehr Lichter verloschen, auch Dinnis. Latas und meines trieben weiter zusammen über den See. »Vielleicht waren wir in einem unserer früheren Leben wirklich mal Schwestern?«, flüsterte Lata mir zu und presste meine Hand. Ich nickte nur. Mein Hals war wie zugeschnürt. Es flackerten nur noch wenige Lichter ... hatte Parvati mein Gebet erhört? Sollte ich, ausgerechnet ich, mehr Glück haben als andere?

Auch Latas Licht erlosch. Es war eines der letzten gewesen, trotzdem war sie enttäuscht. Verärgert streckte sie ihre Hände der Sonne entgegen. Dann tauchte sie kurz unter und murmelte flüchtig ihr Gebet.

Es brannten noch einige Lichter, aber aus unserem Dorf war meins das letzte. »Bitte, Parvati!«, bat ich nun, allein meinem Licht folgend. »Bitte, lass es brennen! Ich möchte, dass mein Mann mich lange liebt ... und dass auch ich ihn lieben kann. Bitte, Parvati!«

Wenn ich heute daran denke, erscheint mir jene Szene wie ein schöner Traum. Mein Licht erlosch tatsächlich als letztes von allen Lichtern aller Mädchen aus den Dörfern rund um den See. Das war schon fast zuviel des Glücks. Ich weiß noch genau, wie verwirrt ich war. Zwar sprach ich heiße Dankgebete, aber in Wahrheit verstand ich nicht, weshalb ausgerechnet ich von Parvati dermaßen ausgezeichnet wurde. Als dann endlich auch mein Licht erloschen war, streckte ich wie all die anderen Mädchen zuvor meine Arme aus und tauchte dankbar im Wasser unter.

Die anderen tobten inzwischen längst im See herum, hatten die Zeremonie zum Spaß werden lassen. Lata (...) rief mir zu: »Ja, du kriegst den Schönsten, den Besten, den Liebsten! Eine richtige Munli Glückskind bist du!«

Ich war das Mädchen, das Parvati am meisten mochte, das sie vor allen anderen ausgezeichnet hatte – ein schönes Leben lag vor mir.

Aus: Klaus Kordon: »Wie Spucke im Sand«. Beltz Verlag, Weinheim, 1987. Auszug aus dem Kapitel »Munli Glückskind«, S. 13–23

---

5 Butterfett.

M 37 siehe S. 30

M 38 RAM UND AYESHA

Liebe Ayesha, *Delhi, 17.03.2001*

ich möchte dir eine freudige Mitteilung machen! Heute hat mir ein Freund meines Vaters, ein bekannter Astrologe, mitgeteilt, dass unsere beiden Horoskope sehr gut zusammenpassen. Dies bedeutet, dass nun unserer Heirat nichts mehr im Wege steht, zumal sich jetzt auch dein Vater in den Verhandlungen mit meiner Familie bereit erklärt hat, die von uns gewünschte Höhe deiner Mitgift zu akzeptieren. Glaube mir, dass ich sehr glücklich bin! Du kannst dich darauf verlassen, dass ich dir den Termin unserer Hochzeit rechtzeitig mitteilen werde, damit euch genug Zeit bleibt, die Festlichkeiten angemessen vorzubereiten. Wie du ja weißt, habe ich bis jetzt immer noch nicht erfahren, wann der letzte Teil meiner Doktorprüfung, das Mündliche, stattfinden wird und so möchte ich dich einfach noch um etwas Geduld bitten. Es ist mir ein innerstes Anliegen, eigenes Geld zum Erhalt unserer jungen Familie beitragen zu können.

Dein Bruder hat mir anlässlich unseres letzten Treffens erzählt, dass du mitunter etwas Unbehagen bei dem Gedanken empfindest, nach unserer Hochzeit in das Haus meiner Familie zu ziehen. Offenbar scheinst du tatsächlich davon ausgegangen zu sein, dass es die Möglichkeit gibt, mit mir alleine zusammenzuwohnen. Was diesen Punkt anbelangt, möchte ich dir aber vorab deutlich meine Meinung schildern, denn meine Verlobte soll wissen, wie sich ihr zukünftiges Leben gestalten wird. Natürlich glaube ich, dass dein Bruder sich nur dazu hat hinreißen lassen, diese deine Befürchtungen überhaupt zu artikulieren, weil er offenbar bei seinem Studium in Europa denkbar schlechten Einflüssen ausgesetzt war. Ich hoffe für ihn, dass er sich hier in Indien wieder auf unsere hinduistische Tradition besinnen möge.

Deine Gedanken, liebe Ayesha, seien dir verziehen, weil du ja schließlich nur eine Frau bist, die ich, wenn ich das jetzt schon anmerken darf – obwohl wir uns bislang zur zwei Mal gesehen haben – durchaus schon zu schätzen gelernt habe. Du bist eine überaus attraktive Erscheinung und du entstammst derselben Kaste wie ich. In dieser deiner Eigenschaft als Brahmanin möchte ich dich aber deutlich darauf hinweisen, dass von dir natürlich erst recht die Hochschätzung unserer Tradition verlangt wird. Natürlich wirst du mit dem Status meiner Ehefrau formal als Eigentum meiner Familie gelten, aber da du ja hoffentlich bald unserem ersten gemeinsamen Sohn das Leben schenken wirst, wie es nun einmal deine Aufgabe ist, sehe ich in dieser Situation, die dich erwartet, eigentlich kein Problem. Ich gehe doch davon aus, dass dir mit der Erziehung in einer guten Familie – immerhin hat doch dein Vater einigen Wohlstand angehäuft – klargemacht wurde, dass eine junge Ehefrau nun einmal die unterste Stufe in der Hierarchie ihrer neuen Familie innehat. Natürlich erwarten wir von dir, wie es bei jeder traditionsbewussten indischen Familie üblich ist, dass du zunächst nicht nur meinen männlichen Familienangehörigen, sondern natürlich auch meiner Großmutter, meiner Mutter und meinen unverheirateten Schwestern gegenüber unbedingten Gehorsam entgegenbringen wirst.

Aber bitte, liebe Ayesha, warum hast du solche Bedenken? Die hoffentlich baldige Geburt unseres ersten Sohnes wird doch dein Ansehen innerhalb unserer Familie im höchsten Maße steigern! Ich möchte dich also bitten, diesen unerquicklichen Punkt nicht mehr zu erwähnen – und zwar gar niemandem gegenüber. Solche Gedankengänge sind einfach kindisch, zumal wenn man deinen Status als gebildete Brahmanin betrachtet.

Da ich mich einer guten Gesundheit erfreue, gibt es für dich auch nicht den geringsten Anlass, das Los einer baldigen Witwenschaft zu befürchten und so sehe ich unserer gemeinsamen Zukunft hoffnungsfroh entgegen.

Anbei möchte ich dir noch folgenden Trauspruch für unsere Hochzeit vorschlagen, mit dem einst Sitas Vater seine Tochter dem Rama übergab: »Hier ist meine Tochter – die mit dir den Weg der religiösen Gebote geht. Nimm ihre Hände in die deinen. Segensreich und hingebungsvoll wird sie dich wie dein eigener Schatten begleiten.«

Da dieser Trauspruch, der zugegebenermaßen konventionell ist, für mich persönlich eine ungeheure Poesie beinhaltet, würdest du mich sehr glücklich machen, wenn du auch im Tiefsten deines Herzens dieser meiner Wahl zustimmen könntest.

Liebe Ayesha, nun muss ich mich aber wieder meinen Studien zuwenden. Sei versichert, dass ich mich freue, dich bei der Besprechung unserer Hochzeitsfeierlichkeiten wiederzusehen. Es sind ja nur noch zwei Monate, bis das Semester zu Ende sein wird. Dann werde ich dir den genauen Termin unserer Trauung mit Sicherheit mitteilen können. Du weißt ja, ich vertraue dabei auf den Rat unseres Astrologen, der genau weiß, welcher Zeitpunkt für die Eheschließung uns später Glück bringen wird.

Bis dahin verbleibe ich in größter Wertschätzung,
dein Verlobter Ram

M 39 siehe S. 73

M 40 A-B-C-ROLLENSPIEL

Regeln:
Diskutiert zu dritt im A-B-C-Rollenspiel; d.h. zuerst diskutieren A und B innerhalb festgelegter Rollen, während C dieses Gespräch protokolliert. Nach einigen Minuten wird durch ein Zeichen eurer Lehrerin/eures Lehrers abgebrochen. Jetzt unterhalten sich B und C innerhalb festgelegter Rollen und A protokolliert das Gespräch. Danach diskutieren C und A, B protokolliert usw.

Wichtig vor Beginn eines A-B-C-Rollenspieles:
1. Mit der ganzen Klasse:
   a) Legt die Dauer der Einzelgespräche fest.
   b) Einigt euch auf ein Zeichen, mit dem eure Lehrerin/euer Lehrer das Ende der jeweiligen Runde anzeigt.
2. Legt fest, wer von eurer Dreiergruppe A, B und C ist.

Thema
1. Gespräch (A und B): Ayesha gesteht Claudia, dass sie große Ängste vor ihrer Zukunft hat. Sie getraut sich aber nicht, dies ihren Eltern und Ram gegenüber offen zu äußern.
2. Gespräch (B und C): Claudia und Ayeshas Mutter unterhalten sich. Claudia kann nicht verstehen, dass die Mutter nicht versucht, Ayesha vor einer Ehe mit Ram zu bewahren.
3. Gespräch (C und A): Claudia redet mit Ayeshas Vater über die Ängste seiner Tochter.
4. Gespräch (A und B): Ayeshas Vater erzählt seiner Frau voller Entrüstung, dass sich Claudia in ihre Familienangelegenheiten eingemischt hat und darüber hinaus die Situation auch noch nach ihren europäischen Wertvorstellungen beurteilt. Er befürchtet, dass die Gegenwart der deutschen Studentin einen schlechten Einfluss auf seine Kinder und vielleicht sogar auch auf seine Frau haben könnte.

Nach Beendigung des A-B-C-Rollenspieles:
Bringt eure Gesprächsnotizen in das Plenum ein und unterhaltet euch darüber mit der Klasse.

Fallen euch noch weitere Situationen ein, womit sich diese Gesprächsreihe fortsetzen ließe? Schreibt sie auf.

M 41 INTERVIEW MIT DER INDISCHEN FRAUENBEWEGUNG (MANUSHI)

Ein deutscher Reporter
Indische Frauen: Aruna, Nelanie, Kanchan, Ila, Tula, Gadi, Shana, Seela, Mara, Tarvinder

REPORTER: Liebe Zuschauerinnen und Zuschauer! Herzlich willkommen in unserem indischen Fernsehstudio!
Wir befinden uns hier am Rande des großen indischen Frauentreffens, wo sich die unterschiedlichsten Frauengruppen dieses großen Landes getroffen haben, um über eine weitere Durchsetzung ihrer Rechte zu diskutieren. Zehn dieser Frauen haben sich zu einem Gespräch mit uns bereit erklärt. – Herzlich willkommen, meine Damen, ich freue mich, dass dieses Interview zustande gekommen ist.
Worum geht es denn nun genau bei diesem großen Frauentreffen?

ARUNA: Ich vermute, dass es um die gleichen Dinge wie bei den Frauentreffen in Ihrer Heimat geht. Wir möchten eine Gleichberechtigung der beiden Geschlechter erreichen.

REPORTER: Ist es nicht so, dass indischen Frauen durchaus gesetzlich fundierte Rechte zugestanden werden? Wenn ich unsere Zuschauerinnen und Zuschauer in Deutschland kurz informieren darf, so ist hier in Indien bereits um 1920 die sogenannte »All India Women's Conference« gegründet worden, die sich den Kampf um die Gleichberechtigung der Frau zum Ziel gemacht hat.

NELANIE: Die erste »All India Women's Conference« fand schon 1827 in Puna statt, aber die Teilnehmerinnen repräsentierten nur eine kleine Schicht der indischen Frauen.

KANCHAN: Ja, nur wirklich gebildeten Frauen, die sowohl aus einer der obersten Kasten stammten und zusätzlich aus reichem Hause kamen, war es damals möglich, Politik zu machen.

ILA: Was heute noch nicht so viel anders ist ...

TULA: ... und außerdem ist die Anzahl der »gebildeten« Frauen in Indien auch heute noch relativ gering.
Nur 19 Prozent von ihnen können lesen und schreiben, nur 1,6 Prozent erreichen je die Hochschulreife. Und wenn tatsächlich eine studiert, bestimmt die Familie das Fach.

ARUNA: Meine Freundin Claudia hat mir erzählt, dass dies in Deutschland manchmal auch noch so sein soll.

GADI: Jedenfalls traten viele dieser Frauen der »Women's Conference« Mahatma Gandhis Unabhängigkeitsbewegung bei, aber innerhalb dieser waren sie natürlich nur eine verschwindend kleine Minderheit.

SHANA: Aber sie erzielten dennoch Erfolge! Beispielsweise wurde 1921 den Frauen im Zuge allgemeiner Reformen das Wahlrecht zugestanden.

REPORTER: 1931 durften Frauen auch erstmals als Parlamentsabgeordnete aufgestellt werden!

SEELA: Ja, aber trotzdem blieb die Mitarbeit in parlamentarischen Ausschüssen, Botschaften oder etwa Ministerien die Ausnahme. Erst heute morgen habe ich gelesen, dass noch im Jahre 1983 von 528 Abgeordneten des indischen Parlamentes nur 17 Frauen waren!

MARA: Auf jeden Fall war mit der ersten »All India Women's Conference« endlich ein Gremium geschaffen worden, das für gleiche Rechte und gleiche gesellschaftliche Chancen eintrat und zwar für jeden Inder, ob Mann oder Frau, ob Kastenloser oder Brahmane. Auch die Mitarbeit von Männern war sehr willkommen.

KANCHAN: Bedauerlicherweise ist es aber heute immer noch so, dass ein kastenübergreifender Befreiungskampf der indischen Frauen nach wie vor fast nur in den großen Städten zu beobachten ist und auch dort nur zaghaft und ohne große Wirkung, denn die Solidarität zwischen den verschiedenen Kasten ist nach wie vor gering.

REPORTER: Was ja kein Wunder ist in einem Land, in dem sich sechs Religionen bekämpfen, in dem es unzählige religiöse Sekten, 14 Hauptsprachen und außerdem noch 1 638 andere Sprachen und Dialekte gibt!

TARVINDER: Außerdem gibt es in Indien 6 000 Kasten und Unterkasten.

TULA: In Anbetracht dessen, dass 80 % aller indischen Menschen auf dem Lande leben und 48 % unterhalb der Armutsgrenze, wird klar, dass es unserer Frauenbewegung schon noch etwas an Durchsetzungsvermögen fehlt.

NELANIE: Ja, wissen Sie, die Situation in Indien ist grundverschieden zu der in europäischen Ländern.

REPORTER: Und das, wenn man bedenkt, dass Indien schon vor Jahren eine eigene Atomindustrie entwickelt hat und außerdem schon seit Jahren Platz 11 unter den Industriestaaten der Welt behauptet!

ARUNA: Weil bei uns eben sehr viele Menschen in kleinen Dörfern auf dem Lande leben, haben sich hier natürlich alte Traditionen über Jahrhunderte hinweg erhalten.

REPORTER: Könnten Sie für unsere deutschen Zuschauerinnen und Zuschauer einige dieser Traditionen schildern?
MARA: Gerne! Beispielsweise werden viele unserer Mädchen nicht zur Schule geschickt, obwohl es eine gesetzliche Schulpflicht für Mädchen zwischen 6 und 11 Jahren gibt.
SEELA: Ja, nach wie vor müssen auf dem Lande Mädchen im Haushalt oder auf den Feldern schuften, weil Haus- und Feldarbeit schon immer Frauensache war.
LATA: Männer helfen nur beim Pflügen und bei der Aussaat.
REPORTER: Könnte man also sagen, dass die geistig-moralische Entwicklung Indiens mit der technischen nicht Schritt hält?
SHANA: Durchaus. In Indien wird die Moral immer noch zum großen Teil unseren religiösen Volksepen entnommen, die jeder Mensch von frühester Kindheit an zu sehen oder zu hören bekommt.
REPORTER: Welche Weltanschauung wird über diese religiösen Volksepen immer noch vermittelt?
GADI: Beispielsweise die, dass Frauen Eigentum der Männer sind.
TULA: Der Väter, Brüder oder Ehemänner.
TARVINDER: Dass sie ihren Ehemann wie einen Gott zu verehren haben.
KANCHAN: Denken Sie an das Epos von Sita und Rama. Sie hat ihn wie einen Gott verehrt. Sie ging freiwillig durch ein brennendes Feuer, nur weil er ihre Treue bezweifelte. Lieber wäre sie gestorben, als ihm Misstrauen zuzumuten.
MARA: Es galt als Beweis für ihre Tugend, dass sie dem Feuer unverletzt entkam.
SEELA: In der Geschichte von Sati und Shiva verbrennt sie sich selber, um ihre Solidarität zu ihm zu beweisen.
REPORTER: Also diese Geschichten erinnern mich etwas an die Witwenverbrennungen. Heißen die nicht auch »Sati«?
KANCHAN: Natürlich, diese Bezeichnung ist aus dem Shiva-Epos entlehnt. Immer noch werden bei uns Frauen gezwungen, ihrem Mann in den Tod zu folgen, indem sie sich auf den brennenden Scheiterhaufen werfen. Natürlich ist auch dies verboten. Schon 1827 wurde Sati, die Witwenverbrennung, gesetzlich mit Totschlag oder Mord gleichgesetzt.
TARVINDER: Und es kommt trotzdem noch vor, wenn auch sehr selten. Die alarmierte Polizei kommt oft erst dann, wenn die Frau schon verbrannt ist.
REPORTER: 1996 haben sich in Indien einige Frauen und Männer selbst verbrannt, um ihren Unwillen über die Wahl der »Miss World« in Bangalore zu dokumentieren.
TULA: Ja, das dürfen Sie vor dem gleichen Hintergrund sehen.

REPORTER: Nachdem wir uns jetzt so lange über die Geschichte unterhalten haben, möchte ich Sie bitten, von hoffnungserweckenden Initiativen der Gegenwart zu berichten.
NELANIE: Aber gerne. Ich bin Mitglied des 1972 gegründeten »Verbandes der nicht angestellten Frauen«.
GADI: Dieser Verband, wir nennen ihn SEWA, kümmert sich um Frauen, die sich »selbstständig« durchs Leben schlagen müssen, also nicht in einer Fabrik oder einem Angestelltenverhältnis beschäftigt sind.
SHANA: 1974 gründete dieser Verband eine Frauenbank – die erste der Welt! – indem viertausend Frauen je 10 Rupien, das waren damals in ihrer Währung ungefähr 1,20 Euro, in diese Bank einbezahlten und auf diese Weise ein gemeinsames Kapital von 40 000 Rupien, etwa 5 000 Euro, aufbrachten.
MARA: Heute beläuft sich das Kapital dieser Bank auf etwa eine halbe Million Euro und Frauen können bei uns zinslose Kredite bekommen, die sie dann zurückzahlen, wenn sie das Geld wieder erwirtschaftet haben.
ARUNA: Ich bin als Architektin in der so genannten »Frauenbrigade« von Tamil Nadu tätig. Dort erhielten männliche Bauarbeiter den fünffachen Tageslohn einer Frau, auch wenn die Frauen die gleich schwere Arbeit verrichten mussten. Proteste halfen nichts.
TARVINDER: Schließlich hat sich dort eine Fraueninitiative zusammengetan, von weiblichen Maurern über Architekten, Zimmerleuten und Schlossern bis zum einfachsten Handlanger. Wir bieten als Team schlüsselfertige Wohnhäuser an. Weil unsere Arbeit qualifiziert ist, gibt es genug Aufträge. Jede Frau bekommt bei uns den vollen Lohn eines Mannes!
REPORTER: Liebe Zuschauerinnen und Zuschauer! Wie beruhigend, so etwas aus einem Land zu hören, in dem Frauen ohne Probleme geschlagen, vergewaltigt und in den Tod getrieben werden dürfen, obwohl die Gesetze das längst verbieten!
ARUNA: Wenn Sie das derartig beschäftigt, möchte ich Ihnen empfehlen, sich den Bericht eines x-beliebigen Frauenhauses der Bundesrepublik Deutschland anzuhören. In Ihrem Land suchen nämlich jährlich mehr als 14 000 Frauen in Frauenhäusern Zuflucht und die internationale Frauenbewegung schätzt, dass in Deutschland Jahr für Jahr etwa vier Millionen Frauen von ihren eigenen Ehemännern geschlagen, vergewaltigt oder gequält werden!

Fakten entnommen aus: Wagner, Reinhold: Die Stellung der Frau in der Hindu-Gesellschaft Indiens. – Kordon, Klaus: Wie Spucke im Sand, Beltz Verlag, Weinheim, 1990

M 42 AYESHA SCHREIBT AN CLAUDIA

Liebe Claudia *19.05.2001*

vielen Dank für deinen Brief! Ich finde es durchaus interessant, dass sich eine deutsche Illustrierte mit den Witwenverbrennungen in Indien beschäftigt. Damit euer Chefredakteur deine Recherchen nicht in Frage stellen kann, habe ich mich noch einmal ganz genau bei den verschiedensten Leuten hier in Indien erkundigt, was die Stellung von Witwen in unserer hinduistischen Gesellschaft anbelangt.

Witwenverbrennungen sind bei uns ausgesprochen selten geworden! Wo sie noch vorkommen, erklären sie sich aus alten Traditionen:

Aufgrund unserer <u>Tradition</u> sehen wir es so, dass
- *die Anwesenheit einer Witwe überall als böses Omen gilt. Deshalb darf sie niemals an Festlichkeiten teilnehmen. Manche glauben, es bringe Unglück, wenn sie am Morgen als erstes das Gesicht einer Witwe zu sehen bekommen.*
- *Witwen haben die Haare ganz kurz geschnitten oder den Kopf vollständig kahl geschoren.*
- *Fast überall müssen sie einen weißen Sari tragen, damit man sie als Witwen erkennt.*
- *Eine Witwe trägt ärmste Kleidung und sie darf niemals Schmuck anlegen. Ihre Hochzeitskette wurde ihr weggenommen.*
- *Nur die niedrigste Arbeit ist ihre Aufgabe.*
- *Witwen haben überhaupt keine Rechte mehr.*

Sicher fragst du nach den <u>Gründen</u> für solch eine Diskriminierung!
Konservative Menschen bei uns glauben leider immer noch:
- *Witwen folgt ein religiöser Fluch, weil es die Schuld einer Frau ist, wenn ihr Mann früh gestorben ist. Dies muss sie durch lebenslange Witwenschaft büßen.*
- *Oft wird Witwenschaft als Strafe für ein schlimmes Verbrechen in einem früheren Erdenleben betrachtet. Vielleicht hat sie einem früheren Ehemann nicht gehorcht oder sie war ihm untreu.*
- *Hat die Witwe nur Töchter, dann ist ihr Los nicht besser, denn dann haben die Götter ihre Schuld bestätigt.*
- *Hat die Witwe aber Söhne, so ist ihr Schicksal leichter, denn die Götter haben ihr einen Teil ihrer Schuld verziehen. Dennoch muss auch die verwitwete Mutter von Söhnen täglich religiöse Bußübungen machen, wie es von allen Witwen verlangt wird.*
- *Andererseits aber holen die Söhne wiederum den Rat ihrer Mutter ein, weil sie diese lieben und verehren, wie es ihre Pflicht ist.*

Aus diesen Vorstellungen heraus war über lange Zeit hinweg die <u>Witwenverbrennung</u>, auch »Sati« genannt, üblich. Oft sprangen Witwen freiwillig auf den Scheiterhaufen ihres toten Mannes, nachdem sie sich selbst mit geschmolzener Butter übergossen hatten.

Heute sind Satis sehr selten, schließlich ist diese Unsitte seit 1827 gesetzlich untersagt. Manchmal setzt man Frauen unter Drogen, die sich dagegen wehren.

Die alte hinduistische <u>Tradition</u> begründet Sati folgendermaßen:
- *Weil die Witwe den Tod ihres Mannes verschuldet hat, ist Sati eine Form der Sühne, ein Feueropfer. Allerdings waren schwangere und stillende Frauen schon immer von diesem Opfer befreit.*
- *Ihre Schuld kann die Witwe durch den Feuertod sühnen, indem sie auch in dieser Situation ihrem Mann eine treue Begleiterin ist.*

- *Die einzige Möglichkeit für eine Frau, sich im nächsten Leben eine bessere Wiedergeburt zu erwerben ist die, sich mit dem Leichnam ihres Ehemannes verbrennen zu lassen. Hat sie ihrem Gatten treu gedient, wird er sie in sein kommendes Leben mitnehmen.*
- *Sati bringt der Witwe ewige Vereinigung mit dem Gatten im Jenseits und Befreiung von allen Sünden. Deshalb gedenkt man solcher Frauen in Indien überall mit Ehrfurcht, überall stehen mit Blumen geschmückte Steine zu ihrem Andenken.*

Der Begriff »Sati« stammt natürlich aus unserem religiösen Volksepos »Sati und Shiva«, von dem ich dir erzählt habe.
Erinnere dich:
- *Satis Feueropfer war der treueste Beweis ihrer Liebe bis über den Tod hinaus.*
  So wird das immer noch bei den Witwenverbrennungen gesehen.
- *Wie in dem Epos wird eine Frau, die sich selber für ihren Gatten in den Flammen opfert, unserer Auffassung nach zu einer Heiligen.*

Früher gab es für Frauen fast keine Alternativen zu einer Witwenverbrennung.
Hier spielen folgende Gründe eine Rolle:
- *Eine Witwe hatte keine Möglichkeit, nach dem Tod ihres Mannes in ihr Elternhaus zurückzukehren, denn dies wäre der Verstoßung durch den Gatten gleichgekommen. Wenn sie sich schon der Witwenverbrennung entzogen hätte, wäre die Rückkehr ins Elternhaus eine Beleidigung für ihren Ehemann gewesen.*
- *Verweigerte die Witwe Sati, so verschlechterte sich das Karma ihrer gesamten Familie.*
- *Hätte eine Witwe bei ihren Eltern gewohnt, wäre sie vom ganzen Dorf verachtet worden, d. h. ihr Schicksal wäre außerhalb des Hauses noch schlimmer gewesen als in dem Fall, wenn sie entrechtet bei den Schwiegereltern gewohnt oder sich ihren Lebensunterhalt als obdachlose Bettlerin verdient hätte.*

Erinnerst du dich an unseren Ausflug nach Benares? Dort sahen wir viele Witwen an den Stufen zum Fluss hinunter, den Ghats des Ganges, wo sie sich mit Betteln ihren Lebensunterhalt verdienten. Nach hinduistischem Glauben besteht nämlich eine Möglichkeit, aus dem Kreislauf der Wiedergeburt auszusteigen, wenn man dort am Ganges stirbt.

Die Familie des toten Ehemannes hatte meist deshalb großes Interesse an einer Witwenverbrennung, weil die Frau zwar nach der Heirat Eigentum der Familie ihres Mannes wird, nicht aber ihre Mitgift, sofern sie keine Kinder hat.
Gestern teilte mir mein Onkel mit, dass bei den Parias Witwen manchmal wieder heiraten, obwohl die Brahmanen Einspruch dagegen erheben. Bei den Kasten aber kämen solch schändliche Fälle nicht vor.

Liebe Claudia, du siehst also, dass die Neugier deines Chefredakteurs sich vor allem auf vergangene Zeiten bezieht. Wir wissen beide, dass die meisten Menschen in Indien heute sehr modern leben und solche Bräuche entschieden ablehnen. Dennoch können die Informationen zu diesem alten Brauch interessante Einblicke geben.

Alles Liebe,
                    deine Ayesha

M 43 siehe S. 59

Zeit wahrnehmen – Zeit gestalten

Erarbeitet von Walter Dietz, Ella Krauß, Marianne Rapp, Kurt Schultheiß, Dorette Volkenandt, Walter Vollmer, Manfred Zöllner. Redaktion: Walter Dietz

Theologisch-didaktische Überlegungen

Das Thema Zeit ist ein »Türöffner« für viele andere biblische, theologische, anthropologische und soziale Themen, über die es sich im Religionsunterricht zu reden lohnt. Vielerlei Anschlussthemen ergeben sich im Kontext der drei UE, die der baden-württembergische Lehrplan vorsieht – UE 9.5.2 WP (Gymnasium) »*Zeit wahrnehmen – Zeit gestalten*«: Besinnung auf das biblische Zeitverständnis; Unterscheidung von selbst- und fremdbestimmter Zeit; UE 10.1.W (Gymnasium) »*Der Mensch als Ebenbild Gottes*«: Gottesebenbildlichkeit und Würde des Menschen als seine Grundbestimmung; UE 9.6.3 W (Realschule) »*Arbeiten und Ruhen*«: Rhythmen des menschlichen Lebens und das Verhältnis von Arbeitszeit und Freizeit; UE 8.5 W (Hauptschule) »*Leben gestalten: Arbeit – freie Zeit*«: Sinnfrage im Blick auf Arbeit und Freizeit und die Besinnung auf den Sabbat als Ruhetag.

Die endliche und vom Tod radikal begrenzte Lebenszeit des Menschen lässt nach der Bestimmung und nach dem Ziel menschlichen Lebens fragen. In begrenzter Zeit gilt es das Leben so auszurichten, dass es Sinn und Ziel hat und dass es am Ende nicht verloren ist.

Das Psalmwort, dass Gott unsere Zeit in Händen hält, verweist auf das biblische Angebot, dass Menschen sich verstehen können als Geschöpfe Gottes und als die »ersten Freigelassenen der Schöpfung« (Jürgen Moltmann). Diese Bestimmung lädt dazu ein, frei, gelassen und unverkrampft in der Zeit zu leben und darauf zu vertrauen, dass der Sinn des eigenen Lebens nicht ständig neu hergestellt werden muss, sondern dass Gott selber Sinn und Ziel und Mitte des Lebens ist.

Gleichzeitig ruft sie dazu auf, die guten Gottesgaben für andere und die Welt zu nutzen und sich für die soziale und kreatürliche Um- und Mitwelt zu engagieren und Verantwortung zu übernehmen.

Die Spannung zwischen endlicher Menschenzeit und Gottes Ewigkeit relativiert menschliches Zeitverständnis und lädt ein zu einer Gelassenheit, die über die tägliche Sorge hinausgeht und die die eigene Lebenszeit in einen größeren, umfassenden Zusammenhang stellt.

Es empfiehlt sich, das weite und offene Themenfeld *Zeit* ganz in den Horizont der Themen und Fragen der Schülerinnen und Schüler in der Klasse zu stellen und sie als philosophische und theologische Gesprächspartner einzubeziehen und ernst zu nehmen.

In der Spannung zwischen biblisch-theologischer Bestimmung des menschlichen Lebens und der Suche nach eigener Lebensgestaltung kann es zu einer Verschränkung von menschlichen Grunderfahrungen und biblischer Überlieferung kommen. Will ich mich dem Diktat »Zeit ist Geld« ausliefern? Wie sind die Rhythmen meines Lebens, meiner Tage, meiner Wochen, meiner Jahre; wie teile ich meine Zeit ein? Wie stellt sich Lebenssinn ein?

Vom Sabbat wird zu reden sein, vom Geschenk Gottes an Juden und Christen, von der heilsamen Unterbrechung des Alltags mit seinen Sorgen und Mühen; vom Loslassen auch und von der Überwindung des »Haben-Modus« zugunsten eines »Modus des Seins« (E. Fromm), in dem sich Menschen erfahren können als Gottes gute Geschöpfe, die sich am Leben freuen und die in Ruhe und Fest ihre Geschöpflichkeit erfahren und voller Lebensfreude feiern.

Jugendliche in den Klassenstufen 8–10 erleben ihre Zeit oft als unstet, zerstückelt und atomisiert. In einer Gesellschaft des raschen Wandels, ständig zunehmender Mobilität und Hektik sind die guten Rhythmen des Lebens verloren gegangen: die Orientierung des Lebens am Naturjahr, am Kirchenjahr; die Unterbrechung der Wochenarbeit durch die Teilhabe an Festen und Festzeiten.

Die Zeit der Jugendlichen fällt oft auseinander in viel fremdbestimmte Zeit (Schule und private Termine und Verpflichtungen) und in die ihnen frei zur Verfügung stehende Zeit, die sie oft nicht sinnvoll nutzen können und in einem Meer von Verlockungen und Verführungen die Übersicht verlieren. In der »Erlebnisgesellschaft mit Freizeitstress« kommen sie unter Druck, sie haben Angst, zu wenig zu erleben, zu wenig Spaß zu haben und keine der vielfältigen Angebote auszulassen. Langeweile soll vermieden werden, und gleichzeitig produzieren niveaulose Angebote selber Langeweile und Überdruss.

Das Ziel der Einheit sollte es sein, nicht nur über Zeit-Erfahrungen nachzudenken und über fehlende Zeit zu lamentieren; vielmehr sollten Hilfestellungen gegeben werden, die Schülerinnen und Schülern ein bewussteres Wahrnehmen von Zeit und Leben ermöglichen.

Eine Wandzeitung im Klassenzimmer könnte Erfahrungen, Einsichten und Angebote präsentieren; sie könnte öffentlich ausgestellt oder einer anderen Klasse vorgestellt werden.

Bei unserem Durchgang durch die vier recht unterschiedlich angelegten UE bieten die Unterrichtsideen vielerlei methodische Zugänge und unterschiedliche Medien an, die ein differenzierendes und interessenbezogenes Arbeiten ermöglichen.

Das Thema hat schon einige Lehrer/innen angeregt, eigene *Lernstationen* oder gar eine *Lernstraße* herzustellen. Ein gut ausgearbeiteter Vorschlag findet sich im *entwurf*, Heft 1/97 (s. u.). In dieser Form des offenen Unterrichts sind viele persönliche Aneignungen des Themas und Gespräche der Schülerinnen und Schüler über ihre Erfahrungen möglich. Ein gemeinsames Gespräch über biblische und theologische Perspektiven bedarf natürlich der Begleitung und Anleitung des Lehrers bzw. der Lehrerin. Die nachfolgende UE bietet auch vielerlei Materialien an, um selber Elemente für Freiarbeit oder für Stationenlernen herzustellen.

Die Autoren sind auf Ihre Rückmeldungen gespannt.

Die Unterrichtseinheit gliedert sich in folgende Aspekte:
☐ Alles hat seine Zeit – vom Wahrnehmen und Verstehen der Zeit
☐ Selbst- und fremdbestimmte Zeit
☐ Zeit-Geschichten, Zeit-Profile – Vom Tun und vom Lassen
☐ Zeit die Fülle – Meine Gaben und meine Aufgaben. Carpe Diem: Nutze den Tag
☐ Zeit gestalten – Von den guten Rhythmen des Lebens

Die UE im Lehrplan:
HS   8.5 W
RS   9.6.3 W
GY   9.5.2 WP

Literatur

FÜR DIE HAND DER LEHRER/INNEN

Einmal Himmel und zurück, Anleitungen zur Phantasiereise (mit CD), Kontakte Musikverlag, 1995.

entwurf, Religionspädagogische Mitteilungen, Heft 1/97, S. 72ff; Volkenandt, Dorette, Zeit wahrnehmen – Zeit gestalten (Lernstraße).

Hintersberger, B., Mit Jugendlichen meditieren, München.

Mertin, A., Videoclips im Religionsunterricht, Göttingen 1999.

RL-Zeitschrift für Religionsunterricht und Lebenskunde, 4/94, Thema: Zeit.

RU praktisch, 9. Schuljahr, Göttingen, 1997, UE Freizeit – Geschenk oder Last? (Kerstin Dauer / Siegfried Macht).

Wunderlich, R., Umgang mit der Zeit. Unterrichtsentwurf für die 8. Jahrgangsstufe, Themenfolge 94, hg. von der Gymnasialpädagogischen Materialstelle der Evang.-Lutherischen Kirche in Bayern.

ders.: Umgang mit der Zeit. Einladung zu einer Zeit-Reise, Arbeitsheft für den Religionsunterricht in der 8. Jahrgangsstufe.

Schul- und Vorlesebücher

Ackermann, M., Rocky, der Mann mit der Masken, Haan [15]2001.
Chagall, B., Brennende Lichter, Reinbek 1969 (2001).
Der Papalagi, Die Reden des Südsee-Häuptlings Tuiavii aus Tiavea, Zollikon-Zürich 1979ff.
Knoblauch, J., Lernstress ade! 33 erprobte Strategien für geistiges Arbeiten, Haan [11]2002.
Kursbuch Religion 2000, 9./10. Schuljahr, Frankfurt/M. und Stuttgart 1999.
SpurenLesen. Religionsbuch für das 9./10. Schuljahr, Leipzig/Stuttgart 1999.
St. Exupéry, A. de, Der kleine Prinz, div. Ausgaben.

AV-Medien

Video:
Zug in die Ferne, 20 Min. VC
Asphaltkreuze
Bis zum letzten Level
Herr Rossi auf dem Camping

Spielfilm:
Lola rennt, Tom Tykwer, Dt. 1997, 97 Min.

Diareihen:
Weg-Erfahrungen, Dias zur Meditation
Zeit im Bild, Dias von Dietrich Grünewald
Was ist der Mensch?, Tonbildserie

THEMATISCHE ASPEKTE UND BAUSTEINE

Alles hat seine Zeit – vom Wahrnehmen und Verstehen der Zeit

Jugendliche machen sehr unterschiedliche Zeit-Erfahrungen. Sie kennen die Langeweile und den Termindruck; die Tagträumerei und den Freizeitstress. Ausgewählte Impulse und Aufgabenstellungen laden ein zu einem Austausch über »Zeit-Erfahrungen« und zu (philosophischen und theologischen) Spekulationen über das Wesen der Zeit.

Hinweis: Parallel zur Arbeit an der UE kann in der Klasse eine Wandzeitung entstehen, auf der Ratschläge, Angebote und Vorschläge für einen sinnvollen Umgang mit der (Lebens-)Zeit gesammelt werden. Sie können als praktische Lebenshilfe anderen Mitschülern oder in der Schulzeitung präsentiert werden.

Übungen und Spiele zu eigenen Zeit-Erfahrungen

■ *Freie Gedanken zum Thema*
M 1 (Uhr nach Salvador Dalí) kann Einstiegsmedium sein; Sch. teilen eigene Gedanken zum Thema mit, evtl. freies Schreiben oder Assoziationskette.

■ *Zeit schätzen können?*
Z. B.: Könnt ihr 2 oder 3 Minuten schätzen? Schließt die Augen, hebt nach 2 bzw. 3 Minuten den Arm. Wer trifft es am genauesten? Jede/r schreibt einen Satz zu eigenen Erfahrungen mit Zeit. UG darüber, wie unterschiedliche Menschen Zeit erleben und warum.

■ *Dalli-Dalli-Spiel zum Themen- und Wortfeld ZEIT*
Gruppen suchen im Wettstreit möglichst viele Verben, Adjektive, Nomina, Sprichwörter, Redewendungen ... zum Thema Zeit; Wortfelder suchen und Begriffe zuordnen.

■ *Meine ganz persönlichen Zeiterfahrungen*
Sch. füllen – nach meditativer Einstimmung – das Arbeitsblatt **M 2** aus; Ergebnisse werden von L. zusammengestellt bzw. im Sitzkreis vorgetragen und diskutiert. Bei Zustimmung der Sch.: Aufkleben von besonders treffenden Formulierungen auf die Wandzeitung. Evtl. Textbeispiele in Schülerzeitung.

■ *Fragebogen »Mein Umgang mit der Zeit«*
Sch. füllen **M 3** aus; Auswertung der Klassenergebnisse durch PC-erfahrene Sch. in grafischer Form (Diagramm), Präsentation der Ergebnisse auf der Wandzeitung; UG über Ergebnisse. (Ein ausführlicher Fragebogen – an Berufstätige – findet sich in der Zeitschrift Focus, Heft 1/2000, S. 106–108. Er wird aus Platzgründen hier nicht abgedruckt. Sch. können Fragebogen selber oder in Gesprächen mit den Eltern ausfüllen und Regeln zum Umgang mit der eigenen Zeit diskutieren und modifizieren.)

■ *Eigene Texte verfassen: Wenn ich Zeit (einen Tag, eine Woche, einen Monat, ein Jahr ...) geschenkt bekäme ...*
Sch. schreiben anonym Texte zu obigen Impulsen, L. fertigt Klassencollage an; bzw. Sch. stellen sich ihre fiktiven Texte gegenseitig vor.

■ *Zitate-Hierarchie*
Sch. betrachten **M 4a**. Sie bringen in PA Zitate und Symbole unter Verwendung von **M 4b** in eine persönliche Reihenfolge; danach Austausch in der Gruppe oder im Kreisgespräch.

Selbst- und fremdbestimmte Zeit

■ *Meine Stress- und Ruhekurve*
Sch. füllen **M 5**, evtl. als Hausaufgabe, aus und stellen Ergebnisse im Kreisgespräch vor; Präsentation auf der Wandzeitung / Unterscheidung von selbst- und fremdbestimmter Zeit; UG darüber.

Zeit-Geschichten, Zeit-Profile – Vom Tun und vom Lassen

Das Nachdenken über die Zeit im System Schule und im Zwei-Stunden-Fach Religion geschieht in einem festen »Zeit-Korsett«. Im »Taxi-Spiel« können Zeit-Geschichten unterschiedlicher Menschen erdacht und ins Klassenzimmer geholt werden. In einem »Literatur-Zirkel« zum Thema Zeit »schenkt« L. den Sch. Zeit, um im freien Umgang mit ihr »Zeit-Geschichten« kennen zu lernen und sich mit ihnen auseinander zu setzen. Besonders Erzählungen sind dazu in der Lage, abstraktes und rein begriffliches Lernen zu überwinden und Angebote zu eigenem Zeit- und Lebensverständnis und eigenem Zeit-Erleben zu machen.

■ *»Taxi-Spiel«: So unterschiedlich kann Zeit erlebt werden*
L. verteilt Rollenspiel-Karten (z. B. ein Einsiedler / ein Landwirt / ein Lokführer / ein Gefangener / ein Top-Manager / ein Pensionär / eine Schülerin aus Kl. 9/10 ... weitere Rollen erfinden!). Alle diese Personen fahren in einem Taxi-Bus durch eine große Stadt..., sie stehen (eine ganze Schul-Stunde lang) im Stau; Gespräche entwickeln sich.
Sch. spielen die Situation im fiktiven Taxi (Stühle in dieser Form in der Mitte eines Sitzkreises oder des Klassenzimmers aufstellen). Über Erlebnisse und Erfahrungen sprechen. Wie wirken sich Berufsprofile und -anforderungen auf das Erleben von Zeit aus?

■ *Wort-Bild »Arbeit – Freizeit«*
Arbeit und Freizeit ins rechte Verhältnis rücken. **M 6** entsprechend den drei Aufgabenstellungen in EA, PA, GA bearbeiten; gestaltete »Freizeit-Bilder« (auf DIN A3 hochkopieren) in Klasse oder auf Wandzeitung präsentieren.

■ *»Literatur-Zirkel« (2-stündig) zum Thema Zeit*
Zum Kennen lernen und Erschließen von literarischen Texten zum Thema »Umgang mit der Zeit« sollte man sich Zeit lassen (den Sch. auch Zeit »geben/schenken«). L. »schenkt« den Sch. z. B. zwei ganze Schulstunden; Aufgabenstellung: Suche aus den ... Texten (kurze Inhalts-

angabe dazu) den aus, der dir am meisten bedeutet/einleuchtet/eine Hilfe ist ... Suche in- oder außerhalb des Klassenzimmers eine ruhige Lese-Ecke. Kennzeichne wichtige Stellen im Text, schreibe eigene Gedanken dazu auf, male eine Skizze, ein Bild, schreibe ein Gedicht dazu, fertige eine Collage an, formuliere Regeln zum Umgang mit der Zeit ...
Nütze die Zeit für dich ganz persönlich (keine Partner- oder Gruppenarbeit). Wer möchte, kann Ergebnisse »verschenken« oder am Ende mit Freunden darüber sprechen.

Vorschlag für Texte:
Siegfried Macht, Wie Eulenspiegel die Zeit suchen ging (**M 7b**) / *St. Exupéry*, Der kleine Prinz und der Händler, Kursbuch Religion 2000 9/10, S. 150 / *Sten Nadolny*, Die Entdeckung der Langsamkeit, SpurenLesen 9/10, S. 10/11 / Loriot, Feierabend, SpurenLesen 9/10, S. 17 / *Der Papalagi* – Die Reden des Südseehäuptlings ... (s.o.), kurzer Auszug in Kursbuch Religion 2000 9/10, S. 152 / *Heinrich Böll*, Anekdote zur Senkung der Arbeitsmoral, div. Quellen! / *Michael Ende*: Momo, Auszüge, z. B. Momo schlichtet einen Streit, Stuttgart 1973, S. 16–21 / *Arthur Miller*, Tod eines Handlungsreisenden, SpurenLesen 9/10, S. 18/19 / *Keto von Waberer*, Schlaf nicht ein ... SpurenLesen 9/10, S. 20 / *Neues Testament*: Der reiche Kornbauer, Lk 12,16 ff / Altes Testament: Alles hat seine Zeit, Prediger 3,1–8 ff / Psalm 90 ...
Außerdem: eigene Texte von L. oder auch Texte, die die Sch. für diese beiden Lese-Stunden mitbringen.

■ *Zeit-Tipps auf dem Prüfstand*
Sch. melden sich freiwillig, um Lern-Tipps, z. B. von Jörg Knoblauch (»Lernstress ade«, s.o.) im persönlichen Alltag zwei bis drei Wochen lang auszuprobieren. Sie berichten über ihre Erfahrungen, UG darüber.
Anschließend evtl. Zusammenstellung eigener Zeit-Spar-Tipps der Sch. der Klasse zu einem Ratgeber.

Zeit die Fülle – Meine Gaben und meine Aufgaben. Carpe Diem: Nutze den Tag

Unsere Zeitwahrnehmung und unser Zeitverständnis ist weitgehend mechanisch-technisch. Das »Zeit ist Geld«-Motto reduziert die Sicht der Zeit auf ihre ökonomische Verwertbarkeit. Die Bibel sieht die Zeit des Menschen als die von Gott geschenkte Lebenszeit; als ein Angebot, sie im Sinne des Doppelgebots der Liebe zu nutzen – im Gegenüber zu Gott, im Miteinander der Menschen und im Schöpfungszusammenhang von Mensch, Tier und Pflanze. In vielen Geschichten werden Menschen gefragt, wie sie ihre Talente genutzt, ihre Gaben eingesetzt haben.
Das biblische Zeitverständnis ist eschatologisch ausgerichtet; die Zeit eilt ihrem Ziel zu, sie will genutzt und ausgekostet werden (Röm 12: ›Kostet die Weltzeit aus!‹) Und gleichzeitig ist die Zeit aufgehoben in Gottes Zeit und Ewigkeit. In der Begegnung mit biblischen Geschichten und Texten soll dies deutlich werden.

■ *Selbst- und Fremdwahrnehmung zu unseren Gaben und Aufgaben*
EA: Sch. schreiben auf Zettel fünf positive und fünf negative Eigenschaften (für sich behalten!). Und dann: ›Wer sagen die anderen, dass ich sei?‹ Bei »Guter-Laune-Musik« gehen Sch. durch das Klassenzimmer; sie kleben sich Zettel auf den Rücken (mit Tesa) zum Thema: »Das finde ich gut an dir ...«; jede/r Sch. vergleicht für sich die Selbst- und die Fremdeinschätzung. Erfahrungsaustausch darüber. Meditativer Schluss Ps. 139 oder mit Gebet von **M 7a** Janusz Korczak, das den Sch. auch mitgegeben werden kann.
Evtl. Ergänzung: Vergleich der eigenen Selbst- und Fremdwahrnehmung der Sch. mit D. Bonhoeffers Gedicht »Wer bin ich?«

■ *Nutze den Tag recht – die Ratschläge des reichen Kornbauern, Lk 12,16–21*
L. erzählt das Gleichnis vom reichen Kornbauern. Sch. nehmen die Rolle des Bauern am Abend ein, der seinen Nachbarn Ratschläge für ihr Leben gibt. Sch. schreiben Briefe, dabei versuchen sie eine Auslegung von Vers 21 »Schätze sammeln« gegen »Reich sein bei Gott«. Vergleich der Ratschläge, die in PA erstellt werden.

■ *Statuten für das Menschsein finden*
Eine alt- und eine neutestamentliche Geschichte zur Würde und zur Beauftragung des Menschen lesen: 1. Mose 1,26–2,4 (Erschaffung und Beauftragung des Menschen) und anschließend Mt 25,14–28 (Gleichnis von den anvertrauten Zentnern / Pfunden).
Hinweis: Im Gleichnis geht es nicht um eine ungerechte Verteilung der menschlichen Gaben, sondern um die überreiche Ausstattung des Menschen mit Talenten (Gnadengaben). 1 Talent entspricht ca. 6000 Denaren (1 Denar ist zur Zeit Jesu der Lohn für einen Tag Arbeit!); 1 Talent ist also der Lohn für ein ganzes Lebenswerk. Gott stattet jeden Menschen reichlich aus und will, dass sie ihr Leben nicht verspielen, indem sie ihre Gaben relativieren, sich ständig mit anderen vergleichen und sich selbst nichts oder zu wenig zutrauen.
Aus den beiden Geschichten stellen die Sch. (als Klassenarbeit) die »biblischen Statuten für den Menschen« auf. Sie erfinden dafür eine passende Überschrift.

■ *Psalm 139 – als Gestaltungsaufgabe*
Diesen wichtigen Psalm über den Menschen, sein Leben und die Deutung seiner Lebenszeit eignen sich die Sch. so an, dass sie ihn auf ihre Weise *gestalten*.
Methodische Möglichkeiten: a) L. liest Psalm; jede/r Sch. teilt mit, welcher Satz ihn/sie am meisten angesprochen hat; b) Psalm in Bilder und Symbole übertragen/übersetzen, als Wort-Bild-Collage gestalten; c) wichtige Worte aus dem Psalm als »Seh-Text« gestalten (Worte so auf Plakat übertragen, dass die Darstellung die Bedeutung des Satzes sichtbar werden lässt); d) Schmuckblätter zu wichtigen Sätzen ins Heft oder an die Wandzeitung; e) UG: Wie kommt des Menschen, wie Gottes Zeit im Psalm vor? Wie stehen Zeit und Ewigkeit zueinander?

■ *Ergänzung: Kurz-Essay zu Spruch von Angelus Silesius*
Im Anschluss an Psalm 139 versuchen Sch. eine eigene Definition des Begriffs Ewigkeit und schreiben einen Kurz-Essay zu einem Spruch von A. Silesius:

> Zwei Augen hat die Seel,
> eins schauet in die Zeit,
> das andre richtet sich
> hin in die Ewigkeit.

Evtl. auch: im Internet, in Lexika usw. Paraphrasen oder Begriffsbestimmungen zum Begriff Ewigkeit suchen.
Oder: Den Silesius-Spruch als Seh-Text gestalten.

■ *Philosophische Reflexionen zu Zeit und Ewigkeit*
In einem Rundgespräch zu den beiden Begriffen versuchen die Sch. eine Verhältnisbestimmung und eine eigene Deutung. Fragen, die ein Philosophieren mit Jugendlichen voranbringen, könnten sein: Was war, bevor Gott die Welt geschaffen hat? Wer hat eigentlich Gott geschaffen? Was wird nach dem Ende der Welt und der menschlichen Zeit sein? Was kommt nach der Ewigkeit? Sch. erfinden eigene Bilder für das Verhältnis von Zeit und Ewigkeit.

■ *Sing- und Lernlied*
Sch. singen und besprechen Lied EG 628 »Meine Zeit steht in deinen Händen« (vgl. Ps 31,16) und versuchen eine grafische Darstellung der Aussage des Lieds/Psalmworts.

Zeit gestalten – Von den guten Rhythmen des Lebens

Zu den großen Errungenschaften der jüdisch-christlich geprägten Kultur Europas gehört der wöchentliche Ruhetag für alle. Doch in unserer Leistungsgesellschaft müssen an diesem Tag immer mehr Menschen arbeiten. Dagegen wehren sich neben den Gewerkschaften v. a. auch die Kirchen. Es scheint, als ob der Slogan »Ohne Sonntag gibt's nur noch Werktage« in weiten Kreisen der Bevölkerung Anerkennung und Beachtung findet. Für viele Sch. unterscheidet sich der Sonntag nur wenig von den Wochentagen; oft ist er gekennzeichnet durch Langeweile und familiäre Auseinandersetzungen. Gleichzeitig helfen Rituale und feste Zeit-Rhythmen das Gleichmaß der Tage zu durchbrechen und die eigene Lebens-Zeit zu strukturieren.

■ *Schülertexte zu »Der Sonntag/der Sabbat wird abgeschafft«*
Schreibt einen fiktiven Aufsatz (evtl. als Leserbrief in einer örtlichen Zeitung), in dem ihr euch ausmalt, wie ein Leben in einem Land aussieht, das den Sonntag, den Sabbat, den Ruhetag abgeschafft hat. So könnte der Aufsatz beginnen: »*Fünf Jahre nach dem Beschluss des Parlaments von XY, den Sonntag abzuschaffen ...!*«
UG über die Texte ... und über die Rhythmen, die unser Leben bestimmen (Tag und Nacht / Licht und Dunkelheit / Jahreszeiten / Festzeiten / Rhythmen im Schuljahr ...)
Im Anschluss kann die afrikanische Fabel »Einen Sonntag wie die ...« gelesen und besprochen werden (aus: Unterrichtsideen 8 Extra, Arbeit und Freizeit, Stuttgart 1999, S. 93).

■ *Ruhetags-Erfahrungen als Phantasiereise ins Klassenzimmer holen*
L. leitet Phantasiereise – wie in **M 8** angegeben – an. Gespräch über die unterschiedlichen Erfahrungen mit Ruhe und Meditation (Verhältnis von Ruhe und Stille). Anschließend über den jüdischen Sabbat informieren, z. B. Text aus Bella Chagall, Brennende Lichter, S. 34ff / Ergänzung: Lecha Dodi, Text zur Begrüßung der Braut Sabbat (**M 9**); evtl. in verteilten Rollen gestaltend lesen.

■ *Paraphrase zu Mt 14,13–21: Lothar Zenettis »Wunderbare Zeitvermehrung«*
M 10 lesen, mit Mt 14,13–21 (wunderbare Brot-Fisch-Vermehrung) vergleichen und im Blick auf eigene Erfahrungen und Gedanken deuten. Als Ergänzung dazu evtl. Martin Luthers »Man dient Gott auch mit Ruhen« lesen und besprechen (**M 11**).

■ *Vom Sabbat fällt ein heller Schein auf die Woche, oder:*
 Was der Frühling vom Huflattich lernte
M 12 lesen und besprechen, dazu: biblische Sabbatgebote lesen und besprechen: 1. Mose 2,2f / 5. Mose 5,12–15 / Mk 2,23–28; 16,1–6 u. a.

■ *Ein Wort zum Sonntag verfassen*
Sch. lesen **M 13** und entwerfen für die Schülerzeitung oder die Lokalzeitung einen besinnlichen Text zum Thema ZEIT, ein »Wort zum Sonntag«.

■ *Ein Gedicht zum Thema Zeit verfassen*
Dichterwettbewerb im Anschluss an das Gedicht von Elli Michler, Ich wünsche dir Zeit, **M 14**.

M 1 ZERFLIESSENDE UHR

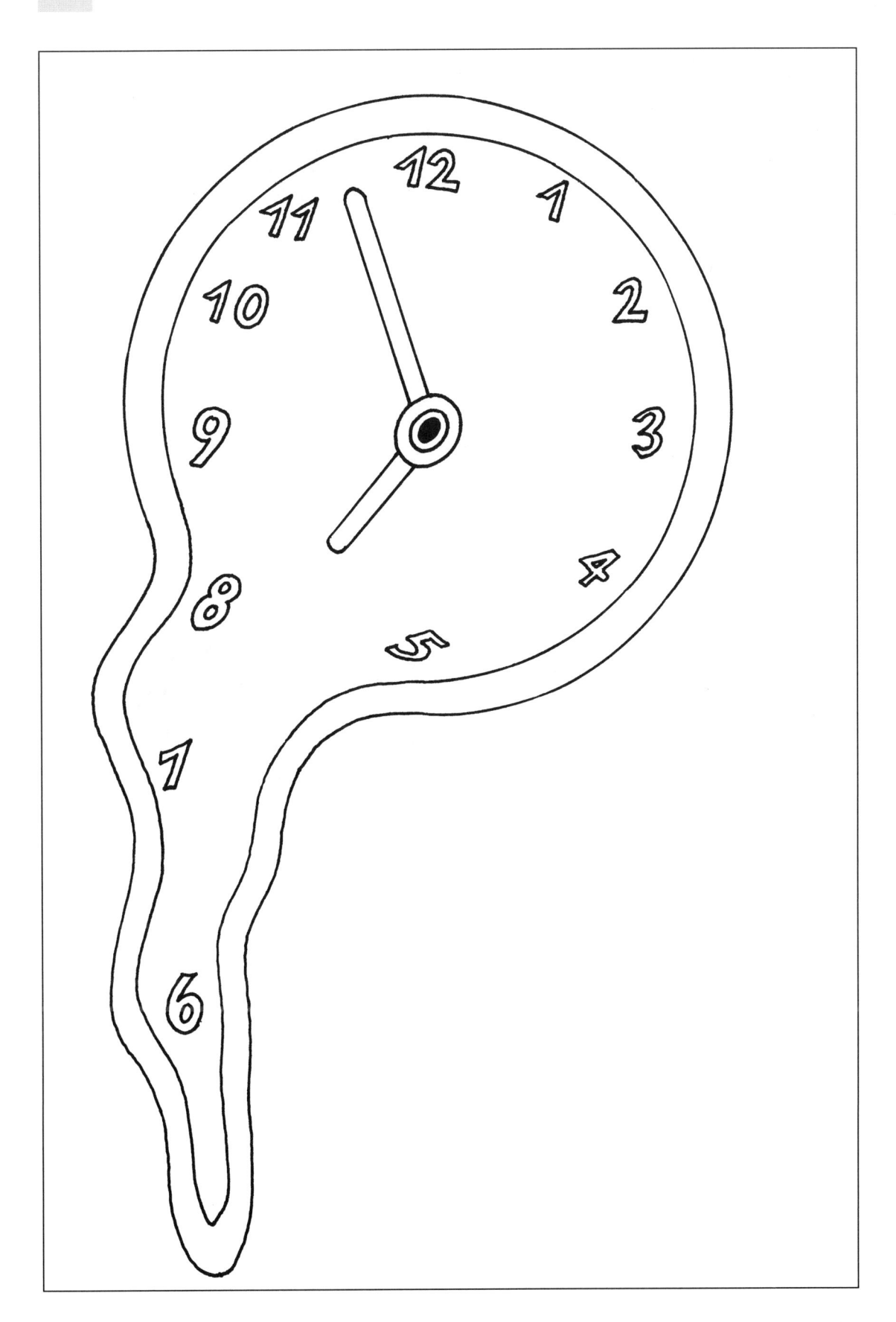

M 2   ARBEITSBLATT:
ICH UND MEINE ZEIT

Am liebsten hätte ich Zeit Für:	Die Zeit vergeht wie im Flug Wenn:
Die Zeit wird schrecklich lang Wenn:	Sinnvoll gefüllte Zeit ist für mich Wenn:

M 3   **MEIN UMGANG MIT DER ZEIT**

Wachst du von alleine auf?
○ immer, auch in den Ferien   ○ ja, wenn Schule ist   ○ ich werde geweckt

Trägst du eine Uhr bei dir?
○ immer   ○ oft   ○ selten   ○ nie

Benutzt du einen Terminkalender (time-management)?
○ immer   ○ oft   ○ selten   ○ nie

Führst du ein Tagebuch?
○ immer   ○ oft   ○ selten   ○ nie   ○ früher

Ich bin pünktlich
○ immer   ○ oft   ○ selten   ○ nie

Ich schiebe Dinge am liebsten bis zur letzten Minute auf
○ immer   ○ oft   ○ selten   ○ nie

Ich würde die Zeit gern zurückdrehen
○ immer   ○ oft   ○ selten   ○ nie

Ich möchte, dass die Zeit manchmal stehen bleibt
○ immer   ○ oft   ○ selten   ○ nie

Ich habe das Gefühl, dass es für etwas zu spät ist
○ immer   ○ oft   ○ selten   ○ nie

Ich benutze den Satz »keine Zeit«
○ immer   ○ oft   ○ selten   ○ nie

Ich langweile mich
○ immer   ○ oft   ○ selten   ○ nie

Ich lasse mich durch die Tagesroutine von wichtigen Dingen abhalten
○ stimmt   ○ stimmt ein wenig   ○ stimmt nicht

Ich werde mit einer Arbeit nicht fertig, weil mir oft etwas dazwischen kommt
○ stimmt   ○ stimmt ein wenig   ○ stimmt nicht

Ich habe den Eindruck, die Zeit läuft mir davon
○ stimmt   ○ stimmt ein wenig   ○ stimmt nicht

Ich habe Probleme, mir meine Zeit richtig einzuteilen
○ stimmt   ○ stimmt ein wenig   ○ stimmt nicht

In Gedanken bin ich oft schon beim nächsten Tag, bei den Tagen der Woche, beim Wochenende. Ich plane und verplane diese Zeit.
○ stimmt   ○ stimmt ein wenig   ○ stimmt nicht

Ich habe im Lauf einer Woche
○ sehr viel Zeit   ○ viel Zeit   ○ wenig Zeit   ○ keine Zeit

Aus: entwurf 1/97, S. 76

M 4a **ZEIT – ZU WERTVOLL, UM SIE ZU VERSCHLAFEN**

Sprechanweisung

Time is money. Zeit ist Geld

Dieser Satz gehört laut und mit rauchiger Kehle gesprochen, so dass der Sprecher mühelos alle zarteren Stimmen übertönt.
Peter Bloch

Man verliert die meiste Zeit damit, dass man Zeit gewinnen will.
John Steinbeck

die Zeit nutzen

keine Zeit haben

Lebe jeden Tag so, als ob du dein ganzes Leben lang nur für diesen einzigen Tag gelebt hättest.
(Auf dem Flur beim Nachhausekommen) Wassilij W. Rosanow

sich der Zeit anpassen

Die Deutschen haben ein gestörtes Verhältnis zur Zeit, sonst gäbe es in der deutschen Sprache nicht das grässliche Wort Zeitvertreib.
Gino Pilferi

die Zeit totschlagen

kommt Zeit, kommt Rat

die Zeit vergeuden

Denkt an das fünfte Gebot: Schlagt eure Zeit nicht tot!
Erich Kästner

Oft hat man den Eindruck, dass die Zeit stehengeblieben ist. –
Bei fünf vor zwölf.
Wolfgang Eschker

Die fehlende Zeit ist die größte Schwierigkeit bei meiner Arbeit. Für die Behandlung jedes Einzelnen wäre Ruhe nötig. Aber die nächsten Patienten drängen. Für die Zeit bis zum Urlaub bin ich vollständig ausgebucht.
Ein Zahnarzt

die Zeit läuft davon

Die Zeit
eilt
teilt
heilt

Hausinschrift Heppenheim

es braucht seine Zeit

92

M 4b   ZEIT – ZU WERTVOLL, UM SIE ZU VERSCHLAFEN

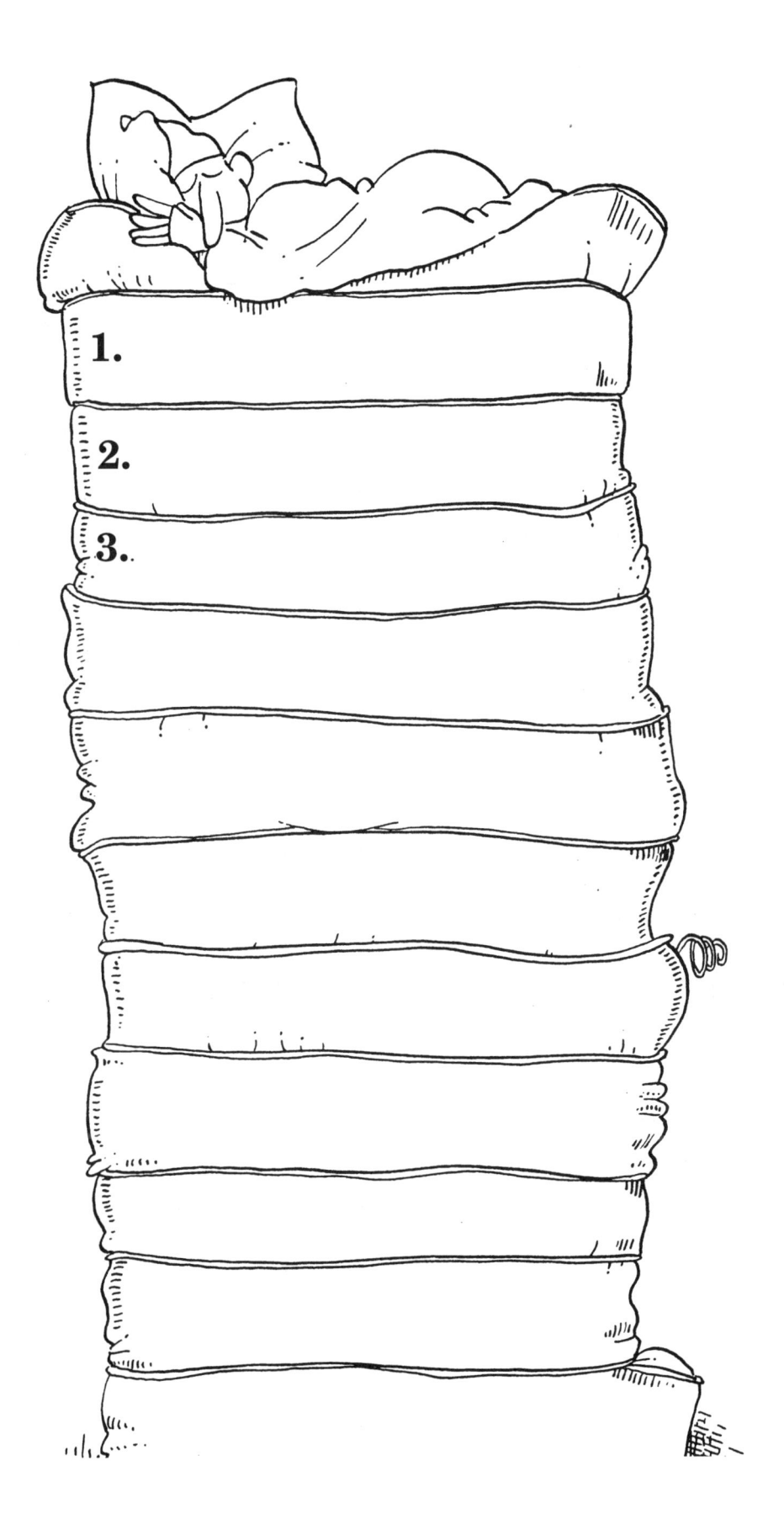

1.

2.

3.

M 5   **MEINE AKTIVITÄTEN UND RUHEPAUSEN INNERHALB EINER WOCHE**

_____ Stresskurve _____   _____ Tageszeit _____

	Sa								Abend
									Nachmittag
									Vormittag
	Fr								Abend
									Nachmittag
									Vormittag
	Do								Abend
									Nachmittag
									Vormittag
	Mi								Abend
									Nachmittag
									Vormittag
	Di								Abend
									Nachmittag
									Vormittag
	Mo								Abend
									Nachmittag
									Vormittag
	So								Abend
									Nachmittag
									Vormittag
Vormittag	Nachmittag	Abend		sehr gestresst	gestresst	wenig gestresst	stressfrei		

M 6   WORT-BILD

```
ARBEIT ARBEIT ARBEIT ARBEIT ARBEIT ARBEIT ARBEIT ARBEIT ARBEIT ARBEIT ARBEIT ARBEIT ARBEIT ARBEIT ARBEIT ARBEIT ARBEIT
ARBEIT ARBEIT ARBEIT ARBEIT ARBEIT ARBEIT ARBEIT ARBEIT ARBEIT ARBEIT ARBEIT ARBEIT ARBEIT ARBEIT ARBEIT ARBEIT ARBEIT
ARBEIT ARBEIT ARBEIT ARBEIT ARBEIT ARBEIT ARBEIT ARBEIT ARBEIT ARBEIT ARBEIT ARBEIT ARBEIT ARBEIT ARBEIT ARBEIT ARBEIT
ARBEIT ARBEIT ARBEIT ARBEIT ARBEIT ARBEIT ARBEIT ARBEIT ARBEIT ARBEIT ARBEIT ARBEIT ARBEIT ARBEIT ARBEIT ARBEIT ARBEIT
ARBEIT        ARBEIT                EIT           ARBEIT        AR              EIT           ARBEIT        AR          RBEIT
ARBEIT        ARBEIT                EIT           ARBEIT        AR              EIT           ARBEIT        AR          RBEIT
ARBEIT        ARBEIT        ARBEIT  EIT           ARBEIT        AR              EIT           ARBEIT        AR          RBEIT
ARBEIT  ARBEIT ARBEIT       ARBEIT  EIT    ARBEIT ARBEIT ARBEIT ARBEIT ARB      EIT    ARBEIT ARBEIT ARBEIT ARBEIT      IT ARBEIT
ARBEIT  ARBEIT ARBEIT       ARBEIT  EIT    ARBEIT ARBEIT        ARBEIT AR       RBEIT  ARBEIT ARBEIT        ARBEIT      IT ARBEIT
ARBEIT  ARBEIT ARBEIT       ARBEIT  EIT    ARBEIT ARBEIT        ARBEIT AR       RBEIT  ARBEIT ARBEIT        ARBEIT      IT ARBEIT
ARBEIT        ARBEIT        ARB     EIT    ARBEIT ARBEIT        ARBEIT AR       RBEIT  ARBEIT ARBEIT        ARBEIT      IT ARBEIT
ARBEIT        ARBEIT                ARBEIT        ARBEIT ARBEIT ARBEIT A        ARBEIT        ARBEIT ARBEIT ARBEIT      IT ARBEIT
ARBEIT        ARBEIT                ARBEIT        ARBEIT ARBEIT ARBEIT A        ARBEIT        ARBEIT ARBEIT ARBEIT      IT ARBEIT
ARBEIT        ARBEIT                RBEIT         ARBEIT        ARBEIT A        ARBEIT        ARBEIT        ARBEIT      IT ARBEIT
ARBEIT        ARBEIT ARBEIT ARBE    EIT           ARBEIT        ARBEIT          T ARBEIT      ARBEIT        ARBEIT      IT ARBEIT
ARBEIT        ARBEIT ARBEIT ARBEI   EIT    ARBEIT ARBEIT        ARBEIT          T ARBEIT      ARBEIT        ARBEIT      IT ARBEIT
ARBEIT        ARBEIT ARBEIT ARBEIT  EIT    ARBEIT ARBEIT        ARBEIT          IT ARBEIT     ARBEIT        ARBEIT      IT ARBEIT
ARBEIT        ARBEIT ARBEIT ARBEIT  EIT    ARBEIT ARBEIT        ARBEI           IT ARBEIT     ARBEIT        ARBEIT      IT ARBEIT
ARBEIT        ARBEIT ARBEIT ARBEIT  EIT    ARBEIT ARBEIT        ARBEI           IT ARBEIT     ARBEIT        ARBEIT      IT ARBEIT
ARBEIT        ARBEIT ARBEIT ARBEIT  EIT    ARBEIT ARBEIT        ARBE            EIT ARBEIT    ARBEIT        ARBEIT      IT ARBEIT
ARBEIT        ARBEIT ARBEIT ARBEIT  EIT    ARBEIT ARBEIT        ARBE            EIT ARBEIT    ARBEIT        ARBEIT      IT ARBEIT
ARBEIT        ARBEIT ARBEIT ARBEIT  EIT    ARBEIT ARBEIT        ARB             BEIT ARBEIT   ARBEIT        ARBEIT      IT ARBEIT
ARBEIT        ARBEIT ARBEIT ARBEIT  EIT           ARBEIT        AR              EIT           ARBEIT        ARBEIT      IT ARBEIT
ARBEIT        ARBEIT ARBEIT ARBEIT  EIT           ARBEIT        AR              EIT           ARBEIT        ARBEIT      IT ARBEIT
ARBEIT        ARBEIT ARBEIT ARBEIT  EIT           ARBEIT        AR              EIT           ARBEIT        ARBEIT      IT ARBEIT
ARBEIT ARBEIT ARBEIT ARBEIT ARBEIT ARBEIT ARBEIT ARBEIT ARBEIT ARBEIT ARBEIT ARBEIT ARBEIT ARBEIT ARBEIT ARBEIT ARBEIT
ARBEIT ARBEIT ARBEIT ARBEIT ARBEIT ARBEIT ARBEIT ARBEIT ARBEIT ARBEIT ARBEIT ARBEIT ARBEIT ARBEIT ARBEIT ARBEIT ARBEIT
ARBEIT ARBEIT ARBEIT ARBEIT ARBEIT ARBEIT ARBEIT ARBEIT ARBEIT ARBEIT ARBEIT ARBEIT ARBEIT ARBEIT ARBEIT ARBEIT ARBEIT
ARBEIT ARBEIT ARBEIT ARBEIT ARBEIT ARBEIT ARBEIT ARBEIT ARBEIT ARBEIT ARBEIT ARBEIT ARBEIT ARBEIT ARBEIT ARBEIT ARBEIT
```

Aus: Macht, Siegfried (Hg.), RU praktisch, Unterrichtsentwürfe und Arbeitshilfen für die Sekundarstufe 1, Vandenhoeck & Ruprecht, Bd. 9, Göttingen 1997

Aufgabe:
1. Das Wortbild enthält eine Definition. Wie lautet sie?
2. Kannst du dem Wortbild weitere Aussagen entnehmen? Versuche auch eine zu formulieren, in der das Gegensatzpaar »leer« und »gefüllt« auftaucht. Gibt sie deine Meinung wieder?
3. Nimm Buntstifte und fülle »deine Freizeit aus«: Welche Worte passen hinein?

M 7a   GEBET

Ich danke Dir, Schöpfer,
dass Du auf den Gedanken gekommen bist,
so ein wunderbares Geschöpf zu schaffen,
wie ich es bin!
Durcheinander und verquer
entgegen aller Logik
und dennoch so,
wie ich es sein muss;
und dennoch bin ich Dir wohl nützlich,
indem ich da bin

Janusz Korczak

M 7b WIE EULENSPIEGEL DIE ZEIT SUCHEN GING

»Ach, was ist das bloß für ein beschwerlicher Weg hier herauf«, klagten die Leute, wenn sie in dem kleinen Gasthaus Rast machten, in dem Eulenspiegel seit einigen Wochen als Junge für alles (und gar nichts!) aushalf. Der Gasthof lag günstig am einzigen Pass durch die Zeitfresser-Alpen, und so hätte der Wirt gern einen weniger unnützen Lehrjungen eingestellt, nur wollte sich keiner heraufverirren. Die einzigen, die Tag für Tag über den Berg hasteten, waren Kaufleute mit eiligen Geschäften auf der anderen Seite der Berge; die wollten ein schnelles, aber gutes Essen, eine tiefe, weil kurze Nachtruhe und dann nichts als weiter; doch nicht ohne sich beim Frühstück noch einmal ausgiebig darüber beklagt zu haben, wie viel Zeit man auf diesem Weg verlöre.

Das hörte Eulenspiegel nun Tag für Tag und Woche für Woche und so wird es wohl niemanden verwundern, dass er sich eines Morgens entschloss, seinen Dienst zu quittieren und sein Glück zu versuchen, nämlich all die Zeit aufzuspüren, die am Wegrand liegen musste, verloren von unzähligen Gästen. Wenn sie denen soviel wert war, dass es stets ein großes Gejammer gab über ihren Verlust, musste damit wohl ein Geschäft zu machen sein. Seltsam allerdings, dass nie einer zurück ging, die verlorene Zeit zu suchen. Danach befragt, schimpften die meisten ihn einen Tagedieb, und da er nun nicht auch noch in den Verdacht geraten wollte, die beklagte Zeit womöglich gestohlen zu haben, fragte er nicht weiter. Schließlich kommt es oft genug vor, dass die, welche etwas aus Unachtsamkeit verloren haben, ihre Nachbarn des Diebstahls verdächtigen ...

Eulenspiegel macht sich also auf den Weg ins Tal und – lässt sich Zeit. Schließlich wird er noch mehr als genug davon finden, sicher mehr als er tragen kann, warum also jetzt damit sparen? Er sieht die vielen bunten Kieselsteine in den kleinen Wasserläufen beiderseits des Weges, die vielen blühenden Blumen und die farbigen Falter, die sie besuchen – nur die Zeit kann er nirgends entdecken. Er schaut ins Gebüsch, biegt die Sträucher und Gräser auseinander, findet verborgene Nester und sprudelnde Quellen – nur nicht die Zeit. Erschöpft hält er inne und legt sich einen Moment nieder, schaut in den blauen Himmel über sich, sieht die Vögel mit den Wolken spielen und – schläft ein.

Da träumte er endlich von der Zeit: Ein Trompeter blies und ein Ausrufer kündigte ihren Auftritt an. Dann öffnete sich ein Vorhang und er sah einen Priester auf der Kanzel stehen, der rief mit donnernder Stimme: »Oh, ihr Verlorenen ...!« Aber die Zeit saß nicht unter den Zuhörern. Und wieder öffnete sich ein Vorhang und Eulenspiegel sah ein Fundbüro voller Hüte, Schlüssel und leerer Geldbeutel, aber auch hier fand er nicht, was er suchte. Doch schon öffnete sich erneut ein Vorhang, der Trompeter blies und der Ausrufer rief und man sah einen Prinzen auf der Wiese liegen und um ihn herum war die Zeit und flatterte und blühte und entsprang zwischen den Steinen oder lag einfach im Gras. Und als er näher hinsah, da lag gar kein Prinz vor ihm, sondern Eulenspiegel und der blinzelt noch einmal und wirklich: Um ihn herum flattert und blüht es, dass es nur so eine Freude ist. Was haben sie nicht alles aus den Augen verloren, die eilig Vorbeiziehenden, überall liegt, fliegt und schwankt im Wind hin und her die Zeit zum Greifen nahe. Aber warum sich nun die Taschen vollstopfen, wo uns doch die Augen aufgegangen sind und dergleichen überall zu finden ist?! Es gibt ja immer und überall noch genug, die es verlieren ...

Siegfried Macht

M 8 SABBAT UND SONNTAG – SCHÜLERARBEIT

Legen Sie sich oder setzen Sie sich gemütlich hin, so dass alle Muskeln entspannt sind und Sie bereit sind für eine Reise …

Schließen Sie Ihre Augen und stellen Sie sich ein Fenster vor. Sie stehen vor diesem Fenster, außerhalb eines Hauses, in das Sie durch das Fenster hineinschauen. Es ist kalt draußen und Sie sehnen sich nach Wärme.

Während Sie durch dieses Fenster schauen, versuchen Sie etwas zu erkennen. Doch leider sind die Fenster beschlagen.

Es ist kurz vor Sonnenuntergang. Als Sie sich umdrehen, fassen Sie einen roten Streifen am Horizont in Ihren Blick. Es ist herbstlich und die Landschaft, voller bunter Blätter, setzt Ihnen ein Lächeln auf.

Vielleicht sind Sie nun bereit, Ihre Reise fortzusetzen.

Wenn Sie bereit sind, dann öffnen Sie die Tür, die sich neben dem Fenster befindet.

Ein Duft kommt Ihnen entgegen. Gerade als Sie den Raum betreten, öffnet sich die Tür ein zweites Mal und der Familienvater tritt ein. Noch bevor Sie klare Strukturen im Raum erkennen können, wuseln zwei kleine Kinder an Ihnen vorbei, direkt zu ihrem Vater.

Sie hören Kinderlachen und Vaterlachen und im Hintergrund ein Mutterlachen. Sie folgen diesem Lachen und befinden sich nun im Esszimmer. Vor Ihnen ein festliches Mahl! Ein Tisch voller Weißbrote, Fisch und Wein. Blumen in allen Farben zieren ihn. Sie stellen sich in eine Ecke des Zimmers und betrachten ihn. Die Frau am Tisch scheint die Mutter des Hauses zu sein. Sie ist fein gekleidet und gerade dabei, eine Kerze zu entzünden. Eine innere Ruhe findet in Ihnen statt. Die Kälte ist verzogen und ein wohliges Gefühl trifft Sie.

Langsam versammeln sich auch Vater und Kinder am Tisch.

Gerade als Sie es sich in Ihrer Ecke so richtig gemütlich gemacht haben, werden Sie von seltsamen Klängen hellwach.

Die Familie singt Lieder, die Ihnen fremd vorkommen, dennoch eine Faszination mit sich bringen.

Der Vater spricht daraufhin den Segen über seine Kinder. Sie verstehen kein Wort, aber der Klang ist wunderschön.

Nun beginnt ein noch lebendigerer Teil. Es wird gegessen, vom Wein getrunken. Die Kinder scheinen Fragen zu stellen.

Sie sitzen immer noch dort, in dieser Ecke, und riechen den Wein und das Brot und lauschen dem Gemurmel.

Ruhe verbreitet sich in Ihnen. Doch zum Schlafen wäre es zu aufregend. Sie sind der Beobachter und warten. Sie warten auf den letzten Gast.

Denn ein Stuhl ist noch frei. Wann wird er eintreten?

Sie sind sehr neugierig und werden langsam unruhig. Wo bleibt der Gast?

Nun müssen Sie es aber wissen! Schnell stehen Sie auf und rennen aus dem Zimmer, durch das Eingangszimmer, aus der Haustür direkt vor die Tür. Nichts!

Nur Stille und kein Gast in Sicht. Weit und breit nur raschelnde Blätter und Kälte.

Sie drehen sich um und sehen wieder durch dieses Fenster.

Die Konturen der Menschen, bei denen Sie eben noch saßen, sind ein bisschen zu erkennen. Sie schwatzen und lachen und scheinen so viel hinter sich zu lassen.

Nun verstehen Sie. Sie kommen zur Ruhe und können verstehen.

Diese Menschen können warten, werden nicht unruhig. In der Ruhe liegt ihre Kraft …

Und Sie entfernen sich von dem Fenster und lächeln, weil Sie verstanden haben.

Kommen Sie nun langsam zurück von Ihrer Reise. Strecken Sie sich und fühlen Sie sich gekräftigt.

DER SABBAT (JUDENTUM)

Lecha Dodi – Komm, mein Freund

Komm mein Freund, der Braut entgegen,
wir wollen den Schabbat empfangen.

Halte! Gedenke! in einem Wort
ließ uns hören der einzige Gott.
Der Ewige ist einzig, sein Name ist einzig,
zum Ruhm und zum Lobgesange.

Komm, mein Freund, der Braut entgegen,
wir wollen den Schabbat empfangen.

Der Ruhe entgegen, auf, lasst uns gehn!
denn sie ist uns des Segens Quell.

Von Anfang, von Vorzeit dazu ersehn,
Schöpfungsende, vom Anfang umfangen.

Komm, mein Freund, der Braut entgegen,
wir wollen den Schabbat empfangen.

Königsheiligtum, königliche Stadt,
auf, aus der Zerstörung hervor!
Genug des Weilens im Tränental,
Sein Mitleid will dich umfangen.

Komm, mein Freund, der Braut entgegen,
wir wollen den Schabbat empfangen.

Schüttle ab den Staub, erhebe dich,
in dein herrliches Kleid, mein Volk, kleide dich!
Durch den Sohn Isais von Bethlehem
naht Erlösung meiner Seele Verlangen.

Komm, mein Freund, der Braut entgegen,
wir wollen den Schabbat empfangen.

Ermuntre dich, ermuntre dich,
auf, leucht! denn es kommt dein Licht.

Erwach, erwach! Lieder sprich!
Gottes Glanz ist dir aufgegangen!

Komm, mein Freund, der Braut entgegen,
wir wollen den Schabbat empfangen.

Steh nicht beschämt, gräme dich nicht,
was bist du gebeugt, was betrügst du dich?
Schutz findet mein armes Volk in dir,
neuerbaut aus dem Schutt wirst du prangen!

Komm, mein Freund, der Braut entgegen,
wir wollen den Schabbat empfangen.

Es werden deine Räuber zum Raub,
es sinken deine Würger in Staub,
es freut sich über dich dein Gott
wie der Bräutigam an der Braut
voll Verlangen.

Komm, mein Freund, der Braut entgegen,
wir wollen den Schabbat empfangen.

Rechts und links breitest du dich weit
und dem Ewigen dienest du in Scheu.
Aus Peres Stamm kommt uns der Messias,
durch ihn werden wir Freude erlangen.

Komm, mein Freund, der Braut entgegen,
wir wollen den Schabbat empfangen.

Krone des Herrn, in Frieden tritt ein,
zu Freude, zu Jubel komme herein,
in unsre Mitte, dein treues Volk,
komm Braut, komm Braut gegangen!

Komm, mein Freund, der Braut entgegen,
wir wollen den Schabbat empfangen.

M 10 — IST ZEIT VERMEHRBAR?

Jesus zog sich zurück. Mit einem Boot fuhr er über den See an einen abgelegenen Ort, um allein zu sein. Die Volksscharen in den Städten hörten davon und folgten ihm zu Fuß nach. Als er die Augen erhob, sah er, wie viele Menschen um ihn versammelt waren und wie viele noch herandrängten. Und er empfand Mitleid mit ihnen und heilte die Kranken. Als es Abend wurde, traten seine Jünger zu ihm und sprachen: »Herr die Zeit ist vorgerückt, es ist spät. Entlasse die Menge. Sie haben keine Zeit und wir auch nicht!«

Da wandte sich Jesus an seine Jünger. »Weshalb sollen sie weggehen? Gebt ihnen doch Zeit, gebt ihnen von eurer Zeit!« Da sagten sie zu ihm: »Wir haben ja selber keine, und was wir haben, dieses wenige, wie soll das reichen, um uns um alle und am Ende noch um jeden einzelnen zu kümmern?« Doch fand es sich, dass einer von ihnen noch fünf Termine frei hatte, zur Not, mehr nicht, dazu zwei Viertelstunden.

Und Jesus lächelte und sagte. »Gut, das ist doch schon etwas! Stellen wir's den Leuten zur Verfügung!« Und er ließ die Volksscharen erneut Platz nehmen. Er nahm die fünf Termine, die sie hatten, und dazu die beiden Viertelstunden. Er blickte auf zum Himmel und sprach ein Segensgebet. Dann teilte er das Vorhandene auf und ließ austeilen die kostbare Zeit, die sie hatten, durch seine Jünger an die vielen Leute. Und siehe, es reichte nun das wenige für alle. Keiner ging leer aus. Ja, sie füllten am Ende noch zwölf Tage mit dem, was übrig war an Zeit. Und dabei waren es an die fünftausend Männer, die Frauen und Kinder gar nicht gerechnet.

Es wird berichtet. dass die Jünger staunten. Denn alle sahen es: Selbst das Unmögliche wird möglich durch ihn.

Lothar Zenetti

M 13 — EIN WORT ZUM SONNTAG

Ein Tag voller Charme

»Sag uns, wie die kommende Welt sein wird«, fragen in einer Legende die Kinder Israels. Ihr Gott antwortet: »Ich habe euch schon den Sabbat gegeben. Er schmeckt – wie die kommende Welt!« Der jüdische Sabbat und der christliche Sonntag – sie sind ein Vorgeschmack auf das Reich Gottes, und von ihnen fällt ein angenehm warmes Licht auf die anderen Tage der Woche. Sie sind Tage voller Charme. Sie lieben das Innehalten, das Durchatmen, die Entdeckung der Langsamkeit, das Frühstücksei und den Duft von Sonntagsbraten, Bach und Mozart, das Glockengeläut und den Kirchgang, ein Leben in entspannter Gemeinsamkeit. Sie räumen Zeit ein für Familienbesuche und für den Anruf bei der alten Tante; die Teenager finden endlich Zeit, die Haare lila zu färben.

Was sie aber überhaupt nicht mögen, das sind Autoschlangen vor Warenhäusern und Fastfood am Kiosk, Handy-Gebimmel in Fußgängerzonen und Aktienkurse in Tageszeitungen. Einmal in der Woche sollen Menschen die Gesetze des Marktes vergessen, die Sorge um das eigene Leben loslassen und dankbar das betrachten, was sie sind und haben. Am Sonntag, da kann es sich zeigen, dass sie das Entscheidende in ihrem Leben nicht machen können und dass sie das Wichtigste von Gott geschenkt bekommen. Das Leben ist viel mehr als das, was Menschen an sechs Werktagen erarbeiten.

Der Rhythmus der sieben Tage mit dem geheiligten Ruhetag – er ist das Geschenk eines fürsorglichen Gottes an uns Menschen, das Geschenk der Juden an uns Christen und das Geschenk der Gläubigen an alle Menschen. Er erinnert an die Befreiung der Israeliten aus der Knechtschaft in Ägypten, an die Ruhe Gottes am letzten Schöpfungstag und an die Überwindung des Todes am Ostermorgen durch den Auferstandenen. Er ist kein Relikt aus alter Zeit. Er ist ein Vorgeschmack auf eine menschlichere Zukunft. Er riecht nach Freiheit, nach Selbstbestimmung, nach Menschlichkeit.

Der Sonntag ist eine zeitliche Enklave im Gleichmaß unserer Tage, eine heilvolle Unterbrechung der Werktage und deshalb ein »sehr schützenswertes Biotop«. Übermorgen fängt das neue Schuljahr an. Eltern, Lehrer und Erzieher sind auf der Suche nach Ritualen für Kinder und Jugendliche. Von Hartmut von Hentig wissen sie: Kinder sind angewiesen auf vier »Rs«: auf Rituale und Rhythmen, auf Regeln und auf Räume. Der Sonntag, er ist ein wichtiges Ritual. Wir sollten in unserem eigenen – und im Interesse unserer Kinder für den arbeitsfreien Sonntag kämpfen – entschiedener noch als für die Erhaltung des Bußtages.

Walter Dietz

Aus: Backnanger Kreiszeitung, 11. September 1999

M 11 — MAN DIENT GOTT AUCH MIT RUHEN

Martin Luther schrieb am 12. Mai 1530 nach Augsburg an seinen Freund und reformatorischen Weggefährten Philipp Melanchthon, einem äußerst arbeitsamen und geschäftigen, dabei hochgelehrten Wissenschaftler:

»*Man dient Gott auch mit Ruhen, ja mit nichts mehr als mit Ruhen*«.

Luther fasst hier ganz knapp zusammen, was ihm in seinem Leben so wichtig geworden war: Das Entscheidende können wir Menschen nicht machen, das für unser Leben Wichtige bekommen wir von Gott geschenkt. Dass diese befreiende Einsicht nur mühsam zu lernen ist, hat Luther am Verhalten Melanchthons deutlich vor Augen geführt bekommen. Als dieser nämlich schließlich von den Verhandlungen auf dem Augsburger Reichstag im Sommer 1530 nach Coburg zurückkehrte, um mit Luther zusammen sich nach Wittenberg aufzumachen, war Melanchthon immer noch der Vielgeschäftige. Ununterbrochen arbeitete er weiter an einer wichtigen Verteidigungsschrift des lutherischen Bekenntnisses, das damals so heftig umstritten war. Als Luther und Melanchthon in der sächsisch-kurfürstlichen Residenzstadt Torgau einkehrten und hier bei dem kurfürstlichen Sekretär Spalatin zum Abendessen eingeladen waren, unterbrach Melanchthon selbst beim Essen nicht seine Schreibtätigkeit. Da stand Luther auf, begab sich zu Melanchthon, nahm ihm die Feder aus der Hand und wiederholte noch einmal dasjenige, was er ihm nach Augsburg geschrieben hatte: »Man dient Gott auch mit Ruhen, ja mit nichts mehr als mit Ruhen«.

Rainer Wunderlich

Aufgabe: Improvisiert ein kurzes Streitgespräch zwischen Luther und Melanchthon!

M 12 — ERST DIE ARBEIT ...? ODER: WAS DER FRÜHLING VOM HUFLATTICH LERNTE

Kaum dass die ersten Sonnenstrahlen die Erde kitzelten, begann es auch schon im Boden zu rumoren: Nach einem langen Winterschlaf hatte sich alle Kraft der Blumen und Sträucher, vieler Gräser und Bäume in Wurzeln und Zwiebeln gesammelt und drängte mit aller Macht dem Licht entgegen. Nur – ich erzähle euch hier von der Zeit, zu der all dies das erste Mal passierte, und woher sollten da schon all die Säfte und Kräfte in den Pflanzen wissen, ob sie zuerst Blätter oder zuerst Blüten ansetzen sollten. Das gab vielleicht ein Tuscheln und Zanken ...

Bis der Frühling sagte: »Kinder, die Sache ist ganz einfach. Erst die Arbeit, dann das Vergnügen. Verordnete Reihenfolge also: Stiel zeigen, entblättern, knospen, blühen. Die Farbe des Vergnügens ist freigestellt; blüht wie ihr wollt, aber sprecht euch untereinander ein bisschen ab. Arbeitsfarbe ist grün; Abweichungen bedürfen der Absprache mit mir, wir sind hier ja nicht im Herbst, nicht wahr?! Ich fasse zusammen: Blätter raus, Sonne tanken, Haushaltsmittel empfangen, anschließend Blütenschau. Kurz: erst die Arbeit, dann das Vergnügen.«

Gesagt – getan, sollte man meinen. Nun hatte der Frühling aber ein viel zu sonniges Gemüt, als dass er seinem Kasernenton mit ständigen Kontrollen Nachdruck verleihen konnte ...

Und so kam es, dass des Huflattichs Blüte aus lauter Lebensfreude den Blättern zuvorkam und in einem strahlenden Gelb den verdutzten Frühling begrüßte. Der wollte zuerst zornig werden und dem Huflattich nun gar keine Blätter mehr erlauben, damit er nackt dastünde bis in alle Ewigkeit. »Diese voreiligen Blüten« schimpfte er, »sind schon wieder so eine gar nicht eingeplante Geschichte, ebenso der Regen, der mir in den letzten Tagen einen kräftigen Husten beschert hat.«

Aber der Huflattich strahlte ihn an aus lauter kleinen Sonnen und versprach, besonders wertvolle Blätter zu bilden mit kostbarem Hustensaft in den Äderchen. Na, da konnte der Frühling natürlich nicht nein sagen und als der Huflattich auch noch meinte, er hätte eine solche Lust zur Arbeit, weil er nun ja wisse, wofür er sich anstrenge und dass es doch viel kräftiger sei, sich erst zu freuen und dann an die Arbeit zu gehen, da wurde der Frühling ganz unsicher und hatte nichts mehr dagegen, als auch andere es dem Huflattich nachmachten: Die Forsythie, der Schlehdorn und – die Menschen, die den Sonntag vor den Werktagen feiern, weil auch sie seit einem Sonntag vor fast 2000 Jahren einen ganz besonderen Grund zur Freude haben ...

Siegfried Macht

M 14

Ich wünsche dir   Z E I T

Ich wünsche dir nicht alle möglichen Gaben.
Ich wünsche dir nur, was die meisten nicht haben:
Ich wünsche dir Zeit, dich zu freun und zu lachen,
und wenn du sie nützt, kannst du etwas draus machen.

Ich wünsche dir Zeit für dein Tun und dein Denken,
nicht nur für dich selbst, sondern auch zum Verschenken.
Ich wünsche dir Zeit, nicht zum Hasten und Rennen,
sondern die Zeit zum Zufriedenseinkönnen.

Ich wünsche dir Zeit, nicht nur so zum Vertreiben.
Ich wünsche, sie möge dir übrigbleiben
als Zeit für das Staunen und Zeit für Vertraun,
anstatt nach der Zeit auf der Uhr zu schaun.

Ich wünsche dir Zeit, nach den Sternen zu greifen,
und Zeit, um zu wachsen, das heißt um zu reifen.
Ich wünsche dir Zeit, neu zu hoffen, zu lieben.
Es hat keinen Sinn, diese Zeit zu verschieben.

Ich wünsche dir Zeit, zu dir selber zu finden,
jeden Tag, jede Stunde als Glück zu empfinden.
Ich wünsche dir Zeit, auch um Schuld zu vergeben.
Ich wünsche dir: Zeit zu haben zum Leben.

Elli Michler

Gottes gute Schöpfung – uns anvertraut

Erarbeitet von Johannes Geiger, Jürgen Hurtig, Gerhard Kolb, Walter Krasser, Claudia Lund und Wolfgang Nägele. Redaktion: Siegfried Macht.

Theologisch-didaktische Überlegungen

Das »Urbild« von Gott, dem Schöpfer, der den Lebensraum Erde und alles Lebendige erschaffen hat, ist in der biblisch-christlichen Tradition von zentraler Bedeutung. Dieser Lebensraum Erde ist nach den Schöpfungserzählungen dem Menschen zur Weltgestaltung anvertraut unter der Voraussetzung, dass alles Leben – sowohl das eigene wie auch das anderer Lebewesen – ein Geschenk ist, das letzlich der Verfügungsgewalt des Menschen entzogen bleibt. Die Aufgabe zur Weltgestaltung ist Folge der Sonderstellung des Menschen als »Partner Gottes« (1. Mose 1,27–30).

Neben der Sicht, dass dieser Lebensraum Erde bei der Schöpfung von Gott gesegnet und »sehr gut« (1. Mose 1,31) war, steht biblisch die Sicht, dass das Zusammenleben auf dieser Erde tiefgreifend gestört ist. Der Kern dieser Lebensstörung wird in 1. Mose 3 in dem Umstand gesehen, dass der Mensch der Versuchung erliegt, sein zu wollen wie Gott und selbst zu bestimmen, was ihm und seiner Mitwelt förderlich ist. Die dadurch ausgelösten Gefährdungen bedrohen den Menschen und alles Leben auf der Erde.

Ein wichtiges Element christlichen Glaubens ist jedoch die Hoffnung, dass Gott die Zerstörung nicht überhand nehmen lässt, sondern als Schöpfer auch letzlich der Erhalter des von ihm geschaffenen Lebensraums ist. Diese Hoffnung soll Menschen aktivieren, gegen Lähmung und Resignation das in ihren Kräften Stehende zu tun, um gegen die augenscheinliche Gefährdung das Leben auf der Erde zu bewahren.

Diese Elemente biblisch-christlichen Schöpfungsglaubens bilden den theologisch-gedanklichen Hintergrund der UE 9.1 »Gottes gute Schöpfung – uns anvertraut«.

Vorbereitet wird sie in Klasse 5 durch die alternativen WPE »Wir sind Gottes Geschöpfe: Menschen – Tiere – Pflanzen« (WP 5.5.1) bzw. »Wir sind geschaffen mit Leib und Seele« (WP 5.5.2). Liegt bei der ersten UE der Schwerpunkt auf der ökologischen Fragestellung, so bei der zweiten auf der Verbindung elementarer Naturerfahrungen mit der Erfahrung von Körperlichkeit und menschlicher Entwicklung.

Die bei diesen beiden (alternativen) Themen ausgesparte Frage nach dem Verhältnis von Schöpfungsglauben und Evolutionstheorie wird in Klasse 6 nachgeholt mit der WE: »Am Anfang schuf Gott Himmel und Erde«. Den nun im 9. Jahrgang zu vertiefenden Lehrplanaspekt »Naturwissenschaft und Schöpfungsglaube« haben wir aus zeitökonomischen Gründen und zur Vermeidung inhaltlicher Überfrachtung eher ausgespart, zumal dieser ja den Angelpunkt des GK-Themas »Glaube und Naturwissenschaft« bildet. Stattdessen haben wir den Schwerpunkt auf den schon durch die theologischen Vorbemerkungen angedeuteten Zusammenhang von Schöpfungsglauben und Ökologie gelegt entsprechend der Vorgabe des Lehrplans »angesichts der ökologischen Krise ... aus dem Sinn der Rede von der Schöpfung Gottes ökologische Verantwortung als Konsequenz« abzuleiten.

Das Ausmaß der ökologischen Krise ist seit Beginn der siebziger Jahre bekannt und auch Schüler/innen der Klasse 9 wissen um die bestehenden Umweltprobleme. Trotzdem sind sie – aus welchen Gründen auch immer – auf dieser Altersstufe zu »ökologischem Handeln« oft nur schwer zu bewegen. Uns war deshalb daran gelegen, »Umweltschutz« für Schüler/innen möglichst konkret und in ihrem Lebensbereich erfahrbar zu machen – möglichst ohne den Gedanken an einen moralischen Verzicht. Aus diesem Grund haben wir u. a. den Bereich der Ernährung gewählt, um über die gemeinsame Zubereitung von Mahlzeiten, über Hintergrundinformationen zur Nahrungsmittelherstellung und das Erproben neuer Rezepte einerseits Ernährungsgewohnheiten zu reflektieren und andererseits zu verdeutlichen, dass die Umstellung in der Ernährung als eine Form des Umweltschutzes unmittelbare Auswirkungen auf die eigene Person haben und eine Bereicherung sein kann.

Alternativ kann am Beispiel »Wasser« gelernt werden, was und wie wir brauchen und verbrauchen.

Die Schüler/innen leben in einer Umwelt, die u. a. gefährdet ist durch die Zerstörung der natürlichen Grundlagen des Lebens (Klimaveränderung, Beschädigung der Ozonhülle, Vergiftung von Boden, Wasser und Luft), den hohen Energieverbrauch, die Missachtung von Tieren (durch Tierversuche, Tierhaltung und Tiertransporte), die Vernichtungspotentiale der Waffenarsenale und die sich immer deutlicher abzeichnenden Risiken der Gentechnik. Es erschien uns deshalb notwendig, zum Nachdenken über die Voraussetzungen anzuregen, die in unserer Kultur zu einer solch einseitig anthropozentrischen Benutzung der Schöpfung geführt haben. Insofern ist eine Auseinandersetzung mit dem von vielen Wissenschaftlern und Schriftstellern erhobenen Vorwurf, die biblisch-christliche Tradition sei (mit-)verantwortlich für die ökologische Krise, dringend.

Von daher versteht sich das Anliegen, den über Jahrhunderte missverstandenen Herrschaftsauftrag in 1. Mose 1,28 vor dem Hintergrund der nachexilischen Zeit für Schüler/innen nachvollziehbar und eindeutig zu machen als Zuspruch und Segen Jahwes im Überlebenskampf mit der Natur. Die Bestimmungen zum Schutz der Natur aus dem Bundesbuch und dem Buch Levitikus können entsprechend als Dank gegenüber dem Schöpfergott Jahwe verstanden werden.

Ausgehend von der Einsicht, dass Einstellung und Umgang mit der Natur geprägt sind von den uns bestimmenden (oft nicht bewussten) Grundwerten weltanschaulicher oder religiöser Art, sollte die UE einmünden in eine Auseinandersetzung der Schüler/innen darüber, von welchen Grundwerten unsere Gesellschaft heute bestimmt ist und von welchen Grundwerten sie selbst sich bestimmen lassen wollen.

Die Unterrichtseinheit gliedert sich in folgende Aspekte:
☐ Was wir brauchen und verbrauchen: Zum Beispiel Wasser
☐ Wie wir uns ernähren
☐ Wie wir in die Natur eingreifen
☐ Was Umweltschutz mit Religion zu tun hat
☐ Wie Gott als Schöpfer vorgestellt wird
☐ Welches Menschenbild aus den biblischen Schöpfungserzählungen spricht
☐ Zwischen Resignation und Hoffnung: Was wir tun können

Die UE im Lehrplan:
9.1 »Gottes gute Schöpfung – uns anvertraut«

Literatur

FÜR DIE HAND DER LEHRER/INNEN

Keller, V.: Alles Leben ist heilig. Mit Albert Schweitzer gegen Peter Singer, in: Lutherische Monatshefte 1/94.
Liedke, G.: Im Bauch des Fisches. Ökologische Theologie, Stuttgart 1979.
Zenger, E.: Die Schöpfung, Augsburg 1996.

UNTERRICHTSMODELLE UND SCHULBÜCHER

Das neue Kursbuch Religion 9/10, Frankfurt/M. u. Stuttgart 1988, S. 206–215.
Forkel, J. / Stascheit, W.: Hauptsache – es schmeckt? 3. komplett überarbeitete Aufl.
Freiräume. Religionsbuch für berufsbildende Schulen, Berlin 1993, S. 274–301.
Kluge, J.: Entdeckungen machen 2, Grundausgabe, Berlin 1993, S. 31–39.
Macht, S.: Wie Abraham das Lachen lernte. (Darin Kapitel 1: Schöpfung und Erschöpfung; Märchen, Symbolgeschichten ... Kurzprosa zum Thema), Leinfelden-Echterdingen 2001. (Neuauflage von »Jeder schweigt anders«, München 1995).
Macht, S. (Hg.): Schöpfung. Arbeitshilfen Sekundarstufe I, Rehburg-Loccum 1995.
Religionsunterricht praktisch, 10. Schuljahr. Unterrichtsentwürfe und Arbeitshilfen für die Sekundarstufe 1, Göttingen 1998 (S. 134–160).
Schwarz, M. u. a.: Unterrichtshilfen, 16 Themen für den RU an der Oberstufe, Bd. 2, Schöpfung, Katechetisches Institut Zürich.

AV-Medien

Albert sagt: Wasser zieht Kreise. Animations-Serie, je 25 Min., Farbe, VHS, Deutschland 1995. *Der sprechende Zeichentrick-Rabe Albert beschäftigt sich mit dem Wasser, das bedenkenlos beim Duschen, Spülen und Waschen verbraucht wird. Er verfolgt den Wasserkreislauf, wie er natürlich funktioniert. Albert zeigt auch den von den Menschen künstlich ergänzten Kreislauf mit Kläranlagen, der aber mit dem natürlichen nicht unbedingt korrespondiert. Der enorme Wasserverbrauch der Industrie wird angeprangert, denn das Wasser wird knapp, wenn wir so weitermachen. Albert rät, es sparsam zu benutzen und möglichst sauber wieder an den Wasserkreislauf zurückzugeben.*

Der Mann, der Bäume pflanzte, EMZ Stuttgart, VC 686. *Preisgekrönter Zeichentrickfilm nach der Erzählung »Der Mann mit den Bäumen« von Jean Giono.*
Die Entstehung der Welt, EMZ Stuttgart MP 4028.
Die Schöpfung und der achte Tag (Film-Essay von Peter Wendt).
Ohne Wasser kein Leben, EMZ Stuttgart TB 444.
Söhne der Erde, EMZ Stuttgart KF 267/VC 486.
Trinkwasser in Not, EMZ Stuttgart TB 461.

THEMATISCHE ASPEKTE UND BAUSTEINE

Was wir brauchen und verbrauchen: Zum Beispiel Wasser

Während in südeuropäischen oder orientalischen Regionen der Wert der »lebensnotwendigen Ressource« Wasser den Menschen stets bewusst ist, stellt für viele Sch. Wasser eine Selbstverständlichkeit dar. Diese unreflektierte Selbstverständlichkeit zu hinterfragen, den Wert und die Begrenztheit des »Lebensmittels« Wasser zu verdeutlichen und über einen sorgsamen und verantwortungsvollen Gebrauch und Verbrauch von Wasser nachzudenken, soll Ziel dieses Unterrichtsschritts sein.

■ *Wasserverbrauch – Wasserknappheit – Wassersparen*
1. Folie mit Piktogrammen aus **M 1**: UG über die Lebensnotwendigkeit von Wasser und seine verschiedenen Verwendungsbereiche.
2. Fragebogen **M 2** wird von Sch. ausgefüllt und anschließend besprochen. Aha-Effekte über die Menge des Wasserverbrauchs stellen sich ein (Lösungen = **M 2**). Sch. können über einen gewissen Zeitraum den durchschnittlichen täglichen Wasserverbrauch in der eigenen Familie oder in der Schule ermitteln.
3. LV oder UG: Woher erhält unser Ort das Wasser? (Eigene Quellen, Bodenseewasserversorgung o. a.)
4. *Impuls*: »Wassermangel – in Deutschland« – Gehört hinter diese Zeile ein Frage- oder Ausrufezeichen? Nach kurzem Meinungsaustausch **M 3** lesen.
5. Wassersparmöglichkeiten: Brainstorming. Sch.-Vorschläge werden an der Tafel festgehalten. Zur Ergänzung können aktuelle Broschüren von Umweltministerien oder Umweltschutzorganisationen angefordert werden.
6. Video »Abschied vom Wasserklo« fordert Sch. zu einer intensiven Diskussion heraus. (Film: Ökoland – Abschied vom Wasserklo. Kreisbildstellen Video Nr. 4200481). Methodische Variante: »Doppeln«: Herr Lehmann verteidigt seine Aktionen; Herr Müller kritisiert Herrn Lehmanns Verhalten.

■ *Lebenselixier Wasser – Konkrete Möglichkeiten und Beispiele von Verantwortung für die Schöpfung sowie Projekte*
Hinweis: Vertiefende Informationen und/oder Anreiz zu eigenem Tun bietet eine Internetrecherche. Hier findet sich z. B. auch das Schüler-Projekt »Wasser macht Schule« (http://www.wasser-macht-schule.de/).
1. Arbeitsteilige Gruppenarbeit: Erstellt Collagen bzw. Präsentationen zu folgenden Themen:
   – Gefährdungen der Wasserqualität
   – Begrenzungen der Wasservorräte
   – Schutz der Wasserqualität
   Material dazu aus Illustrierten, Broschüren oder dem Internet.
2. Vorstellung der Collagen bzw. Präsentationen
3. Auflistung der konkreten Handlungsmöglichkeiten zum Schutz und zur Verbesserung der Wasserqualität und -quantität:
   Was ich zum Erhalt und zur Sicherung einer guten Wasserversorgung (nicht) beitragen kann/will.

■ *Ergänzung / Alternative: Expertenbefragung: Unser Wasser*
L. lädt eine(n) Vertreter(in) der Wasserwerke/Stadtwerke oder des Wasserwirtschaftsamts als Experte(in) zu einer Stunde ein.

■ *Alternativen zum Thema Wasser*
Weitere mögliche Inhalte, an denen verdeutlicht werden kann, »was wir brauchen und verbrauchen«, sind z. B. der Verbrauch an Energie samt Folgen (vgl. das Beispiel Auto in entwurf 1/1991 S. 11f, Baustein 1 oder in Freiräume S. 150–153) sowie die Verpackungs- und Müllwirtschaft.

Wie wir uns ernähren

Die Ernährung gehört zu den elementarsten Erfahrungen, die wir mit unserer Umwelt machen. Selten werden sich aber Sch. der Folgen bewusst, die ihre Ernährungsweise sowohl für ihre körperliche Gesundheit als auch für die Umwelt hat. Trotz der Gesundheitserziehung in der Grundschule und später im Fach Biologie wird Nahrung häufig nur unter dem Aspekt des momentanen Lustgewinns wahrgenommen.
Dieser Baustein soll dazu beitragen, eigene Ernährungsgewohnheiten zu erkennen und zu reflektieren.

■ *Was essen wir?*
1. L. und Sch. planen ein *gemeinsames Frühstück* und führen es – soweit dies zeitlich und räumlich möglich ist – im Klassenzimmer durch. Bei der Auswahl der Nahrungsmittel, die die Sch. mitbringen, gibt es von L. keine einengenden Vorgaben. Sch. überlegen, woher die mitgebrachten Lebensmittel stammen, welche Bestandteile sie enthalten und unter welchen Bedingungen sie produziert wurden.
2. Mit Hilfe einer Tabelle (**M 4**) stellen Sch. ihre eigenen *Ernährungsgewohnheiten* fest.
   Sie lesen Zeitungsmeldungen über Umweltgifte in Nahrungsmitteln und streichen in der Tabelle (**M 4**) alles wieder durch, was sie eigentlich nicht mehr essen dürften.
   Klassengespräch: Kann der Einzelne konsequent auf Gifte in der Nahrung verzichten? Weshalb verzichtet der Hersteller nicht auf Giftstoffe in den Nahrungsmitteln?
3. Sch. erhalten das Grundrezept für einen Hamburger (**M 5**), ohne Angabe des Namens des Gerichts. Sie versuchen zu erraten, um welches Gericht es sich dabei handelt.
4. Sch. erhalten Informationen über globale ökologische und gesellschaftliche Folgen der »Hamburgeritis« (**M 6**).
   Sie diskutieren über die Frage, ob sich der Verzehr von Fast Food als »Sucht« bezeichnen lassen kann.

Wie wir in die Natur eingreifen

Seit der Mensch existiert, greift er, um sein eigenes Überleben zu sichern, in die Natur ein. Der heutige Mensch wird sich dieser Eingriffe allerdings nur selten bewusst. Die manipulierte Umwelt wird meist als das Natürliche betrachtet, die naturbelassene Umwelt erscheint oft als bedrohlich. An konkreten Beispielen sollen die Sch. erkennen, wo Eingriffe notwendig sind und wo sie sich vermeiden oder reduzieren ließen. Gleichzeitig soll dieser Unterrichtsschritt dafür sensibilisieren, dass Manipulationen der Umwelt auf uns zurückwirken und mit den Sinnen erfahrbar sind.

■ *Wieviel Gift in der Nahrung ist nötig?*
1. *Brottest*: L. bringt verschiedene Brotsorten mit in den Unterricht, die sich hinsichtlich ihres Grades an Denaturierung und Belastung mit chemischen Substanzen unterscheiden. Sch. führen verschiedene Tests durch, wobei sie möglichst viele Sinne mit einbeziehen, und tragen die Ergebnisse in eine Tabelle ein (**M 7a**).
Sie tragen ihre Vermutungen, um welche Brotsorte es sich jeweils handelt, ebenfalls in das Arbeitsblatt ein. Danach gibt L. die Brotsorten bekannt, die Testbögen der Sch. werden im Klassengespräch ausgewertet.
(Entsprechende Tests können auch mit verschiedenen Milchsorten, Fruchtsaftgetränken o. ä. durchgeführt werden, vgl. **M 7b**.)
2. Bei einem Besuch auf einem Bauernhof – möglichst mit biologischer Anbauweise – informieren sich die Sch. über die Unterschiede zwischen konventionellem und biologischem Anbau. Sie lernen Vorteile des biologischen Anbaus (Erhaltung der Artenvielfalt, Landschaftsschutz, Schutz des Grundwassers, geringere Belastung der Lebensmittel usw.) sowie dessen Probleme (geringerer Ertrag, größere Arbeitsbelastung, schwierigere Vermarktung usw.) kennen.
Die Informationen, die beim Lerngang lückenhaft bleiben, werden mit Hilfe von ausgewähltem Zusatzmaterial (**M 8a**) ergänzt.
Alternativ zum Lerngang können Sch. eigene Erkundigungen über die Auswirkungen der modernen Landwirtschaft auf die Umwelt einholen (**M 8b**) und/oder im Anschluss an das Singen des Chanson-Kanons »Mehr oder weniger« (**M 8c** möglichst mit Gitarrenbegleitung) eine Collage zum Liedtext entwickeln, welche wie dieser den Charakter einer kritischen Bestandsaufnahme besitzt.

■ *Frieden mit der Natur – vertraglich regeln?*
☐ Sch. lesen den Text von K. Meyer-Abich, »Wege zum Frieden mit der Natur« (**M 9a**), arbeiten die Thesen des Textes heraus und nehmen Stellung dazu.
Sie entwerfen einen Dialog, in dem Mensch und Tier über den Abschluss eines Rechtsvertrages miteinander verhandeln.
☐ Gemeinsames Singen (möglichst mit Gitarrenbegleitung) des Kanons nach Psalm 36,7 (**M 9b**) als Ausdruck einer pointierten biblischen Aussage zum Thema. Evtl. sogar Konfrontation mit dem Psalmvers vor der Textarbeit bzw. vor dem Dialogentwurf (vgl. **M 9a**) um diesen in die Stellungnahme miteinzubeziehen.

Was Umweltschutz mit Religion zu tun hat

Biblisches Reden von Gott gilt bei der heutigen Schülergeneration in der Regel nicht mehr a priori als Richtschnur für das eigene Handeln. In einer Zeit des Verlusts von festen Werten und Normen kann eine Umweltethik nicht einfach mit Hilfe biblischer Texte postuliert werden.
In einer weitgehend materialistisch geprägten Schülergeneration kann man nicht davon ausgehen, dass der Zusammenhang zwischen religiös-weltanschaulichen Einstellungen und dem konkreten Umweltverhalten erkannt wird.
An drei Beispielen (indianische und christliche Amerikaner um 1855 sowie Juden nach dem babylonischen Exil) soll für die Sch. erfahrbar werden, dass unterschiedliche Gottesbilder und ein unterschiedliches Naturverständnis einen unterschiedlichen Umgang mit der Natur zur Folge haben.
Es wäre viel gewonnen, wenn die geistigen und religiösen Wurzeln unseres heutigen Umweltverhaltens erkannt würden. Da die für eine kognitive Betrachtung erforderliche Distanz zur eigenen Epoche

fehlt, verspricht eine kreative Auseinandersetzung mit dem Thema am ehesten Aussicht auf Erfolg. In der Schlussdiskussion spiegelt sich die heute drängende Frage, welche Grundwerte in einer Gesellschaft des säkularen Atheismus für eine neue Umweltethik tragfähig sind. In diesem Zusammenhang ist auf biblisches Reden von Gott hinzuweisen.

■ *Glaube und Umweltverhalten*
1. L. zeigt den – stark affektiv wirkenden – Film »Söhne der Erde« mit der Rede des Indianerhäuptlings Seattle. Sch. erarbeiten den Zusammenhang zwischen dem Glauben des Indianerhäuptlings und seinem Verhältnis zur Natur anhand von **M 10**. Die Ergebnisse werden in das Arbeitsblatt (**M 11**) eingetragen.
Merkmale des Glaubens der (christlichen) Weißen und des daraus resultierenden Umweltverhaltens – aus der Sicht Seattles – werden ebenfalls erarbeitet und ins Arbeitsblatt eingetragen.
Klassengespräch:
   – Ist ein Zurück zur »ökologischen Unschuld« – wie es der Film suggeriert – möglich?
   – Entspricht die Haltung der Weißen zur Zeit Seattles dem biblischen Reden von Gottes Schöpfung?
2. Sch. lesen Nachrichten der »Neuen Jerusalemer Zeitung« (**M 12**), die den täglichen Kampf der nachexilischen Israeliten gegen eine bedrohlich erscheinende Umwelt darstellen.
Sie ordnen die einzelnen Probleme der Israeliten inhaltlich den (priesterschriftlichen) Zitaten Jesuas (**M 13**) zu und deuten die Worte des Priesters als Zuspruch und Schöpfungssegen. Die Ergebnisse werden in das Arbeitsblatt (**M 14**) eingetragen.
Sch. lesen die Zitate aus der »Predigt Serubbabels« (**M 13**) und arbeiten die Bedeutung der Forderungen Serubbabels als Schutzgebote zur Ehre Jahwes heraus.
Eintrag der Ergebnisse auf Arbeitsblatt (**M 14**).
Klassengespräch: Wie wurde der biblische Schöpfungssegen in späterer Zeit missverstanden?
3. *Kreativer Transfer*: Gestaltet in Gruppen eine Collage zum Thema »Weltanschauung und Umwelt heute«. Achtet darauf, dass der Zusammenhang zwischen bestimmten Einstellungen und dem daraus resultierenden Umweltverhalten in der Collage zum Ausdruck kommt. Beginnt evtl. mit der Suche eines geeigneten Mottos.
Mögliche Beispiele:
   – »Trautes Heim – die Welt geht ein«
   – »Alles für die Schönheit«
   – »Ich will Spaß um jeden Preis« ...
4. *Klassengespräch*: Können wir heute zu einer ethischen Grundeinstellung finden, die zu einem schonenden Umgang mit der Natur führen könnte?
5. (bzw. alternativ zu 1.–4.) Umweltzerstörung – wegen oder trotz Christentum?
Impuls: »Die Umweltzerstörung ist die gnadenlose Folge des Christentums« – »Das Christentum fordert zum Schutz von Gottes Schöpfung auf«.
Sch. führen eine Pro-und-contra-Diskussion über die vorgegebenen Thesen.
Als Diskussionsvorbereitung bearbeiten zwei Neigungsgruppen die zur jeweiligen These vorgegebenen Texte (**M 15a** bzw. **M 15b**) und wählen Sprecher/innen für die Podiumsdiskussion aus.

Wie Gott als Schöpfer vorgestellt wird

Eine theologisch verantwortete Rede von Gott dem Schöpfer wird darauf hinweisen, dass die Schöpfungsaussagen der Bibel nicht nur die Schöpfung der Welt am Anfang, sondern die creatio continua (Gottes immerwährendes welterhaltendes und lebensspendendes Handeln als Schöpfer) thematisieren. Sch. erfahren dies am Beispiel eines ungewohnten Gotteserlebnisses sowie von bekannten biblischen Schöpfungserzählungen. Darin wird das Thema »Wasser« erneut aufgegriffen und vertieft. In 1. Mose 1+2 liegen zwei verschiedene Schöpfungserzählungen vor. In 1. Mose 1 wird das Wasser als bedrohendes Element gesehen, während es in 1. Mose 2 lebensspendendes Elixier ist. Gott wird zu verschiedenen geschichtlichen Zeiten unterschiedlich als Schöpfer bekannt. Gemeinsam ist beiden Erzählungen das Bekenntnis zur Erschaffung und Erhaltung der Welt durch Gott sowie die Stellung des Menschen als Gegenüber und Ansprechpartner Gottes.

■ *Der Gott der Franzosen*
1. L.-Vortrag über Antoine de Saint-Exupéry
2. Mit verteilten Rollen wird **M 16** vorgelesen und die Kennzeichen des Gottes der Franzosen sowie des Gottes der Mauretanier erhoben.
3. *Klassengespräch* zu folgenden Fragen:
   – Meint ihr, dass die Franzosen ihren Gott verstehen? (Die Franzosen gehen achtlos an der »Schöpfungsgabe Wasser« ihres Gottes vorüber. Wasser ist für sie selbstverständlich. Entspricht dies der Wirklichkeit?)
   – Haltet ihr die Gottesvorstellung der Mauretanier für naiv? (Die Mauretanier sind sensibel für das Geschenk des Wassers.)
   – Steht der Gott der Franzosen oder der Gott der Mauretanier dem Gott der Bibel näher? (An dieser Stelle kann das unterschiedliche Vorverständnis der Sch. von ihrem Bild vom Schöpfergott deutlich werden.)

■ *Das Bekenntnis zu Gott dem Schöpfer in 1. Mose 1+2*
1. 1. Mose 1+2 wird mit entsprechenden Arbeitsaufgaben (**M 17**) verteilt und von Sch. in PA bearbeitet.
2. Auswertung im *Klassengespräch*: Die unterschiedliche Wirkung von Wasser und seine »Behandlung« durch Gott wird ersichtlich. Innerhalb des biblischen Zeugnisses von der Schöpfung zeigen sich Unterschiede und Widersprüche bei gleichen Grundaussagen.
3. L. erklärt die (religions-)geschichtlichen Hintergründe von 1. Mose 1+2.

■ *Eine andere Erschließung von 1. Mose 1+2*
1. **M 17** wird verteilt, die Arbeitsaufgaben für GA (!) sind jedoch abgewandelt:
   – Unterstreicht alle Stellen, an denen Wasser vorkommt!
   – Überlegt, welche Wirkungen das Wasser an den einzelnen Stellen für Natur, Mensch und Tiere hat und wie Gott sich dabei jeweils verhält!
   – Stellt eure Antworten in einem »Standbild« oder pantomimisch vor der Klasse dar! In dieser Darstellung sollen »das Wasser«, Gott, Mensch und Tier als Figuren vorkommen.
2. Sch. stellen ihre Standbilder vor. Im Klassengespräch kann das beschützende, lebenserhaltende und lebensfördernde Wirken Gottes als Schöpfer betont und auf den von Gott den Menschen und Tieren zur Verfügung gestellten »Lebensraum« hingewiesen werden.

■ *Ein meditativer Film*
Der Filmessay von Peter Wendt, »Die Schöpfung und der achte Tag« wird gezeigt. Er vermittelt visuell und sprachlich die Schöpfungserzählung von 1. Mose 1. Unter Verzicht auf Hintergrundinformationen regt er zur Besinnung und Meditation an. Sch. werden vor dem Film darauf hingewiesen und entsprechend eingestimmt.

Welches Menschenbild aus den biblischen Schöpfungserzählungen spricht

Die biblischen Schöpfungserzählungen vermitteln mit ihrer Rede von der Gottesebenbildlichkeit und in den Schöpfungsaufträgen wichtige Aussagen über den Menschen. Die Sch. sollen diese als »Auszeichnung« und Wertschätzung – letztlich als Begründung der Menschenwürde! – erfassen. Denn: Was ich über einen anderen sage, verrät mein Bild von ihm. Ich traue ihm etwas oder nichts zu und werde ihn bei Gelegenheit so behandeln.

■ *Aussagen und Bilder über andere Menschen*
☐ Folie **M 18** wird aufgelegt, schrittweise aufgedeckt und besprochen.
   Leitfragen:
   – Was hält der/die vom anderen?
   – Was traut man dem anderen zu?
   – Wie wird er/sie – wenn er/sie könnte! – den anderen behandeln?
   – Welchen Handlungsspielraum hat der andere?

■ *Das Bild vom Menschen in den Schöpfungserzählungen der Bibel*
1. Arbeitsteilige Gruppenarbeit mit Folien nach **M 19** (Gruppe 1–4).
2. UG: Sch. stellen ihre ausgefüllten Folien und Ergebnisse vor.
3. Ergebnissicherung und Bündelung kann durch EA und **M 20** erfolgen.

Zwischen Resignation und Hoffnung: Was wir tun können

Auch wo die Verantwortung für die Bewahrung der guten Schöpfung Gottes anerkannt ist, sind oft die kleinen eigenen verantwortlichen Schritte und vor allem die nachhaltige Nützlichkeit derselben strittig: »Lohnt es sich denn? Was verändert sich denn durch mein ökologisch-korrektes Verhalten wirklich?«. Diesen resignativen Einstellungen und Fragen ist in ernsthaftem Gespräch ebenso Raum zu geben wie es Hoffnungsperspektiven anzubieten gilt, die dem christlichen Glauben entspringen.
Dabei nutzt es wenig, das sowieso schon vorhandene schlechte Gewissen noch weiter zu verstärken. Stattdessen sollte die Einsicht geweckt werden, dass Umweltschutz zugleich eine Bereicherung des eigenen Lebens bedeuten kann.

■ *Ökologisch verantwortlich leben?*
Nach der Ankündigung der Erzählung »Also Nachbarn haben wir« (**M 21**), der darin vorkommenden Akteure sowie des Arbeitsauftrages empfiehlt sich folgendes Vorgehen:
1. L. liest Geschichte vor.
2. EA mit Arbeitsauftrag:
   – Schreibe an den Erzähler einen Brief, in dem du auf seinen Kommentar zu seinem Nachbarn eingehst! Oder:
   – Schreibe an den Nachbarn einen Brief, in dem du auf sein Öko-Verhalten eingehst!
   L. verspricht, dass die Briefe anonym in der nächsten Stunde gelesen werden.
3. *Klassengespräch*: Einige vom L. ausgewählte Briefe werden laut vorgelesen und besprochen: Was ist dem Verfasser/der Verfasserin des Briefes wichtig?
   Erfahrungsgemäß ist die Neugierde der Sch. nach den restlichen Briefen groß. Dazu werden die nummerierten, anonymen und kopierten Briefe verteilt.
4. EA: Sch. lesen Briefe mit folgendem Arbeitsauftrag:
   – Halte am Rand jedes Briefes mit folgenden Kürzeln die Haupttendenz fest:
   KE = Der Brief kritisiert den Erzähler.
   PE = Der Brief wertet die Aussagen des Erzählers überwiegend positiv.
   KN = Der Brief kritisiert den Nachbarn.
   PN = Der Brief bewertet das Verhalten des Nachbarn positiv.
5. Statistische Auswertung an der Tafel und Kommentierung des Ergebnisses.
6. Brainstorming: Gründe, warum Menschen **nicht** konsequent Umweltschutz praktizieren. Sch. schreiben Gründe mit Farbkreide an die Tafel und übernehmen diejenigen, die persönlich einleuchten, in ihr Heft!

■ *Hoffnungsimpulse gegen die Resignation*
Martin-Luther-Zitat: »Wenn ich wüsste, dass morgen die Welt unterginge, würde ich heute ein Apfelbäumchen pflanzen!« (Luther zugeschrieben!)
Im Klassengespräch Sinn dieser Aussage (als Liedtext auch auf **M 22**) erheben. Wie kommt Luther zu einer solchen Haltung? (Bezug zu reformatorischer Erkenntnis herstellen: Ich bin von Gott gehalten und kann mich gelassen und engagiert für den Erhalt von Gottes Schöpfung einsetzen, auch wenn vieles dagegen zu sprechen scheint oder ich in meinem Einsatz immer wieder selbst versage).
Evtl. gemeinsames Singen des Kanons (**M 22**) möglichst mit Gitarrenbegleitung.

■ *Eine Mutmach-Geschichte*
J. Giono, Der Mann mit den Bäumen, entweder als Text-Kurzfassung **M 23** vorlesen oder Video-Zeichentrickfilm (preisgekrönt!) zeigen und besprechen.

■ *Wie Umweltschutz am besten schmeckt*
☐ *Impuls*: Gibt es das? Ein Essen, das aus umweltschonend und giftarm hergestellten Inhaltsstoffen besteht, gesund ist, abfallarm und zu alledem auch noch schmeckt?
Sch. probieren zuhause oder miteinander Gerichte aus, die diesen Kriterien entsprechen, und tauschen die gelungensten Rezepte aus. So entsteht ein gemeinsames Vollwertkochbuch.
Den Schlusspunkt der UE könnte ein erneutes **gemeinsames Frühstück** setzen, diesmal aber ein ökologisch veranwortetes.

■ *Die Ideentorte*
Mit Hilfe der Ideentorte wählen L. und Sch. ein Umweltprojekt aus und führen es gemeinsam oder in Gruppen durch (**M 24**).
☐ Z. B. Projekt: »Bäumchenpflanzen im Schulhof«. Sofern sich Sch. darauf einlassen, kann darüber gesprochen werden, ob nicht im Schulhof ein Bäumchen gepflanzt werden soll als »Mutmach- und Erinnerungsbaum« an die Bewahrung der Schöpfung.
- Welche Baumart ist die richtige?
- Wer geht zum Schulleiter?
- Wer schreibt eine »Eingabe« an die Stadt?
- Welche Aktionen, Ausstellung kreativer Arbeiten aus dem Unterricht (Collagen nach **M 8c**), korrespondierende Liedvorträge (**M 8c** und **M 22**) usw. können die Pflanzung rahmen, evtl. kleine festliche Aktion für Schülerschaft, Stadtteilpublikum, lokale Presse...?
- Wer pflegt den Baum in Zukunft? (Verpflichtung!)

M 1 WASSERVERBRAUCH – WASSERKNAPPHEIT – WASSERSPAREN

Zeichnung: Angelika Guckes. © Calwer Verlag, Stuttgart

M 2   **FRAGEBOGEN ZUR ERHEBUNG DES WASSERVERBRAUCHS**

1	Wie viel Wasser verbraucht ein Bundesbürger Deutschlands pro Tag?
	30 l 50 l 90 l 140 l

2	Wie viel Prozent davon schluckt die Klospülung?
	5 % 15% 25% 35 %

3	Wie viel Wasser braucht deiner Meinung nach die Herstellung von
	a) 1 kg Schreibpapier? 60 l 120 l 180 l 280 l 300 l 440 l
	b) 1 kg Umweltschutzpapier? 1 l 2 l 8 l 24 l 30 l 36 l

4	Für die Herstellung eines Autos benötigt man an Wasser:
	20.000 l 100.000 l 200.000 l 300.000 l 400.000 l

5	Schätze den Wasserverbrauch der Klospülung pro Haushalt und Jahr:
	5.000 l 10.000 l 20.000 l 30.000 l 40.000 l

6	Wie viel Liter Wasser gehen bei einem tropfenden Wasserhahn im Monat verloren?
	10 l 50 l 90 l 120 l 170 l

7	Wie viel Liter Wasser benötigt eine Waschstraße pro Auto?
	50 l 100 l 300 l 400 l 500 l

✂--

Lösungen:

1. 140 l.
2. ca. 26 %, eine Spülung verbraucht 8–12 l je nach Einstellung im Spülkasten.
3. 1 kg Papier bester Qualität braucht 440 l Wasser, Schreibpapier 280 l Wasser; Umweltschutzpapier benötigt pro kg nur ca. 2 l Wasser.
4. für 1 Auto: 380.000 l.
   Zum Vergleich und besseren Vorstellungsvermögen:
   Ein Aquarium von 100 cm Länge, 50 cm Breite und 60 cm Höhe fasst 300 l Wasser; Ein Schwimmbecken von 5 m mal 10 m Fläche und 2 m Tiefe fasst 100.000 l Wasser.
5. ca. 20.000 l.
6. 170 l / Monat (bei 1 Tropfen alle 3 Sekunden)!!!
7. 300–400 l.

M 3 WASSERMANGEL – IN DEUTSCHLAND?

In Deutschland herrscht katastrophaler Wassermangel – nur weiß es noch kaum jemand. Aber wie anders als katastrophal ist es zu bezeichnen, wenn man eine -zig km lange Leitung bauen muss, um die Wasserversorgung Stuttgarts mit Bodenseewasser sicherzustellen? Wenn man das Absterben ganzer Wälder in Kauf nimmt, um Frankfurt mit Wasser zu versorgen (Jägersburger Wald im Ried) und nichts lernend sich jetzt auf den Vogelsberg stürzt? Wenn man die Vernichtung des Naturschutzgebietes Lüneburger Heide in Kauf nimmt, um Hamburgs Wasserdurst zu stillen? Und wenn man letztendlich die Kontaminierung [Vergiftung] ganzer Bevölkerungsgruppen mit Schwermetallen in Kauf nimmt, ja nehmen *muss*, weil Ruhrgebiet und Rheinanliegerstädte ihr Trinkwasser aus den verdreckten Flüssen beziehen müssen, deren Wasser man wirtschaftlich nie zu 100 Prozent reinigen kann?

Wilhelm Tempel

M 4 WIE WIR UNS ERNÄHREN

Nahrungsmittel	täglich	2–4 mal/Woche	1 mal/Woche	ganz selten	nie
Fleisch					
Wurst					
Fisch					
Käse					
Obst					
Frischgemüse					
Konserven					
Süßigkeiten					
Getreideprodukte					

Aufgabe:
1. Stelle deine Ernährungsgewohnheiten fest. Was isst du wie oft?
2. Trage in die Tabelle ein und ergänze sie, wenn nötig.

M 5   **EIN REZEPT**

Zutaten:
- 30 g Rinderhachse (einschließlich Knorpeln, Sehnen und Fett)
- 16 g Hackfleisch (einschließlich Herz, Zunge und Fett)
- 19 g Zwieback und Sojamehl
- 16 g Rinderfett
- 20 g Wasser
- 2 g Salz und Gewürze
- 1 g Monosodiumglutamat[1] und Farbstoff
- 0,5 g Phosphate[2] und Konservierungsmittel
- 10 g maschinell aufbereitetes Fleisch und Fett[3]

Zubereitung:
Das Fleisch wird zerkleinert, anschließend werden alle anderen Zutaten hinzugefügt. Die Masse wird in einer Pfanne in heißem Fett gebraten. Schließlich wird das Ganze in eine besonders weiche Semmel gelegt.

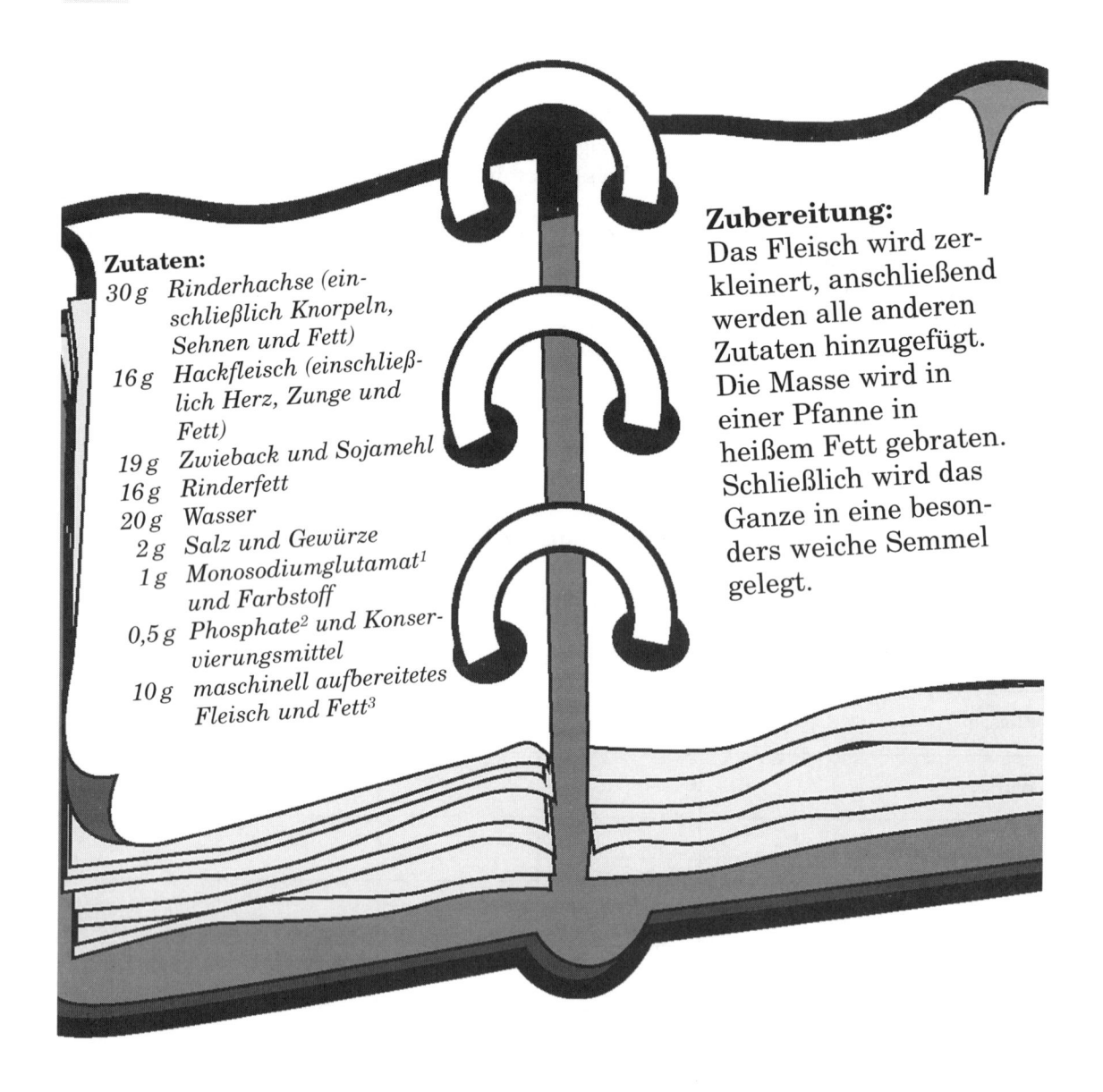

Erläuterungen:
1 *Monosodiumglutamat* ist ein chemischer Weichmacher für Fleisch.
2 Die *Phosphate* speichern Wasser und erhöhen dadurch das Gewicht des Gerichts.
3 Dabei wird das *maschinell aufbereitete Fleisch* mit Maschinen gewonnen, die die Tierknochen so lange bearbeiten, bis das letzte Restchen Fleisch abgeschabt ist. Das so gewonnene »Fleisch« wird zu einer breiigen Konsistenz zerkleinert, die mit Hilfe von Verdickungsmitteln zusammengehalten wird. Das Fleisch darf offiziell auch alle Arten von Innereien enthalten (Lunge, Magen, Hoden).

Aufgabe:
Lies dir dieses Grundrezept eines in aller Welt beliebten Gerichts genau durch.
Um welches Gericht könnte es sich dabei handeln?

M 6   DIE HAMBURGERITIS

Eine Sucht breitet sich unaufhaltsam aus. Sie kennt keine Grenzen. Die »Dealer« sind ein internationales Händlernetz, aus den USA gesteuert. Weltweit bekommen jede Sekunde 140 Personen ihren »Stoff« und konsumieren ihn in wenigen Augenblicken. Die Umschlagplätze sind in jeder mittelgroßen deutschen Stadt zu finden, meist mitten im Fußgängerbereich. Man kann sie an großen, bunten Neonreklamen leicht erkennen, sie sehen stets gleich aus. Von gleicher Qualität ist auch überall der »Stoff« – er wird meist in »Viertelpfündern« gehandelt und kann aus verschiedenen Mischungen bestehen. Allen ist jedoch eins gemeinsam: die »Rohstoffe« kommen aus der ganzen Welt (Mehl, Zwiebeln aus den USA, Käse, Pommes, Gemüse aus Holland, Senf aus Bayern, Ketchup aus Italien, Verpackung aus Skandinavien). Auf absolute Reinheit untersucht, werden die »Rohstoffe« bei uns nur noch zusammengemischt.

Der »Hauptwirkstoff« kommt aus dem bayerischen Günzburg, wo täglich 500 Rinder durch mächtige Fleischwölfe gedreht werden und chromblitzende, keimfreie gebeizte Mischer über eine Million Fleischbällchen daraus machen. Zur unverwechselbaren Form gequetscht durchlaufen sie eine 80 Grad kalte Kühlstrecke und klappern am Ende, weißlich gefärbt im Stickstoffnebel, auf das Fließband, von dem aus sie sofort an die lokalen »Junkie-Zentralen« weitergeleitet werden.

»Ich würde vorschlagen, alles wertvolle Fleisch zu exportieren, und ich würde für den Massenkonsum hier im Land nur das billige Fleisch lassen«, meint Carlos A. Urcuyo, Bankpräsident in Costa Rica.

Damit den 380.000 Umschlagplätzen auf der ganzen Erde nicht der »Stoff« ausgeht, werden weltweit Regenwälder und Ackerland in Viehweiden umgewandelt, wird statt Gemüse Viehfutter angepflanzt – alles, um die Süchtigen zu versorgen, und natürlich, um Riesengewinne einzufahren. Der Umsatz beträgt weltweit etwa 35 Milliarden DM pro Jahr. Wenn es darum geht, ihren »Stoff« loszuschlagen, denken die »Hamburger-Mafiosi« langfristig. Kinder vervielfältigen den Umsatz: Die kleinen Kunden von heute sind die Erwachsenen von morgen! Deshalb werden Kinder so früh wie möglich mit dem »Stoff« vertraut gemacht: Kinderparadies, Kinder-Luftballon-Aktionen oder Kinder-Faschingsfeste knacken Märkte auf und zerren erfolgreich auch ernährungsbewußte Eltern mit in das Verdauungsunglück.

Meint der bundesrepublikanische »Pate« Kreiner: »Wir erziehen die Menschen zu einer ganz neuen Lebensweise. Ich glaube, dass der Hamburger zu einem Grundnahrungsmittel wird, wie Brot, Milch, Eier, Kartoffeln – oder es eigentlich schon ist.«

J. Forkel / W. Stascheit, Hauptsache es schmeckt? Verlag an der Ruhr, Mühlheim 1993

Aufgaben:
1. Welche ökologischen Gefahren der »Hambugeritis« spricht der Text an?
2. Wie wirkt sich der Massenkonsum von Hamburgern auf die Menschen in den Entwicklungsländern aus?
3. Diskutiert darüber, ob sich der Verzehr von Fast Food als »Sucht« bezeichnen lassen kann.

M 7a — BROTTEST

Aussehen					
Geruch					
Beschaffenheit					
Geschmack					

Aufgaben:
1. Untersuche die verschiedenen Brotsorten möglichst genau.
   Beschreibe möglichst präzise das jeweilige Aussehen (z. B. Farbe), den Geruch, die Konsistenz (z. B. fest, luftig, trocken, klebrig usw.) und den Geschmack.
   Trage die Ergebnisse in die Tabelle ein.
2. Unter den nummerierten Brotsorten befindet sich
   – ein selbstgebackenes Vollkornbrot mit Getreide aus biologischem Anbau,
   – ein Roggenvollkornbrot vom Bäcker,
   – ein abgepacktes Vollkornbrot aus der Brotfabrik
   – ....
   – ....
   Ordne zu.

M 7b — MILCHTEST

Aussehen					
Geruch					
Beschaffenheit					
Geschmack					

Aufgaben:
1. Betrachte die verschiedenen Milchproben möglichst genau und rieche daran.
   Beschreibe möglichst präzise die jeweilige Farbe, den Geruch, die Konsistenz (z. B. dünnflüssig, sahnig usw.). Nimm einen Schluck von jeder Milchprobe und versuche den Geschmack zu beschreiben. Trage in die Tabelle ein.
2. In den verschiedenen Flaschen befinden sich eine H-Milch, eine fettarme Milch, eine pasteurisierte Milch, eine frische Milch von einem Bauern mit konventioneller Milchwirtschaft und eine Bio-Milch. Ordne zu!

M 8a GROSSE FELDER – KLEINE VIELFALT

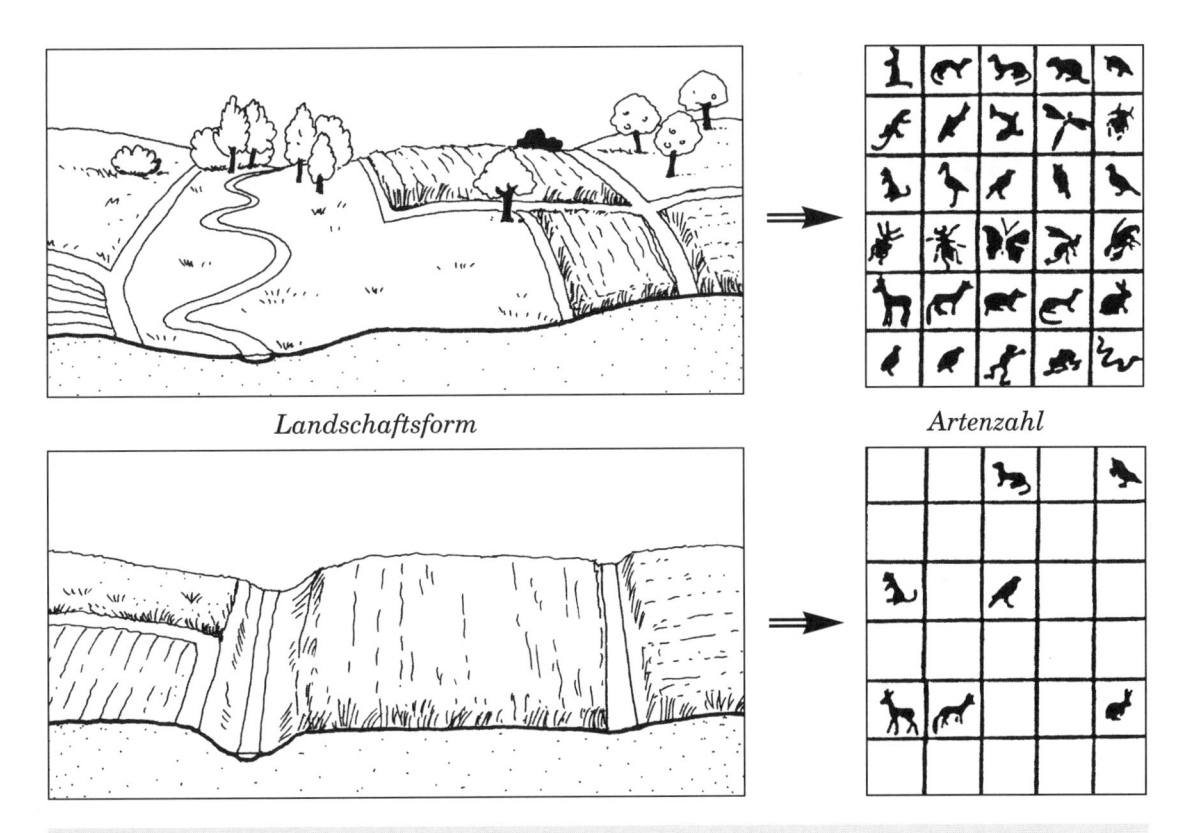

Landschaftsform *Artenzahl*

Aufgabe:
Kennst du einige der abgebildeten Tiere? Stelle eine Nahrungskette dar!
Was könnte das Verschwinden der jeweiligen Tiere verursacht haben?
Sind alle Tiere überhaupt notwendig für die Natur und den Menschen?

M 22 KANON: WENN ICH WÜSSTE, DASS MORGEN …

Kanon für 4 Stimmen

Wenn ich wüss-te, dass mor-gen die Welt un-ter-geht, pflanzt' ich heu-te doch ei-nen Baum.

Text: Martin Luther zugeschrieben. Musik: Siegfried Macht, Bayreuth

Sobald die Melodie im Kanon gesungen wird, sollte sich die (Gitarren-)Begleitung auf den beständigen halbtaktigen Wechsel von G und D beschränken.

M 8b — AUSWIRKUNGEN DER LANDWIRTSCHAFT AUF DIE UMWELT

	vor 20 bis 30 Jahren	heute
Anzahl der landwirtschaftlichen Betriebe		
Aussehen und Merkmale der Nutztiere		
Durchschnittliche Lebenserwartung der Nutztiere		
Milchleistung der Kühe		
Eierleistung der Hühner		

Aufgaben:
1. Informiere dich durch eigene Beobachtungen, durch Interviews mit Landwirten, Tierärzten oder dem Umweltberater über folgende Fragen:
   a) Welche Schadstoffe und Chemikalien gelangen durch die Landwirtschaft und durch Nutztiere in die Nahrung?
   b) Welche Pflanzen und Tierarten sind bereits ausgestorben, welche sind gefährdet?
2. Viele Dinge haben sich in Landwirtschaft und Umwelt in den letzten 20 bis 30 Jahren geändert. Erkundige dich und trage in die Tabelle ein.

KANON »MEHR ODER WENIGER«

Satirischer Kanon über etliche (Kata-)Strophen für 3 Stimmen.

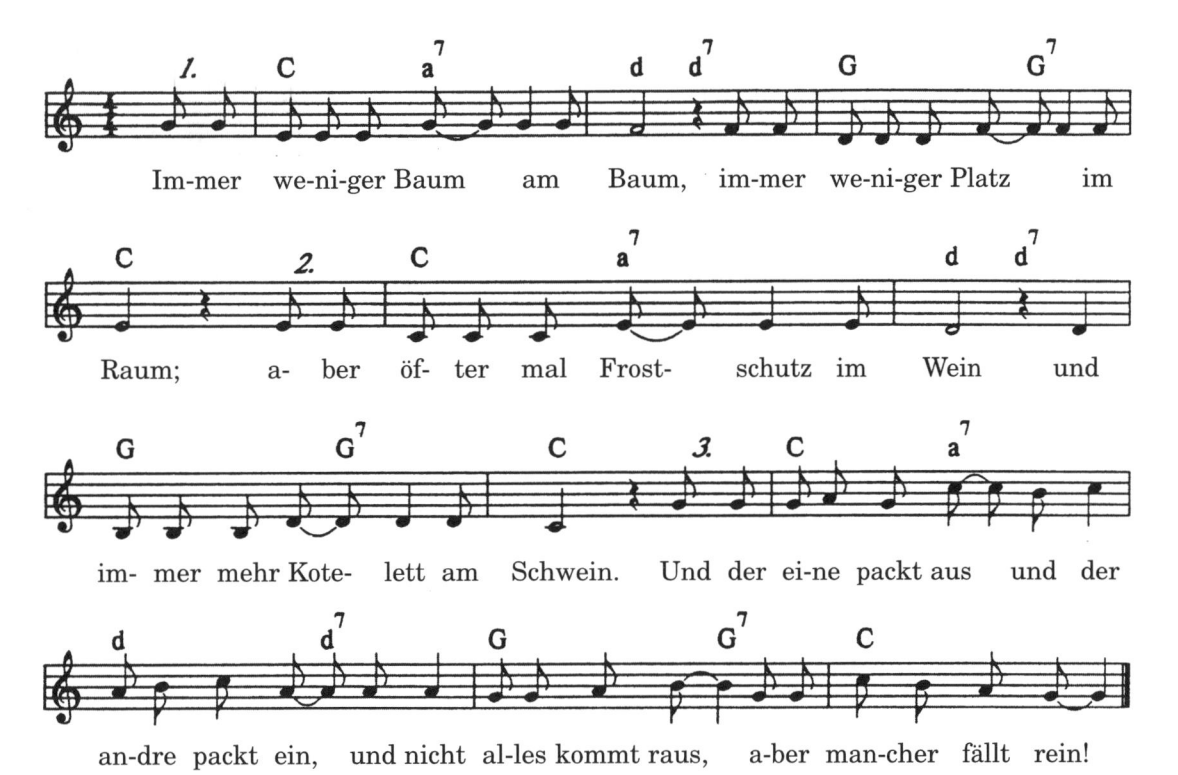

1. Immer weniger Baum am Baum, immer weniger Platz im Raum; aber öfter mal Frostschutz im Wein und immer mehr Kotelett am Schwein. Und der eine packt aus und der andre packt ein, und nicht alles kommt raus, aber mancher fällt rein!

2. Immer weniger Ich im Gesicht,
immer wen'ger mit sich selbst im Gericht;
aber immer mehr Maske im Spiel,
und immer mehr Mensch im Exil.

   Und der eine ...

3. Immer weniger Wasser im Fluss,
immer weniger Liebe im Kuss;
aber immer mehr Frische im Pack,
und immer mehr Leute auf Zack.

   Und der eine ...

4. Immer weniger Wahrheit im Wort,
immer weniger fair zum Rekord;
aber immer mehr einsam zu zweit,
und immer mehr Stille, die schreit.

   Und der eine ...

5. Immer weniger Luft in der Luft,
aber immer mehr Duft im Duft;
immer weniger Grund zum Streit,
aber immer mehr dazu bereit.

   Und der eine ...

6. Immer weniger Leben im Keim,
immer weniger Heimat daheim,
aber immer mehr Fernweh in Sicht,
und immer mehr Angst vor Verzicht

   Und der eine ...

Text und Musik: Siegfried Macht, Bayreuth

M 9a WEGE ZUM FRIEDEN MIT DER NATUR

Frieden mit der Natur bedeutet, dass das Verhalten der Menschheit gegenüber der natürlichen Mitwelt in einer über die Menschheit hinausgehenden, natürlichen Rechtsgemeinschaft verfassungsmäßig geregelt wird.

Pflanzen, Tieren und Landschaften Rechte zuzuerkennen, die ihren Interessen gerecht werden, setzt voraus, dass wir uns über diese Interessen hinreichend klar werden können. (...) Ein Huhn z. B. hat ein offenbares Interesse daran, sich artgemäß bewegen zu können, und das entsprechende Recht ist ihm sogar im heute schon geltenden Tierschutzgesetz zuerkannt worden. Dem entgegen steht das Interesse von Menschen, Eier ca. fünf Pfennige billiger als von freilaufenden Hühnern kaufen zu können. Ich habe aber noch niemanden gefunden, der mir die Frage bejaht hätte: Sind wir berechtigt, uns um einer Ersparnis von fünf Pfennigen pro Ei willen mitschuldig an der Tierquälerei in der Batteriehaltung von Hühnern zu machen?

(...) Der natürlichen Mitwelt Rechte zuzuerkennen möchte ich aber keineswegs so verstanden wissen, dass menschliche Interessen in jedem Fall hinter denen der natürlichen Mitwelt zurückzustehen hätten. Es muss erlaubt sein, menschliche Bedürfnisse um den Preis anderen Lebens geltend zu machen, sonst würden wir verhungern. Die Frage ist nur, wie weit wir damit gehen dürfen.

So schwierig es ist, hier von Fall zu Fall vertretbare Antworten zu finden, würde es aber unser Handeln bereits entscheidend verändern, dafür wenigstens eine entsprechende Rechtfertigungspflicht anzuerkennen. Wo der Rest der Welt vermeintlich nichts als für uns da ist, gibt es eine solche Pflicht nicht. Wo aber die natürliche Umwelt in ihrem Eigenwert anerkannt ist, müssen wir uns wenigstens dafür rechtfertigen, um den Preis anderen Lebens zu leben. Für die industriegesellschaftliche Zerstörung unserer Mitwelt wüsste ich zum großen Teil keine Rechtfertigung. Also hätte sie zu unterbleiben, wo die Rechtfertigungspflicht gilt (...).

Klaus Meyer-Abich, Im sozialen Frieden zum Frieden mit der Natur. In: M. Jänicke (Hrsg.), Wissen für die Umwelt, Duncker & Humblot, Berlin 1985, S. 291 ff

Aufgaben:
1. Was haltet ihr von einem Vertrag, der die »Rechte der natürlichen Mitwelt« verfassungsmäßig regelt? Diskutiert.
2. Entwerft einen Dialog, in dem ein Mensch und ein Tier eurer Wahl (oder eine Pflanze) über den Abschluss eines Rechtsvertrags miteinander verhandeln.

M 9b KANON »HERR, DU HILFST MENSCHEN UND TIEREN«

Kanon für 3 Stimmen

Herr, du hilfst Men-schen und Tie-ren, Men-schen und Tie-ren, Men-schen und Tie-ren, Hal-le-lu-ja.

Text: Ps 36,7. Musik: Siegfried Macht. Aus: Siegfried Macht. Haus aus lebendigen Steinen, Lieder für große und kleine Leute. Liederbuch und Doppel-CD, © Strube Verlag, München 1999

M 10 VERSCHIEDENE BEZIEHUNGEN ZUR NATUR

Im Jahre 1853 wurde ein großes Gebiet, das von Indianern bewohnt wurde, als Staat »Washington« den Vereinigten Staaten von Amerika eingegliedert. 1855 richtete der Häuptling Seattle, dessen Stamm der Duwamish zu den Betroffenen gehörte, eine lange Rede an den »Großen Häuptling« Franklin Pierce, der von 1853 bis 1857 Präsident der Vereinigten Staaten von Amerika war.

Einige Sätze dieser Rede zeigen besonders deutlich die Beziehung seines Volkes zur Natur:

»Jeder Teil dieser Erde ist meinem Volk heilig, jede glitzernde Tannennadel, jeder sandige Strand, jeder Nebel in den dunklen Wäldern, jede Lichtung, jedes summende Insekt ist heilig in den Gedanken und Erfahrungen meines Volkes. Der Saft, der in den Bäumen steigt, trägt die Erinnerung des roten Mannes. Die Toten der Weißen vergessen das Land ihrer Geburt, wenn sie fortgehen, um unter den Sternen zu wandeln. Unsere Toten vergessen diese wunderbare Erde nie, denn sie ist des roten Mannes Mutter. Wir sind ein Teil der Erde, und sie ist ein Teil von uns.

Die duftenden Blumen sind unsere Schwestern, die Rehe, das Pferd, der große Adler – sind unsere Brüder. Die felsigen Höhen – die saftigen Wiesen, die Körperwärme des Ponys – und des Menschen – sie alle gehören zur gleichen Familie.

Ich weiß nicht – unsere Art ist anders als die Eure. Der Anblick Eurer Städte schmerzt die Augen des roten Mannes. Vielleicht, weil der rote Mann ein Wilder ist und nicht versteht. Es gibt keine Stille in den Städten des Weißen. Keinen Ort, um das Entfalten der Blätter im Frühling zu hören oder das Summen der Insekten. Aber vielleicht nur deshalb, weil ich ein Wilder bin und nicht verstehe. Das Geklappere scheint unsere Ohren nur zu beleidigen. Was gibt es schon im Leben, wenn man nicht den einsamen Schrei des Ziegenmelkervogels hören kann oder das Gestreite der Frösche am Teich bei Nacht. Ich bin ein roter Mann und verstehe das nicht. Der Indianer mag das sanfte Geräusch des Windes, der über eine Teichfläche streicht – und den Geruch des Windes, gereinigt vom Mittagsregen oder schwer vom Duft der Kiefern.

Die Luft ist kostbar für den roten Mann – denn alle Dinge teilen denselben Atem – das Tier, der Baum, der Mensch – sie alle teilen denselben Atem. Der weiße Mann scheint die Luft, die er atmet, nicht zu bemerken, wie ein Mann, der seit vielen Tagen stirbt, ist er abgestumpft gegen den Gestank.

Aber wenn wir Euch unser Land verkaufen, dürft Ihr nicht vergessen, dass die Luft uns kostbar ist – dass die Luft ihren Geist teilt mit all dem Leben, das sie erhält. Der Wind gab unseren Vätern den ersten Atem und empfängt ihren letzten. Und der Wind muss auch unseren Kindern den Lebensgeist geben. Und wenn wir Euch unser Land verkaufen, so müsst Ihr es als etwas Besonderes und Geweihtes schätzen, als einen Ort, wo auch der weiße Mann spürt, dass der Wind süß duftet von den Wiesenblumen.

Das Ansinnen, unser Land zu kaufen, werden wir bedenken, und wenn wir uns entschließen anzunehmen, so nur unter einer Bedingung: Der weiße Mann muss die Tiere des Landes behandeln wie seine Brüder.«

M 11   »SÖHNE DER ERDE«

Der Glaube der Indianer und ihr Verhältnis zur Natur	Der Glaube der Weißen (USA 1855) und ihr Verhältnis zur Natur
»Jeder Teil dieser Erde ist heilig.«	*»Gott des technischen Fortschritts«*
⇩	⇩
Bedeutung der Natur in der indianischen Religion:	*Bedeutung der Natur in der (christlichen) Religion der Weißen:*
– Die Tiere sind »Brüder«; – Die Flüsse sind die Ahnen; – Die Erde wird als »Mutter« betrachtet.	– Forderung, sich die Erde »untertan« zu machen (vgl. 1. Mose 1,28); – Forderung, über die Tiere zu »herrschen« (vgl. 1. Mose 1,28); – »Ihr verlasst nach dem Tod diese Erde.«
⇩	⇩
Umgang mit der Natur:	*Umgang mit der Natur:*
– Tiere nur töten, um das Leben der Menschen zu erhalten; – Flüsse nicht beschmutzen; – Die Erde darf nicht »bespuckt« werden.	– Wälder werden abgeholzt, die Erde wird »bespuckt«; – Flüsse werden verschmutzt; – Tiere (z. B. Büffel) werden sinnlos getötet.

Beantworte folgende Fragen und trage ins Schaubild ein!
1. Wie gehen die Indianer/die Weißen mit der Natur (z. B. mit der Erde, mit Tieren, Flüssen und Wäldern usw.) um?
2. Welche Bedeutung hat die Natur in der indianischen Religion, welche in der christlichen Religion der Weißen?
3. Was ist in der Religion der Indianer das »Heilige«, welche Vorstellung von Gott haben die Weißen?

M 12   **NEUE JERUSALEMER ZEITUNG**

2. Nissan   im 6. Jahr des Königs Darius I.   Seite 5

Überlebenskampf der Bauern

An Herzversagen ist der Bauer Ismael letzte Woche beim Ernten der Gerste gestorben. Offensichtlich hatte er sich in sengender Hitze bei der Arbeit mit der Sichel überarbeitet. Er hinterlässt im Alter von 38 Jahren eine Frau und vier Söhne.

Bauer Ismael ist leider nicht der erste Bauer, der im letzten Jahr dem Überlebenskampf auf dem Acker zum Opfer gefallen ist. So starb Bauer Temach erst letzten Herbst beim Pflügen des Ackers, und das obwohl er sich erst kurz zuvor einen modernen Pflug zugelegt hatte (vgl. Abbildung).

Schakale fallen Kinder an

Schwere Bisswunden erlitten am gestrigen Montag zwei Geschwisterkinder, als sie beim Spielen auf offener Straße von einem Rudel wilder Schakale angefallen wurden. Augenzeugen berichten, dass die ausgehungerten Tiere sich auf die spielenden Kinder stürzten und ihnen heftige Bisswunden zufügten. Es ist nur dem beherzten Eingreifen eines Ziegenhirten zu verdanken, dass die Kinder noch gerettet werden konnten. Mit einem schweren Holzstock setzte er den beiden Schakalen so lange zu, bis sie von den Kindern abließen. Auch der Hirte wurde bei dem Kampf leicht verletzt.

Der Sprecher der Jerusalemer Stadtverwaltung führte diesen Vorfall nur das Fehlen einer intakten Stadtmauer zurück: Solange die persische Regierung nicht den Wiederaufbau der Stadtmauer erlaube, könne es immer wieder zu solchen Vorfällen kommen.

Hungersnot in Sicht?

Knapp zwei Wochen vor Beginn der Weizenernte klagen die Bauern wieder einmal über schlechtes Wachstum der Pflanzen. Die Böden sind vollkommen ausgetrocknet, die Weizenähren sind für die Jahreszeit viel zu klein. In den meisten Familien sind die Nahrungsvorräte inzwischen schon längst aufgebraucht, nachdem auch die Gerstenernte schlechter als erhofft ausgefallen war. Wenn nicht Jahwe noch ein Zeichen geschehen lässt und wenigstens die Weinlese einen guten Ertrag bringt sowie der Ernte der Sommerfrüchte, steht wahrscheinlich dem Land eine der größten Hungersnöte seit der Heimkehr aus dem Exil bevor. Viele Familien des Volks mussten bereits ihre Söhne und Töchter verpfänden, um etwas zu essen zu haben. Andere mussten ihre Felder, Weinberge und Hütten verpfänden.

Volkszählung beendet

Die Ergebnisse der neuesten Volkszählung liegen nunmehr vor. Gezählt wurden alle Einwohner Judas, von Bet-El bis En-Gedi, von Jericho bis Kefira. Danach beträgt die gesamte Volksgemeinde 42 360 Personen. Hinzu kommen noch 7 337 Knechte und Mägde sowie 200 Sänger und Sängerinnen. Zur Erinnerung: Als Mose die waffenfähigen Männer Israels nach dem Auszug aus Ägypten musterte, waren es 603 550 Mann. Als der legendäre König David sein Volk musterte, zählte er 470 000 Judäer, die mit dem Schwert kämpfen konnten.

Nach diesen Ergebnissen ist bestätigt, was viele Experten seit langem behaupten: Juda ist ein entvölkertes Land und Jerusalem eine entvölkerte Stadt. Wenn die Geburtenrate in den nächsten Jahren nicht steigt, wird es nahezu unmöglich sein, die kommenden gesellschaftlichen und wirtschaftlichen Aufgaben zu lösen.

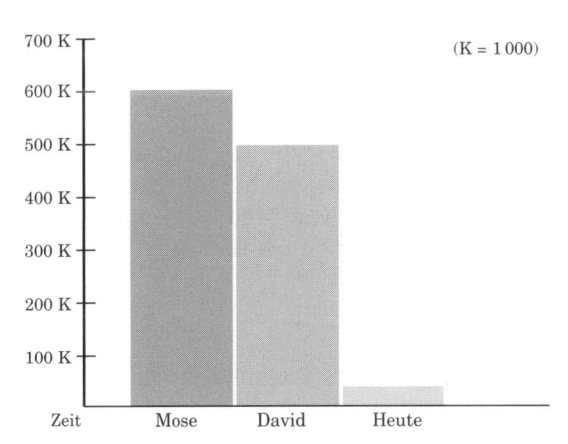

M 13 PRIESTERWORTE ZUR TEMPELEINWEIHUNG

Dreiundzwanzig Jahre, nachdem der Perserkönig Cyrus die Genehmigung zum Wiederaufbau des Tempels gegeben hat, kann nun Jahwes Heiligtum in Jerusalem eingeweiht werden. Die Ansprachen an das israelitische Volk halten die am Bau des Tempels maßgeblich beteiligten Priester Jesua und Serubbabel. Anschließend beginnen die umfangreichen klinischen Riten zur Einweihung des Heiligtums.

Zitate aus der Predigt Serubbabels:

Sechs Tage darfst du schaffen und jede Arbeit tun. Der siebte Tag ist ein Ruhetag, dem Herrn, deinem Gott geweiht. An ihm darfst du keine Arbeit tun: du, dein Sohn, deine Tochter, dein Sklave und deine Sklavin, dein Vieh und der Fremde. *(2. Mose 20,9 f)*

Sechs Jahre sollst du dein Feld besäen, sechs Jahre sollst du deinen Weinberg beschneiden und seinen Ertrag ernten. Aber im siebten Jahr soll das Land eine vollständige Sabbatruhe zur Ehre des Herrn halten. Dein Feld sollst du nicht besäen und deinen Weinberg nicht beschneiden. *(3. Mose 25,3 f)*

Von den Erstlingsfrüchten deines Ackers sollst du die besten in das Haus des Herrn, deines Gottes bringen. *(3. Mose 23,19)*

Wenn einer von euch dem Herrn von den Haustieren eine Opfergabe darbringt, könnt ihr das mit Rind und Kleinvieh tun. Ist seine Opfergabe ein Brandopfer vom Rind, so bringe er ein männliches Tier ohne Fehler dar. *(3. Mose 1,2–5)*

Das Blut irgendeines Wesens aus Fleisch dürft ihr nicht genießen, denn das Leben aller Wesen aus Fleisch ist ihr Blut. *(3. Mose 17,4)*

Einige Zitate aus der Ansprache Jesuas:

Gott segnete die Menschen und sprach zu ihnen: Seid fruchtbar und mehret euch. *(1. Mose 1,28)*

Gott sprach: Solange die Erde besteht, sollen nicht aufhören Aussaat und Ernte, Sommer und Winter, Tag und Nacht. *(1. Mose 1,28)*

Gott sprach zu den Menschen: Unterwerft euch die Erde. *(1. Mose 1,28)*

Gott sprach zu den Menschen: Herrscht über die Fische des Meeres, über die Vögel des Himmels und über alle Tiere, die sich auf dem Land regen. *(1. Mose 1,28)*

M 14   DER GLAUBE DER ISRAELITEN
UND IHR VERHÄLTNIS ZUR SCHÖPFUNG

Schwierigkeiten der Juden um 515 v. Chr.   *Worte Jesuas*   *Forderungen Serubbabels*

1.
2.
3.
4.

1.
2.
3.
4.

1.
2.
3.
4.
5.

Beantworte folgende Fragen und trage in das Schaubild ein:

1. Mit welchen Schwierigkeiten und Bedrohungen hatten die Juden um 515 v. Chr. zu kämpfen?
2. Ordne die Zitate Jesuas den jeweiligen Schwierigkeiten zu.
3. Auf welche höchste Instanz beruft sich Jesua in seinen Worten?
4. Welche Bedeutung hatten die Worte Jesuas wohl angesichts der großen Bedrohungen für die Menschen damals?

Beantworte folgende Fragen und trage ins Schaubild ein:

1. Welche Forderungen erhebt Serubbabel?
2. Auf wen beruft er sich bei diesen Forderungen?
3. Welchen Sinn hatten wohl diese Forderungen in der damaligen Zeit?

M 15a DIE »GNADENLOSEN FOLGEN DES CHRISTENTUMS«?

Der gegenwärtige Weltzustand ist durch eine weltweite Übereinstimmung grundlegender Denkformen herbeigeführt worden. Diese Übereinstimmung entstand durch die restlose Übernahme und Verinnerlichung einiger Leitvorstellungen der jüdisch-christlichen Tradition. Mit anderen Worten: Es gibt eine christliche Geschichte, an der wir alle teilhaben (...). Diese Geschichte hat segensreiche und gnadenlose Folgen.

Das Christentum hat in der Unterwerfung fremder Kulturen, in der Durchsetzung seiner eigenen Denk- und Handlungsformen, in der Beherrschung der Natur alle bisher bekannten Mächte weit übertroffen und ist dabei, diesen Sieg in der Form der sogenannten Welt-Zivilisation zu festigen. Dieser Sieg ist aber nichts anderes als die notwendige Voraussetzung für die Unglückskurve des großen Computers Erde.

Die ältesten Voraussetzungen für den totalen Sieg der christlich orientierten Menschheit, der gleichzeitig die totale planetarische Krise ist, reichen in die Vorzeit des Alten Bundes zurück – und diese ältesten Voraussetzungen sind die wirksamsten geblieben.

Der biblische Schöpfungsbericht und seine nachfolgenden Erklärungen lassen sich etwa so zusammenfassen:

Der Mensch wird an einem eigenen Tag der Schöpfung gebildet, und zwar nach Gottes Bild und Gleichnis. Dem Menschen allein ist Gottesebenbildlichkeit zugeschrieben. Keinem anderen Lebewesen, keiner anderen Kreatur, auch nicht der gesamten Harmonie des Kosmos wird dieses Privileg eingeräumt. Es wird gefolgert, dass ein tiefer Graben zwischen dem Menschen und dem Rest der Schöpfung angelegt ist; ein Graben, der nicht als Unglück empfunden wird, sondern als Ausweis der grundsätzlichen Höherwertigkeit.

Jedem möglichen Zweifel über diese absolute und totale Überlegenheit steht Gottes Auftrag entgegen. Es ist der ausdrückliche Auftrag der totalen Herrschaft. Der Mensch wird gerufen, diese Erde zu erfüllen, sie sich untertan zu machen.

Magische Auflagen sind nicht damit verbunden, d.h., es ist ihm völlig freigestellt, wie er diesen Auftrag erfüllt. Sonne und Mond sind Beleuchtungskörper, sonst nichts; Rohstoffe, Flora, Fauna sind Arsenal, über das er frei verfügt, sind Jagdterrain und Ernteacker.

Nach Carl Amery: Das Ende der Vorsehung. Die gnadenlosen Folgen des Christentums, Hamburg 1982, S. 10ff

Aufgaben:
1. Arbeitet den Text durch. Weshalb ist nach Amerys Meinung das Christentum schuld an der Umweltzerstörung?
2. Bereitet euch auf die Pro-und-contra-Diskussion vor, indem ihr weitere Argumente sammelt und Sprecher/innen für die Diskussion auswählt.

M 15b DAS CHRISTENTUM ALS ANWALT DER NATUR?

Ganze Tierarten werden ausgerottet. Vögel kommen nicht mehr zurück, weil ihre Nistplätze vernichtet sind. Auch Pflanzen und Bäume haben nicht mehr genug Luft zum Atmen, Wasser zum Trinken oder werden einfach beseitigt. Ganze Wälder, die den Menschen in der Großstadt zur Erholung dienen, werden abgeholzt, um einem noch größeren Flugzeugbetrieb oder gar Kriegsflugzeugen mit Bomben Platz zu machen. Langsam aber sicher machen wir unsere Erde kaputt, ohne Rücksicht auf die, die nach uns leben werden.

Die Bibel erhebt auch hier Einspruch. So war es nicht gemeint, sagt sie. Das Leben auf der Erde kommt nicht von selber, ist nicht einfach da wie ein Haufen Geröll, der auf einem Berghang liegt. Die Bibel erzählt, dass Gott alles *geschaffen* hat. Das ist nicht eine Aussage gegen die Naturwissenschaft, als könne man die Geschichte der Entstehung der Arten aus der Bibel ableiten – oder als wüßte ein frommer Mensch mehr über die Natur als ein Wissenschaftler. Nicht auf das Wissen kommt es hier an, sondern auf das Handeln. Wie gehen wir mit der Erde um? (...)

Ich denke, Menschen, die etwas über uns und die Erde wissen wollen – Kinder zum Beispiel – fragen: Woher kommt das alles? und: Wozu ist das alles da? Die Naturwissenschaft versucht, die erste Frage zu klären, aber für die zweite ist sie meistens taub. Das versteht sich doch von selbst, alles ist dazu da, dass wir es gebrauchen und benutzen, gerade wie es uns gefällt. Die Natur ist *Material*, das Menschen gebrauchen können. Wir sind die Herren, und die Natur gehört uns. Wir besitzen sie als ihre Eigentümer. Aber die Bibel sagt:

»Die Erde ist des Herrn und was in ihr ist.«
Psalm 24,1

Das Land gehört Gott – das bedeutet, es ist kein käuflicher Gegenstand, den man wie ein Paar Schuhe oder ein Auto möglichst preiswert erstehen kann. Man kann die Erde ja nicht wiederherstellen, sie kommt nicht aus der Fabrik, sondern von Gott. (...)

An die Schöpfung glauben, heißt zweierlei: die Erde nicht beherrschen, bezwingen, unterwerfen und ausbeuten, und es heißt, sie nicht aufteilen an die Besitzenden. Als ob alles, was ist – die Wüste, das Meer, die Tiere, die Pflanzen – jemandem gehören müsse! Wir verwalten nur, was Gott gehört, wir sind Treuhänder der Schöpfung.

Nach Dorothee Sölle: Nicht nur Ja und Amen, Rowohlt Taschenbuch, Reinbek 1983, S. 38–40

Aufgaben:
1. Arbeitet den Text durch.
   Welche Gründe nennt Dorothee Sölle dafür, dass die Bibel gegen die Zerstörung der Umwelt eintritt?
2. Bereitet euch auf die Pro-und-contra-Diskussion vor, indem ihr weitere Argumente sammelt und Sprecher/innen für die Diskussion auswählt.

M 16 — DER GOTT DER FRANZOSEN – DER GOTT DER MAURETANIER

Antoine de St. Exupéry erzählt von seinen Erfahrungen mit den Mauretaniern:

ERZÄHLER: Eines Tages vertrauten mir die Mauretanier angesichts der Sahara, die sich einsam um ihr Zelt breitet und ihnen bis an ihr Lebensende so dürftige Genüsse spendet, ihre Bedenken an:

MAURETANIER: »Weißt du, der Gott der Franzosen, der ist doch viel freigebiger für seine Franzosen als der Gott der Mauretanier für seine Mauretanier.«

ERZÄHLER: Einige Wochen zuvor hatte man sie in Savoyen herumgeführt. Ihr Führer hatte sie zu einem kräftigen Wasserfall gebracht, der wie eine geflochtene Säule herabfiel und dumpf rauschte.
Er hatte sie aufgefordert zu kosten.
Und es war süßes Wasser gewesen. Wasser! Wie viele Tagesmärsche braucht man hier, um den nächsten Brunnen zu erreichen! Wie viele Stunden lang muss man den Sand herausschippen, der ihn überweht hatte, um zu einer schlammigen Masse mit einer deutlichen Beimischung von Kamelharn zu gelangen!
Da heißt es:

MAURETANIER: »Gib mir ein wenig Wasser!«
»Ja, aber geh fein säuberlich damit um!«

ERZÄHLER: In der Wüste ist Wasser sein Gewicht in Gold wert. Der kleinste Tropfen lockt aus dem Sand den grünen Funken eines Grashalms. Wenn es irgendwo geregnet hat, belebt eine wahre Völkerwanderung die Sahara. Die Stämme ziehen dreihundert Kilometer weit, um zur Stelle zu sein, wenn das Gras wächst. Dieses Wasser nun, das hier so karg ist, von dem in Port-Etienne in zehn Jahren kein Tropfen gefallen war, das kam dort (in Savoyen) dumpf rauschend geschossen, wie wenn die Wasservorräte der ganzen Welt aus einem lecken Speicher auszulaufen drohten.
Der Führer sagte:

FÜHRER: »Gehen wir weiter!«
ERZÄHLER: Sie aber rührten sich nicht von der Stelle und baten nur:
MAURETANIER: »Noch einen Augenblick!«
ERZÄHLER: Weiter sprach keiner ein Wort. Stumm und ernst schauten sie dem Ablauf dieses erhebenden Schauspiels zu. Hier lief aus dem Bauch des Berges das Leben selbst, der heilige Lebensstoff. Der Ertrag einer Sekunde hätte ganze verschmachtende Karawanen zum Leben erweckt, die ohne ihn auf Nimmerwiedersehen in der unendlichen Weite der Salzseen und Luftspiegelungen dahingegangen waren.
Hier zeigt sich Gott sichtbar. Unmöglich war es, einfach gleich weiterzugehen.
Gott hatte die Schleusen seiner Macht geöffnet. Ehrfurchtvoll, regunglos standen die drei vor dem Wunder.

FÜHRER: »Weiter ist hier nichts zu sehen. Kommt!«
MAURETANIER: Wie müssen warten!«
FÜHRER: »Worauf denn?«
MAURETANIER: »Bis es aufhört!«
ERZÄHLER: Sie wollten die Stunde erwarten, in der Gott seine Verschwendung leid tat! Denn Gott ist geizig, er bereut schnell.
FÜHRER: »Aber dieses Wasser läuft seit tausend Jahren!«
ERZÄHLER: Während des Abends, den ich bei ihnen verbrachte, fiel kein Wort über den Wasserstrahl. Es gibt Wunder, von denen man besser schweigt. Man tut sogar besser daran, nicht zuviel an sie zu denken. Man versteht dann die Welt nicht mehr und könnte an Gott verzweifeln.
MAURETANIER: »Weißt du, der Gott der Franzosen ...«

Nach: Antoine de Saint-Exupéry, Wind, Sand und Sterne, © 1939 und 1956 Karl Rauch Verlag, Düsseldorf

M 17   DAS ERSTE BUCH MOSE (GENESIS) 1. MOSE 1–2

1. Kapitel

1,1 Am Anfang schuf Gott Himmel und Erde. *1,2* Und die Erde war wüst und leer, und es war finster auf der Tiefe; und der Geist Gottes schwebte auf dem Wasser. *1,3* Und Gott sprach: Es werde Licht! Und es ward Licht. *1,4* Und Gott sah, dass das Licht gut war. Da schied Gott das Licht von der Finsternis *1,5* und nannte das Licht Tag und die Finsternis Nacht. Da ward aus Abend und Morgen der erste Tag.

1,6 Und Gott sprach: Es werde eine Feste zwischen den Wassern, die da scheide zwischen den Wassern. *1,7* Da machte Gott die Feste und schied das Wasser unter der Feste von dem Wasser über der Feste. Und es geschah so. *1,8* Und Gott nannte die Feste Himmel. Da ward aus Abend und Morgen der zweite Tag.

1,9 Und Gott sprach: Es sammle sich das Wasser unter dem Himmel an besondere Orte, dass man das Trockene sehe. Und es geschah so. *1,10* Und Gott nannte das Trockene Erde, und die Sammlung der Wasser nannte er Meer. Und Gott sah, dass es gut war. *1,11* Und Gott sprach: Es lasse die Erde aufgehen Gras und Kraut, das Samen bringe, und fruchtbare Bäume auf Erden, die ein jeder nach seiner Art Früchte tragen, in denen ihr Same ist. Und es geschah so. *1,12* Und die Erde ließ aufgehen Gras und Kraut, das Samen bringt, ein jedes nach seiner Art, und Bäume, die da Früchte tragen, in denen ihr Same ist, ein jeder nach seiner Art. Und Gott sah, dass es gut war. *1,13* Da ward aus Abend und Morgen der dritte Tag.

1,14 Und Gott sprach: Es werden Lichter an der Feste des Himmels, die da scheiden Tag und Nacht und geben Zeichen, Zeiten, Tage und Jahre *1,15* und seien Lichter an der Feste des Himmels, dass sie scheinen auf die Erde. Und es geschah so. *1,16* Und Gott machte zwei Lichter: ein großes Licht, das den Tag regiere, und ein kleines Licht, das die Nacht regiere, dazu auch die Sterne. *1,17* Und Gott setzte sie an die Feste des Himmels, dass sie schienen auf die Erde *1,18* und den Tag und die Nacht regierten und schieden Licht und Finsternis. Und Gott sah, dass es gut war. *1,19* Da ward aus Abend und Morgen der vierte Tag.

1,20 Und Gott sprach: Es wimmle das Wasser von lebendigem Getier, und Vögel sollen fliegen auf Erden unter der Feste des Himmels. *1,21* Und Gott schuf große Walfische und alles Getier, das da lebt und webt, davon das Wasser wimmelt, ein jedes nach seiner Art, und alle gefiederten Vögel, einen jeden nach seiner Art. Und Gott sah, dass es gut war. *1,22* Und Gott segnete sie und sprach: Seid fruchtbar und mehret euch und erfüllet das Wasser im Meer, und die Vögel sollen sich mehren auf Erden. *1,23* Da ward aus Abend und Morgen der fünfte Tag.

1,24 Und Gott sprach: Die Erde bringe hervor lebendiges Getier, ein jedes nach seiner Art: Vieh, Gewürm und Tiere des Feldes, ein jedes nach seiner Art. Und es geschah so. *1,25* Und Gott machte die Tiere des Feldes, ein jedes nach seiner Art, und das Vieh nach seiner Art und alles Gewürm des Erdbodens nach seiner Art. Und Gott sah, dass es gut war. *1,26* Und Gott sprach: Lasset uns Menschen machen, ein Bild, das uns gleich sei, die da herrschen über die Fische im Meer und über die Vögel unter dem Himmel und über das Vieh und über alle Tiere des Feldes und über alles Gewürm, das auf Erden kriecht. *1,27* Und Gott schuf den Menschen zu seinem Bilde, zum Bilde Gottes schuf er ihn; und schuf sie als Mann und Weib. *1,28* Und Gott segnete sie und sprach zu ihnen: Seid fruchtbar und mehret euch und füllet die Erde und machet sie euch untertan und herrschet über die Fische im Meer und über die Vögel unter dem Himmel und über das Vieh und über alles Getier, das auf Erden kriecht. *1,29* Und Gott sprach: Sehet da, ich habe euch gegeben alle Pflanzen, die Samen bringen, auf der ganzen Erde, und alle Bäume mit Früchten, die Samen bringen, zu eurer Speise. *1,30* Aber allen Tieren auf Erden und allen Vögeln unter dem Himmel und allem Gewürm, das auf Erden lebt, habe ich alles grüne Kraut zur Nahrung gegeben. Und es geschah so. *1,31* Und Gott sah an alles, was er gemacht hatte, und siehe, es war sehr gut. Da ward aus Abend und Morgen der sechste Tag.

2. Kapitel

2,1 So wurden vollendet Himmel und Erde mit ihrem ganzen Heer. *2,2* Und so vollendete Gott am siebenten Tage seine Werke, die er machte, und ruhte am siebenten Tage von allen seinen Werken, die er gemacht hatte. *2,3* Und Gott segnete den siebenten Tag und heiligte ihn, weil er an ihm ruhte von allen seinen Werken, die Gott geschaffen und gemacht hatte.

2,4 So sind Himmel und Erde geworden, als sie geschaffen wurden.

Es war zu der Zeit, da Gott der HERR Erde und Himmel machte. *2,5* Und alle die Sträucher auf dem Felde waren noch nicht auf Erden, und all das Kraut auf dem Felde war noch nicht gewachsen; denn Gott der HERR hatte noch nicht regnen lassen auf Erden, und kein Mensch war da, der das Land bebaute; *2,6* aber ein Nebel stieg auf von der Erde und feuchtete alles Land. *2,7* Da machte Gott der HERR den Menschen aus Erde vom Acker und blies ihm den Odem des Lebens in seine Nase. Und so ward der Mensch ein lebendiges Wesen.

2,8 Und Gott der HERR pflanzte einen Garten in Eden gegen Osten hin und setzte den Menschen hinein, den er gemacht hatte. *2,9* Und Gott der HERR ließ aufwachsen aus der Erde allerlei Bäume, verlockend anzusehen und gut zu essen, und den Baum des Lebens mitten im Garten und den Baum der Erkenntnis des Guten und Bösen. *2,10* Und es ging aus von Eden ein Strom, den Garten zu bewässern, und teilte sich von da in vier Hauptarme. *2,11* Der erste heißt Pischon, der fließt um das ganze Land Hawila, und dort findet man Gold; *2,12* und das Gold des Landes ist kostbar. Auch findet man da Bedolachharz und den Edelstein Schoham. *2,13* Der zweite Strom heißt Gihon, der fließt um das ganze Land Kusch. *2,14* Der dritte Strom heißt Tigris, der fließt östlich von Assyrien. Der vierte Strom ist der Euphrat.

2,15 Und Gott der HERR nahm den Menschen und setzte ihn in den Garten Eden, dass er ihn bebaute und bewahrte. *2,16* Und Gott der HERR gebot dem Menschen und sprach: Du darfst essen von allen Bäumen im Garten, *2,17* aber von dem Baum der Erkenntnis des Guten und Bösen sollst du nicht essen; denn an dem Tage, da du von ihm issest, musst du des Todes sterben. *2,18* Und Gott der HERR sprach: Es ist nicht gut, dass der Mensch allein sei; ich will ihm eine Gehilfin machen, die um ihn sei. *2,19* Und Gott der HERR machte aus Erde alle die Tiere auf dem Felde und alle die Vögel unter dem Himmel und brachte sie zu dem Menschen, dass er sähe, wie er sie nennte; denn wie der Mensch jedes Tier nennen würde, so sollte es heißen. *2,20* Und der Mensch gab einem jeden Vieh und Vogel unter dem Himmel und Tier auf dem Felde seinen Namen; aber für den Menschen ward keine Gehilfin gefunden, die um ihn wäre. *2,21* Da ließ Gott der HERR einen tiefen Schlaf fallen auf den Menschen, und er schlief ein. Und er nahm eine seiner Rippen und schloss die Stelle mit Fleisch. *2,22* Und Gott der HERR baute ein Weib aus der Rippe, die er von dem Menschen nahm, und brachte sie zu ihm. *2,23* Da sprach der Mensch: Das ist doch Bein von meinem Bein und Fleisch von meinem Fleisch; man wird sie Männin nennen, weil sie vom Manne genommen ist. *2,24* Darum wird ein Mann seinen Vater und seine Mutter verlassen und seinem Weibe anhangen, und sie werden sein ein Fleisch. *2,25* Und sie waren beide nackt, der Mensch und sein Weib, und schämten sich nicht.

Aufgaben:
1. Unterstreiche alle Stellen, an denen Wasser vorkommt!
2. Welche Wirkungen hat das Wasser an den einzelnen Stellen für Natur, Mensch und Tiere? (+ positiv; – negativ)
3. Markiere Stellen, die für unseren Umgang mit Wasser bedeutsam sein könnten!

M 18

Ein Bär von Mann!

Diese Bohnen-Stange!

Das ist ein turbogeiler Typ!

Sie Rindvieh!

Du bist zum Kotzen!

M 19   **GRUPPENARBEIT: DAS BILD VOM MENSCHEN IN DEN SCHÖPFUNGSERZÄHLUNGEN**

GRUPPE 1

> Gott schuf den Menschen zu seinem Bilde, zum Bilde Gottes schuf er ihn und schuf sie als Mann und Frau. Und Gott segnete sie und sprach zu ihnen: Seid fruchtbar und mehret euch und füllet die Erde und machet sie euch untertan und herrschet über die Fische im Meer und über die Vögel unter dem Himmel und über das Vieh und über alles Getier, das auf Erden kriecht.
>
> *1. Mose 1,27 f*

Aufgabe:
Schreibt in eigenen Worten in die Sprechblase, was hier über den Menschen gesagt und was ihm zugetraut wird!

GRUPPE 2

> Und Gott der Herr nahm den Menschen und setzte ihn in den Garten Eden, dass er ihn bebaute und bewahrte. Und Gott der HERR gebot dem Menschen und sprach: Du darfst essen von allen Bäumen im Garten, aber von dem Baum der Erkenntnis des Guten und Bösen sollst du nicht essen; denn an dem Tage, da du von ihm issest, musst du des Todes sterben.
>
> *1. Mose 2,15*

Aufgabe:
Schreibt in eigenen Worten in die Sprechblase, was hier über den Menschen gesagt und was ihm zugetraut wird!

GRUPPE 3

> Da nahm Gott Erde,
> formte daraus den Menschen
> und blies ihm
> den Lebenshauch
> in die Nase.
> So wurde der Mensch
> lebendig.
>
> 1. Mose 2,7

Aufgabe:
Schreibt in eigenen Worten in die Sprechblase, was hier über den Menschen gesagt und was ihm zugetraut wird!

GRUPPE 4

> Herr, unser Herrscher,
> wie herrlich ist dein Name
> in allen Landen.
> Wenn ich sehe die Himmel, deiner Finger Werk, den Mond und die Sterne, die du bereitet hast:
> Was ist der Mensch, dass du seiner gedenkst, und des Menschen Kind, dass du dich seiner annimmst?
> Du hast ihn wenig niedriger gemacht als Gott, mit Ehre und Herrlichkeit hast du ihn gekrönt.
> Du hast ihn zum Herrn gemacht über deiner Hände Werk, alles hast du unter seine Füße getan:
> Schafe und Rinder allzumal, dazu auch die wilden Tiere,
> die Vögel unter dem Himmel und die Fische im Meer und alles, was die Meere durchzieht.
> HERR, unser Herrscher, wie herrlich ist dein Name in allen Landen!
>
> *(Aus Psalm 8)*

Aufgabe:
Schreibt in eigenen Worten in die Sprechblase, was hier über den Menschen gesagt und was ihm zugetraut wird!

DAS BILD VOM MENSCHEN IN DEN SCHÖPFUNGSERZÄHLUNGEN DER BIBEL

M 20

1. Und Gott der HERR nahm den Menschen und setzte ihn in den Garten Eden, dass er ihn bebaute und bewahrte. Und Gott der HERR gebot dem Menschen und sprach: Du darfst essen von allen Bäumen im Garten, aber von dem Baum der Erkenntnis des Guten und Bösen sollst du nicht essen; denn an dem Tage, da du von ihm issest, musst du des Todes sterben. (*1. Mose 2,15*)

2. Gott schuf den Menschen zu seinem Bilde, zum Bilde Gottes schuf er ihn und schuf sie als Mann und Frau. Und Gott segnete sie und sprach zu ihnen: Seid fruchtbar und mehret euch und füllet die Erde und machet sie euch untertan und herrschet über die Fische im Meer und über die Vögel unter dem Himmel und über das Vieh und über alles Getier, das auf Erden kriecht. (*1. Mose 1,27f*)

3. Da nahm Gott Erde, formte daraus den Menschen und blies ihm den Lebenshauch in die Nase. So wurde der Mensch lebendig. (*1. Mose 2,7*)

4. HERR, unser Herrscher, wie herrlich ist dein Name in allen Landen.
Wenn ich sehe die Himmel, deiner Finger Werk, den Mond und die Sterne, die du bereitet hast:
Was ist der Mensch, dass du seiner gedenkst, und des Menschen Kind, dass du dich seiner annimmst?
Du hast ihn wenig niedriger gemacht als Gott, mit Ehre und Herrlichkeit hast du ihn gekrönt.
Du hast ihn zum Herrn gemacht über deiner Hände Werk, alles hast du unter seine Füße getan:
Schafe und Rinder allzumal, dazu auch die wilden Tiere,
die Vögel unter dem Himmel und die Fische im Meer und alles, was die Meere durchzieht.
HERR, unser Herrscher, wie herrlich ist dein Name in allen Landen!
(*Aus Psalm 8*)

> Der Mensch ist Gesprächspartner Gottes und darf als dessen Repräsentant auf der Erde diese gestalten.

> Der Mensch ist ein beseelter Erdling. Gott gibt ihm das Leben.

> Der Mensch ist das höchste Wesen unter Gott mit allen dazu gehörenden Rechten und Pflichten.

> Der Mensch ist vor Gott für sein Tun verantwortlich. Bei der Gestaltung und Erhaltung der Erde hat er die Möglichkeit freier Entscheidung.

Aufgabe:
Ordne die obigen Texte den Aussagen der Sprechblasen zu! Schreibe die Zahlen in die Sprechblasen!

M 21 ALSO NACHBARN HABEN WIR!

Wir haben so richtige Spinner als Nachbarn. Eigentlich brauchten wir uns nicht zu beschweren, denn sie tun uns nichts. Aber was die sich alles so leisten, da kann man auch als Nachbar nicht immer ruhig bleiben.

Stellen sie sich nur mal vor, wie der Mann – er ist von Beruf Angestellter, ich glaube irgendwo im Büro – von der Arbeit nach Hause kommt. Normal wäre doch, dass er mit dem Auto auf den Platz vor der Garage fährt, mit seiner Aktentasche aussteigt und ins Haus geht.

Aber nein, er fährt Fahrrad. Das ginge ja noch, ist ja schließlich gesund. Aber er hat seine Aktentasche auf einem Gepäckträger vor dem Lenker, damit er auf dem extra breiten Gepäckträger hinten stets eine Kiste transportieren kann. Und nicht nur eine Kiste, sondern vor allem noch was drin – und was er da alles anschleppt!

Jeden zweiten Tag bringt er Salat- und Gemüseabfälle mit, irgendwo aus dem Müll eines Supermarktes. Er hat nämlich in dem kleinen Gärtchen hinterm Haus auch noch Hühner, die er auf diese Weise billig versorgt. Na, wer weiß, was die Familie von den Abfällen noch auf den Tisch kriegt! Und der Hühnerstall, denken Sie, das wäre ein schmales Häuschen? Weit gefehlt, den hat er aus Sperrmüll zusammengezimmert. Den Zaun ums Gehege, den hat er auch irgendwo aufgesammelt. Und wenn er nicht sein Grünzeug auslädt, dann hat er bestimmt Holz in der Kiste, weil die Frau in der Küche mit so einem altmodischen Herd wirtschaftet. Neulich meinte jemand, das wäre doch im Winter sehr gemütlich, mit Bratäpfeln und so. Na, ich weiß nicht. Das erinnert doch zu sehr an die Steinzeit. Schließlich haben wir doch ausreichend saubere Energie. Ich hab' ihn mal angesprochen, weil doch der Holzstapel auf der Terrasse etwas merkwürdig aussieht, da hat er gelächelt und etwas gefaselt, dass Primärenergie einen höheren Wirkungsgrad hätte oder so, aber das ist mir viel zu theoretisch. Er nimmt ja auch sonst ohne Bedenken moderne Technik in Anspruch.

Zum Beispiel im letzten Frühjahr, als er die alten Autoreifen anschleppte. Kein Mensch wusste, was das sollte, bis dann im Garten, der ja wirklich nicht sehr groß ist, ein Reifenturm entstand. Ja, ein kleiner Turm, Reifen auf Reifen. Und was guckt oben raus? Kartoffelpflanzen. Und jedes Mal, wenn die Pflanzen wieder etwas gewachsen waren, wurde wieder ein Reifen draufgelegt und Erde reingeschaufelt. Ein senkrechter Komposthaufen, der wie ein Misthaufen unser ganzes Viertel hässlich macht. Der reinste Schandfleck, dieser Komposthaufen!

Nicht genug damit, dass das Laub im Herbst darauf gehäuft wurde und der Rasenschnitt im Sommer, auch der Inhalt des Staubsaugers landete da und der Mist aus dem Hühnerstall, die Eierschalen und die Asche aus dem Herd. Von Zeit zu Zeit überkamen den Hausherrn wohl frühkindliche Schlammbegierden, dann wühlte er und mischte und mengte den ganzen scheußlichen Unrat durcheinander, als ob es nicht genug damit wäre, dass er seinen Müll nicht ordentlich in die Mülltonne packt, wie es die Stadtverwaltung vorgesehen hat. Es wäre so ein sauberes Leben möglich in unserer Nachbarschaft, aber er stellt sich einfach quer; ein richtiger Querkopf ist er!

Seine Mülltonne wird kaum halbvoll, es ist die reinste Platzverschwendung, wo sie doch regelmäßig geleert wird. Man sieht die Frau immer mal wieder zum Glascontainer laufen, zum Altpapierbehälter geht sie kaum, denn die Zeitungen trägt sie zu einem kleinen Laden, wo sie zum Einwickeln benutzt werden. Richtig idiotisch kommt einem das vor, als ob noch das letzte Fitzelchen Material gedreht und gewendet werden müsste, um es noch mal zu benutzen.

Leider müssen wir Nachbarn das mit ansehen, ohne etwas dagegen sagen zu dürfen. Schließlich will man es ja mit niemandem verderben.

Die jüngste Errungenschaft ist eine merkwürdige Kiste neben dem Komposthaufen, die, soweit ich das erkennen kann wohl zwei Kammern hat. In die eine schüttet die Familie Kaffeesatz, Teereste, Küchenabfälle und dergleichen. Unappetitlich. Die Kinder erzählen etwas von Regenwürmern, die darin hausen. Ekelhaft. Es ist doch wohl kein Zufall, dass die Regenwürmer unter der Erde leben, damit man die ekelhaften Dinger nicht dauernd zu Gesicht kriegt. Aber unsere Nachbarn können es wieder mal nicht lassen, diese Besserwisser, und müssen sie züchten, in einer Kiste, im Garten, vor unseren Augen. Irgendwo muss doch eine Grenze sein, oder?

Der ganze Garten ist eine einzige Provokation. Im Frühsommer gab es furchtbar viele Blattläuse, weil es so viel geregnet hatte. Für uns kein Problem, Gott sei Dank gibt es da hilfreiche Präparate, für den Menschen ganz unschädlich. Und was macht unser Nachbar? Er füllt in seine hässliche Wassertonne Brennnesseln und lässt sie im Wasser faulen. So eine Schweinerei. Und dann – er gießt mit dieser Stinkbrühe seine Pflanzen, als ob das ein Medikament wäre. So ein Spinner! Ein richtig grüner Spinner ist das!

Man merkt es ja an allem. Vor kurzem stand er mit einem Architekten auf der Terrasse – was heißt Architekt, so ein bärtiger Typ mit Sandalen war das. Sie redeten ganz ungeniert über unsere Siedlung, die vielen Doppelhäuser, die Garagen, den Verputz und die Farben. Auch die Dächer standen zur Debatte. Bestimmt hatten sie eine von den unausgereiften Ideen aufgeschnappt, mit Sonnenkollektoren und diesem Krams. Na, ich weiß nicht. Natürlich ist die Atomstrahlung nicht ungefährlich, aber unsere Kraftwerke sind doch zuverlässig und sicher.

Jedenfalls redeten sie viel von Energie frei Haus, holten einen Kompass aus der Tasche und betrachteten die Neigung des Daches. Und kurz darauf – als ob das was bringen würde – pflanzte unser Nachbar an die Südseite des Hauses zwei Weinstöcke. Man muss sich das mal vor Augen halten: mitten in der Stadt Wein, der am Haus hochranken soll. Der ganze Verputz geht zum Teufel, das einheitliche, ordentliche Bild unseres Doppelhauses ist zerstört, wir müssen vor aller Welt erklären, dass wir mit diesen Spinnern nichts gemeinsam haben.

W. Wegner

M 22 siehe S. 117

M 23 — EINE GESCHICHTE, DIE MUT MACHT

Vor langer Zeit machte ich eine Fußwanderung durch einen einsamen Höhenzug in den Alpen. Eines Tages campierte ich neben einem verlassenen Dorf. Ich hatte seit dem Vorabend kein Wasser mehr gehabt. Ich musste welches finden. Überall war die gleiche Trockenheit. Da sah ich in der Ferne eine kleine schwarze Silhouette. Es war ein Hirte. Er gab mir zu trinken aus seiner Kürbisflasche und führte mich zu seiner Hütte. Er holte kostbares Wasser aus einer sehr tiefen Zisterne.

Dieser Mann sprach wenig. Er lud mich zu sich ein. Als wir abends beieinander saßen, holte er einen kleinen Sack und schüttete einen Haufen Eicheln auf den Tisch. Er machte sich daran, sie genau zu untersuchen, indem er die guten von den schlechten trennte. Als er einen ziemlich großen Haufen guter Eicheln auf der Seite hatte, zählte er sie ab in Gruppen von zehn. Als er endlich hundert vollkommene Eicheln vor sich hatte, hörte er auf. Und wir gingen schlafen.

Am anderen Morgen trieb der Hirte die Herde aus dem Stall und führte sie auf die Weide. Vor dem Weggehen tränkte er den Sack mit den sorgfältig gewählten und ausgezählten Eicheln in einem Eimer Wasser. Ich beobachtete, dass er an der Stelle eines Steckens eine Eisenstange mitnahm, so dick wie der Daumen und ungefähr anderthalb Meter lang. Er ging den Hügel hinauf. Als er angekommen war, wo er hin wollte, begann er, seinen Eisenstab in die Erde zu stechen. So machte er ein Loch und legte eine Eichel hinein. Dann machte er es wieder zu. Er pflanzte Eichen.

Nach dem Mittagsmahl nahm er seine Arbeit wieder auf. Ich musste sehr hartnäckig gewesen sein bei meinem Ausfragen, dass er darauf antwortete. Seit drei Jahren pflanze er Bäume in der Einsamkeit. Er hatte bereits hunderttausend gepflanzt. Von den Hunderttausend hatten zwanzigtausend getrieben. Von den Zwanzigtausend, so rechnete er, werde er noch die Hälfte verlieren durch Nagetiere oder aus anderen Gründen. Es blieben also noch zehntausend, die hervorsprossen, da wo es vorher nichts gegeben hatte.

Und nun fragte ich mich, welches Alter der Mann wohl habe. Offenbar war er über fünfzig, sagte er mir. Er hieß Elzeard Bouffier. Er hatte einen Bauernhof besessen unten in der Ebene. Er verlor seinen einzigen Sohn, danach auch seine Frau. Dann zog er sich in die Einsamkeit zurück. Er hatte sich überlegt, dass diese Gegend aussterben werde aus Mangel an Bäumen. Und er fügte bei, da doch nichts Wichtiges zu tun sei, beschloss er, hier Abhilfe zu schaffen. Er studiere übrigens bereits die Aufzucht der Buchen. Neben seinem Haus hatte er eine Pflanzschule mit Buchen angelegt.

Dann kam der Krieg. Nach mehr als fünf Jahren kam ich wieder in die Gegend, in der ich den Hirten kennen gelernt hatte. Ich traf Elzeard Bouffier an. Er hatte nur noch vier Schafe, dafür aber hundert Bienenstöcke. Er hatte die Schafe abgegeben, weil sie die Baumplantage gefährdeten. Um den Krieg hatte er sich ganz und gar nicht gekümmert. Er hatte unbeirrt weitergepflanzt. Die Eichen von 1910 waren zehn Jahre alt und höher als er und ich. Auch die Buchen ragten schon bis zur Schulter. Er zeigte mir wunderbare Birkenhaine, die fünf Jahre alt waren.

Als ich in die Dörfer hinunter kam, sah ich Wasser die Bachbetten durchfließen, die seit Menschengedenken immer trocken gewesen waren. Es war die großartigste Kettenreaktion, die ich je gesehen hatte. Auch der Wind verstreute Samen. Gleichzeitig mit dem Wasser entstanden auch wieder Weiden, Wiesen, Gärten, Blumen und ein gewisser Sinn des Lebens.

Von 1920 an besuchte ich mindestens einmal jedes Jahr Elzeard Bouffier. Ich sah ihn nie gebeugt oder zweifelnd. Vielleicht hat ihn Gott selbst dazu gedrängt, die Bäume zu pflanzen. Ich sah Elzeard Bouffier zum letzten Mal im Juni 1945. Er war damals siebenundachtzig Jahre alt.

Jetzt gibt es eine Autobusverbindung vom Tal ins Gebirge. Ich stieg sorglos aus. Ich brauchte den Namen des Dorfes, um sicher zu sein, dass ich auch wirklich in dieser einstmals so verlassenen Gegend war. Ich war in Vergons. Im Jahr 1913 hatte dieser Weiler von zwölf Häusern noch drei Einwohner. Alles hatte sich verändert, sogar die Luft. Statt der trockenen und heftigen Winde, die mich einstmals empfingen, wehte ein leichtes Lüftchen voller Wohlgerüche. Ein Murmeln, ähnlich dem des Wassers, kam von den Höhen. Es war der Wind in den Wäldern. Und endlich, das Erstaunlichste, ich hörte ein richtiges Rauschen des Wassers in einem Becken. Ich sah, man hatte einen Brunnen geschaffen. Wasser gab es genug. Was mich am meisten rührte war, dass man neben ihm eine Linde gepflanzt hatte, jetzt schon kräftig, ein nicht anzuzweifelndes Symbol der Auferstehung. Die Hoffnung war zurückgekehrt und hatte die Ruinen weggeräumt, verfallene Mauerreste abgebrochen und fünf Häuser aufgebaut. Der Weiler zählte nun 28 Bewohner, darunter vier junge Haushaltungen. Es war nun ein Ort, an dem zu leben einen die Lust ankam. Die Menschen, die hier wohnten, verdanken ihr Glück Elzeard Bouffier.

Wenn ich bedenke, dass dieser einzige Mann mit seinen Kräften genügt hat, aus einer einstigen Wüste dieses »gelobte Land« erstehen zu lassen, dann finde ich, dass trotz allem das Leben des Menschen wunderbar ist. Wenn ich aber ausrechne, wie viel Beständigkeit, Seelengröße, Eifer und Selbstlosigkeit es gebraucht hat, um dieses Ergebnis zu erreichen, dann erfüllt mich eine unbegrenzte Hochachtung vor diesem alten Bauern ohne Bildung, der aber dieses Werk zu schaffen wusste, das Gott würdig ist.

Nach: Jean Giono, Der Mann mit den Bäumen, Theologischer Verlag Zürich 1981

M 24 — DIE IDEENTORTE

Ein Königreich für eine gute Idee!
Wir wollen eine Aktion durchführen, uns fehlen aber die Ideen. Gerade dann, wenn man sie am nötigsten braucht, sind sie nicht zu greifen. Dann helfen auch Erfahrung und Wissen nicht weiter – eher schon ein Spiel mit der Ideentorte.

Mit ihr könnt ihr neue Gedankenkombinationen und spontane Ideen hervorzaubern. Probiert es einmal aus, ihr habt bestimmt viel Spaß dabei, und die guten, notwendigen Ideen kommen dabei vielleicht auch.

Ihr braucht sechs unterschiedlich große Scheiben aus dicker Pappe, die ihr in der gemeinsamen Mitte mit einem Nagel auf einem Brett befestigt. Auf den einzelnen Ringen könnt ihr dann verschiedene Aktionsthemen, Aktionsarten, verwendete Medien, Zielgruppen, Zeitpunkte und Orte aufschreiben. An jedem Tortenstück könnt ihr neue Ideen ablesen. Manche Stücke ergeben keinen Sinn oder sind zu teuer, aber vieles lässt sich mit etwas Phantasie doch machen.

Habt ihr eine Aktion fast vollständig vor Augen, nur die Zeit oder der Ort passen noch nicht, dann dreht einfach an den entsprechenden Scheiben, und haltet die anderen Positionen dabei fest.

Sicher findet ihr so immer etwas, was möglich ist!

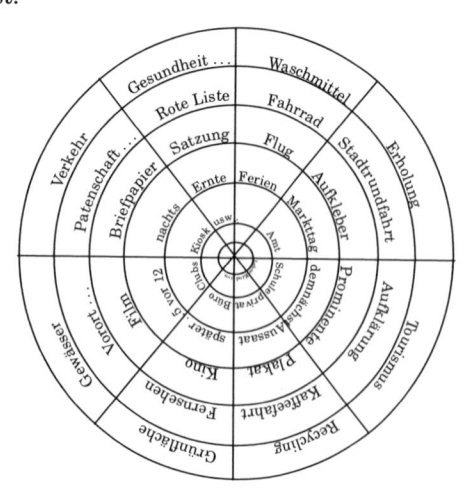

1. Ring: Aktionsthemen

Ökologie	Grünfläche	Sonnenenergie
Kernenergie	Gewässer	Forstwirtschaft
Kochen	Verkehr	Gemüse
Lärm	Gesundheit	Kräuter
Baum	Windenergie	Landwirtschaft
Umwelterziehung	Fischerei	Naturschutzgesetze
Waschmittel	Energiesparen	Auf- und Nachrüstung
Erholung	Tiere	Abgase
Biogas	Arbeitsplätze	Luft
Tourismus	Müll	Pflanzen
Recycling	Wachstum	usw.

2. Ring: Aktionsart

Fahrrad	Patenschaft	Kurzmitteilung
Stadtrundfahrt	Ökowitze	Rote Liste
Aufklärung	Vertreterbesuche	Proben
Wald, Wiesen	Umschläge	Messungen
Parkputzaktion	eigene Forschung	Musik
Studienfahrt	Kochkurs	Theater
Dokumentation	Mal- und	Öko-Disney-Land
Ökoparty mit Verkauf	Zeichenwettbewerb	Straßenmusik
Kaffeefahrt	Verkauf	Wand- und
Fernsehen	Autofreier Sonntag	Straßenmalerei
Vorort	Umweltführung	Luftballon-Wettbewerb

3. Ring: Verwendete Medien

Wandzeitung	Wundertüte	Comics
Broschüre	Fernsehen	Scherzartikel
Piktogramme	Infostand	Flugblatt
Spielzeug	Stempel	Wände bemalen
Aufkleber	Landkarten	Anleitung
Urkunden	Infomappe	Rundfunk
Türschild	Plakat	Dias
Rundbrief	Laser auf Wolken	Werbeträger
Pressemappe	Kino	Multi-Media-Show
Aufstellung	Film	Satzung
Prominente	Briefpapier	usw.

4. Ring: Zeitpunkte

Arbeitszeit	5 vor 12	Fernsehzeit
Weihnachten	Bestellzeit	immer
Markttag	Fahrzeit	Ostern
demnächst	Heizperiode	Werktag
Aussaat	Mittsommernacht	nachts
Legislaturperiode	Ferien	Ernte
Saure-Gurken-Zeit	Sonntag	Wahlkampf
Halbzeit	sofort	6. März
Schulzeit	1. April	einmal
Mahlzeit	Manöver	usw.
später	Oktoberfest	

5. Ring: Ort

Müllplatz	privat	auf der Alm
im Stadtrat	Marktplatz	im Kino
auf dem Bauernhof	Kiosk	im Laden
Vereine	in der Stadt	im Weinberg
am Arbeitsplatz	Kläranlage	Büro
Amt	Messstation	auf der Wiese
Schule	Clubs	öffentliche Anlagen
im Watt	Geschäftsstelle	usw.
zu Hause	im Wald	
am Bahnhof	Banken	

6. Ring: Zielgruppe

Arbeiter	Einzelhändler	AKW-Gegner
Schriftsteller	Fischer	Jugendliche
Studenten	Patienten	Selbständige
Landwirte	Rentner	Vereine
Beamte	Minderheiten	Mitglieder
Hausfrauen	Nichtmitglieder	Lehrer
Hausmänner	Prominente	Gewerkschaften
Gartenbesitzer	Aussteller	Verbraucher
Ökologen	Politiker	Sportler
Angestellte	Bauherren	Handwerker
Soldaten	Kinder	usw.

J. Forkel / W. Stascheit, Hauptsache es schmeckt? Verlag an der Ruhr, Mühlheim 1993

Was mir wichtig ist

Erarbeitet von Ute Dreher, Helmut Dreher, Dora Lutz, Andreas Reinert, Cornelia Schäfer.
Redaktion: Heinz-Günter Kübler

Die Einheiten »Was mir wichtig ist« und »Sich finden – sich verlieren – neu anfangen« im Zusammenhang unterrichten

Auch wenn die Darstellung der beiden Lehrplaneinheiten aus Gründen der Systematik und der inneren Logik additiv erfolgt, lassen sich die beiden Unterrichtshilfen nicht nur einzeln, sondern auch als »Gesamtpaket« unterrichten.

Das in-Beziehung-sein zu sich selbst (Individuelle Identität), zu anderen (Kollektive Identität) und zu Gott (Religiöse Identität) bildet den inhaltlichen Gesamtzusammenhang beider LPE's und stellt zugleich die zentrale Bestimmungsgröße – wie auch Entwicklungsaufgabe des Menschen dar.

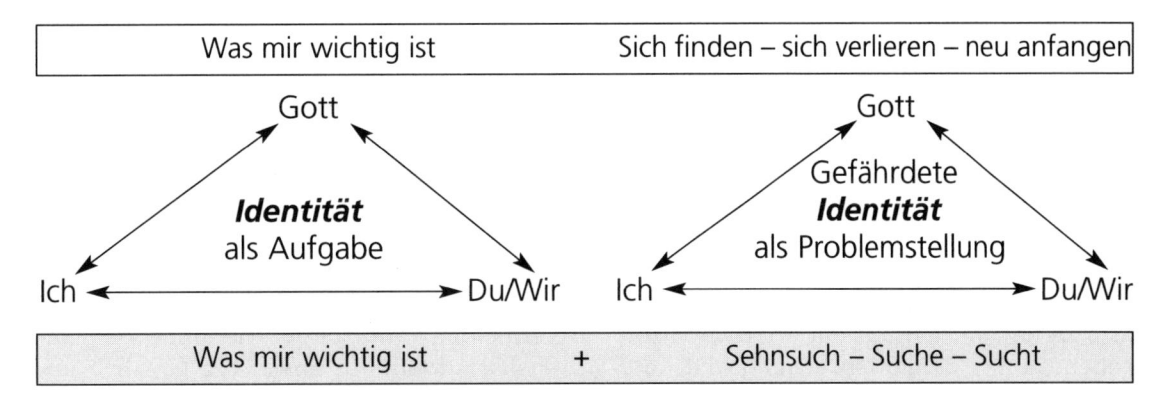

Was mir wichtig ist	Sich finden – sich verlieren – neu anfangen
Gott *Identität* als Aufgabe Ich ←——→ Du/Wir	Gott Gefährdete *Identität* als Problemstellung Ich ←——→ Du/Wir
Was mir wichtig ist +	Sehnsuch – Suche – Sucht

Theologisch-didaktische Überlegungen

Die vorliegenden Unterrichtsideen möchten deutlich machen, dass der Mensch mit dem, was ihm wichtig ist, Thema der Theologie ist, weil er als Geschöpf Gottes von Gott geliebt und gesucht wird. Vielleicht ist in Jes 43,1 am dichtesten formuliert, was diese UE leisten will: »Ich habe dich bei deinem Namen gerufen – du bist mein.« Das bedeutet: Gott will eine Beziehung zu jedem einzelnen Menschen. Natürlich »liebt uns Gott nicht deshalb, weil wir so wertvoll sind, sondern wir sind so wertvoll, weil Gott uns liebt« (H. Thielicke), und doch »geht – nach einer anderen Sentenz – kein Mensch über diese Erde, den Gott nicht liebt«. *Als Mensch ist der Mensch Thema Gottes und deshalb der Theologie.* Es lag in diesem Sinne, als Rudolf Bultmann 1925 in seinem berühmt gewordenen Aufsatz »Welchen Sinn hat es, von Gott zu reden?« in aller Schärfe bemerkte, dass »von Gott reden« offensichtlich bedeute, »von sich selbst« zu reden (Glauben und Verstehen, Bd. 1, S. 28). Dieser Zusammenhang stellt uns in eine große Freiheit und ist die Bedingung der Möglichkeit, darüber nachzudenken, was uns wirklich wichtig ist.

Menschliche Identität als Ausrichtung auf das Unverfügbare hin

Identität lässt sich dreidimensional verstehen:

- in den bestimmten Koordinaten von Raum und Zeit,
- in der Dimension der Auseinandersetzung mit einem Du und einem Wir,
- in der Auseinandersetzung mit der Dimension des Transzendenten (philosophisch ausgedrückt) bzw. im Gegenüber zu Gott (religiös ausgedrückt).

Identität ist also kein Zustand, sondern ein ständig neues Zu-Stande-Kommen. Identität ist nicht ein Haben bestimmter Eigenschaften. Identität ist ein Gespanntsein auf etwas hin. »Ich bin« antwortet auf »Ich werde sein«. »Ich bin« ist Ausdruck von »Ich werde sein«. Eine elliptische Identität mit zwei Brennpunkten, die aufeinander bezogen sind, Gott und Mensch. Im Erinnern der Bibel ist Identität immer elliptische Identität, weil jedes »Hier bin ich« der Menschen das Göttliche »Ich werde sein« Gottes mit einschließt. Nicht »Ich bin ich« steht für Identität, sondern »Ich bin, wir sind von dir her, zu dir hin, Gott: Ich will mit dir sein.« Norbert Elias nennt das Spannungsverhältnis zwischen Wir-Gefühlen und Ich-Idealen, die *Wir-Ich-Balance*. Weder die Wir- noch die Ich-Identität kann ohne ein Gegenüber entstehen: Man könnte sich nicht als Individuum von anderen Menschen unterscheiden, wenn es keine anderen Menschen gäbe. Es kann also keine Ich-Identität ohne Wir-Identität geben, und dementsprechend ist der Mensch ein soziales und individuelles Wesen zugleich.

Nach allem, was wir aus der Entwicklungspsychologie (und unserer Erfahrung) wissen, beschäftigen sich Jugendliche der 9. Klasse intensiv mit sich selbst, was sich u.a. in einer starken Konzentration auf das Aussehen äußert. Diese Suche nach dem eigenen »Ich« geht einher mit einem in hohem Maße ausgeprägten Egozentrismus, innerhalb dessen die Schüler/innen sich selbst als »Zentrum der Welt« interpretieren und ihre Umwelt nach ihrem eigenen Maßstab beurteilen. Dieser Radikalität der Beurteilung ihrer Umwelt entspricht eine große Verunsicherung im soziologischen Kontext unserer Gesellschaft (vgl. U. Beck, Risikogesellschaft, 1986), deren globale Gefährdungen und private/familiäre Krisen (Umzüge, Scheidungen …) ein großes Unsicherheits-, ja Ohnmachtsgefühl zurücklassen. Erwachsene, insbesondere Lehrer/innen, sind wichtige »Vorbilder« für Jugendliche in dieser Entwicklungsphase.

Die UE kommt diesem Empfinden entgegen, indem sie bei den Interessen der Jugendlichen ansetzt und diese in den Mittelpunkt der Aufmerksamkeit rückt. Thematisiert wird, was den Jugendlichen wichtig ist. Andererseits könnte das – sollte ein vertrauensvolles Verhältnis zwischen Schüler/innen und Lehrer/innen nicht bestehen – von den Jugendlichen als Versuch verstanden werden, in ihre ansonsten vor den Erwachsenen gut gehütete Welt einzudringen.

Die folgenden Unterrichtsbausteine ermöglichen es den Schüler/innen, sich selbst im Gegenüber zu anderen und im Miteinander kennen zu lernen, sich dabei selbst zu finden und schließlich herauszufinden, was (lebens-)wichtig und was unwichtig ist.

»Die Lehrplaneinheit setzt ein vertrauensvolles Verhältnis der Jugendlichen untereinander und zur Lehrkraft voraus«. Diese Lehrplanvorgabe ist unbedingt zu beachten. Einzelne Elemente dieser UE dringen ausgesprochen weit in den Persönlichkeits-, ja den Intimbereich der Schüler/innen, aber auch der Lehrer/innen vor, sodass nur ein sehr behutsamer Respekt vor dem Gegenüber schwere Verletzungen vermeiden kann. Ohne eine solide Vertrauensbasis kann ein ansonsten gänzlich unbelastetes Verhältnisses zwischen den Schüler/innen, aber auch zwischen den Schüler/innen einerseits und den Lehrer/innen andererseits nachhaltig beeinträchtigt oder gar zerstört werden.

Die UE im Lehrplan
HS 9.8 W; RS 10.3 W; GY 9.5.1 WP

- Wir behandeln die beiden zunächst genannten Lehrinhalte des Lehrplans (»Was mir wichtig ist« und »Wenn ich mit mir allein bin«) unter dem Oberbegriff »Individuelle Identität«.
- In ihrer Zuspitzung auf die Individualität jedes Einzelnen übersieht die Lehrplanvorgabe u. E., dass das »Wir« in dieser Entwicklungsphase der Jugendlichen ebenfalls eine große Rolle spielt. So wichtig es ist, der Individualität von Schüler/innen Raum zu geben (»Indivi-

duelle Identität«), so wenig darf übersehen werden, dass Gruppen- und Zuordnungsprozesse eine ebenfalls zentrale Bedeutung haben. Wir haben die Lehrplanvorgabe deshalb hinsichtlich dieser Problemstellung erweitert und einen Abschnitt »Kollektive Identität« eingefügt, was der Differenziertheit der UE sicher nicht schadet. Dies entspricht auch der Zuordnung dieser UE zum Thema 2 des Fächerverbindenden Unterrichts der Klasse 9 Gymnasium (»Jugendkulturen«), das sich ebenfalls nicht auf die Individualität von Jugendlichen beschränkt, sondern die Kollektivität Jugendlicher mitbedenkt.

☐ Sodann haben wir den an dritter Stelle genannten Lehrinhalt »Religion hat mit mir selbst zu tun« etwas umformuliert und analog zu den vorangegangenen Abschnitten »Religiöse Identität« benannt. Darin können die Schüler/innen darüber nachdenken, was ihnen an Gott besonders wichtig ist bzw. wie sie sich Gott vorstellen.

Die Unterrichtseinheit gliedert sich in folgende Aspekte:

■ INDIVIDUELLE IDENTITÄT: ICH
☐ Was mir wichtig ist
☐ Was mir wichtig ist: Schüler/innen gestalten den Unterricht
☐ Wer ich bin – wie ich mich sehe
☐ Wer ich bin – ich bin einmalig. Ich bin wertvoll

■ KOLLEKTIVE IDENTITÄT: WIR
☐ Was mir an anderen wichtig ist. Wie wir uns sehen – was wir uns wünschen

■ RELIGIÖSE IDENTITÄT: GOTT
☐ Was mir an Gott wichtig ist – Hoffnung, Lebenszuversicht und Orientierung aus dem Glauben gewinnen
☐ Wie mir Gott begegnen soll: Gottesbilder/Jesusbilder
☐ Was anderen an Gott wichtig ist

Literatur

FÜR DIE HAND DER LEHRER/INNEN

Beck, U.: Risikogesellschaft, 1986.
IRP Unterrichtsmodelle und Information, Freiburg 1983, Thema zur Sinnfrage im RU.
Tömmes, A.: Ein Selbsterfahrungsspiel für Jugendliche, Fußspuren 1994.
Zeitschrift für Religionsunterricht und Lebenskunde, RL 1/97, Thema Zukunft.

SCHUL- UND VORLESEBÜCHER

Das neue Kursbuch Religion 9/10, Frankfurt/M. u. Stuttgart 1988.
Kursbuch Religion 2000, Arbeitsbuch für den Religionsunterricht im 9./10. Schuljahr, Frankfurt/M. u. Stuttgart 1999.
Kursbuch Religion 9/10, Frankfurt/M. u. Stuttgart 1979.
SpurenLesen, Religionsbuch für die 9./10. Klasse, Leipzig u. Stuttgart 1999.

AV-Medien

Videos:
Film aus der Reihe Kontakte: Wo einer steht, Fragen nach dem Sinn (45 Min.), Fernsehproduktion Tellux- Film GmbH München.
Dekalog, Zehn, VHS 430.
In And Out, VHS 280.
Quest, VHS 641.
Silent love, VHS 362.
Stilles Glück, VHS 525.

Filme:
Dietrich Bonhoeffer – Nachfolge und Kreuz, Widerstand und Galgen. Dokumentarfilm, Deutschland 1986. *Der Film zeigt Stationen von Bonhoeffers Leben bis hin zu seiner Hinrichtung im KZ Flossenburg.*
Dom Helder Camara, 30 Min., Deutschland 1970.
Abbe Pierre, 29 Min., Deutschland 1986. *Der französische Priester Abbe Pierre hat, beeindruckt vom Leben Franz von Assisis, sein Leben den Armen und Notleidenden verschrieben.*
Albert Schweitzer in seinem Urwaldhospital, 25 Min., USA 1965.

THEMATISCHE ASPEKTE UND BAUSTEINE

Was mir wichtig ist

Den Sch. soll die Möglichkeit geboten werden, ihre außerschulische Lebenswirklichkeit zum Gegenstand unterrichtlicher Kommunikation zu machen und den Unterricht selbst zu gestalten.
Einführung in die neue Thematik, TA: »Was mir wichtig ist«. Novum: Sch. bereiten den RU selbst vor und haben die Chance, die gegebene Zeit mit Themen, die ihnen wichtig sind, zu füllen.
Hinweis: Auf die Ernsthaftigkeit der UE (kein Zeitvertreib) achten. Sie muss gut organisiert sein.

■ *Einen Wochenplan erstellen*
Einstieg/Erarbeitung: Die Sch. füllen den Wochenplan (**M 1**) aus: Wie verbringe ich meine Zeit? Fremdbestimmte Zeit rot, freie Zeit grün kennzeichnen. Überlegen: was ist mir wichtig?
Auswertung: Wieviel Freizeit habt ihr? Wie verbringe ich meine Woche? Wieviel freie Zeit habe ich tatsächlich? Was ist fremdbestimmte Zeit? Was ist Freizeit? Was ist mir am wichtigsten?
Ergebnis: Die Sch. sollen erkennen, dass nur etwa $1/6$ ihrer Zeit »Freizeit« genannt werden kann.

■ *Erfahrungsaustausch in Kleingruppen*
Die Sch. tauschen sich in GA darüber aus, was sie in ihrer Freizeit machen, was ihnen besonders wichtig ist und wofür sie sich engagieren.
Erarbeitung: Die Sch. planen allein oder in Interessengruppen eine Unterrichtsstunde darüber »was ihnen wichtig« ist (insgesamt eine, höchstens zwei Unterrichtsstunden dafür vorsehen). Für die Erarbeitung dieses Unterrichtsschritts kann **M 2a** eine Hilfe sein (mit Hinweisen auf die nötige Ernsthaftigkeit, organisatorischen Tipps und dem Gebot der Toleranz und des gegenseitigen Respekts vor den Interessen der anderen).
Jede/r Sch. oder die Gruppe überlegt, wie sie »ihr« Thema (»was mir/uns wichtig ist«) den anderen vorstellen (mit Hilfestellung von L. und unter Verwendung von **M 2a**).
Hinweis: Niemanden gegen dessen Willen einer bestimmten Gruppe zuweisen.

■ *Einen Zeitplan erstellen: Organisation: Wer gestaltet den Unterricht wann?*
Gemeinsam wird ein Zeitplan erstellt, in den die Einzelnen oder Kleingruppen ihre Themen eintragen können (**M 2b**). Dieser Zeitplan dient den Sch. zur Orientierung. Die genannten Termine sind verpflichtend.
Hinweise:
– Es wird immer vorkommen, dass Sch. wegen Krankheit o.ä. den Zeitplan nicht einhalten können und Termine verschieben müssen. Für diesen Fall empfiehlt es sich, das Spiel »empathie« (früher: SENSIS) dabeizuhaben und mit selbst formulierten Fragen die Kreativität, das Interesse an den Mitschüler/innen und das Einfühlungsvermögen der Sch. anzuregen.
– Mögliche Themen, die von Schüler/innen genannt werden, sind:
Graffiti, Sport (Tennis, Reiten, Fußball ...), (Lieblings-) Musik (CD's), Filme (Videos), Bücher, Fotos, Reiseerlebnisse, Modellbau, Computer, Meditation, Rassismus, Witz und Comedy, Mofa.

Was mir wichtig ist – Schüler/innen gestalten den Unterricht

Anliegen, Interessen und Hobbys der Sch. werden ernst genommen. Den Sch. werden Zeit und Platz eingeräumt, das, was ihnen wichtig ist, vorzustellen. Die Mitsch. erleben einander evtl. ganz neu.

■ *Die Sch. präsentieren »ihr« Thema*
Wichtig: Die Präsentation orientiert sich an dem in **M 2b** erarbeiteten Terminplan. Sch. können sich zu Gruppen zusammenschließen und gemeinsam ein Interessengebiet darbieten. In der Regel werden die Sch. aber einzeln ihre Themen vorstellen. Sollte ein/e Sch. oder eine Schülergruppe mehr Zeit benötigen, kann man gegebenenfalls eine ganze Stunde zur Verfügung stellen.
Nach Möglichkeit sollten alle Präsentationen enthalten:
1. Eine Einführung in das Interessengebiet / den Gegenstand
2. Die Darstellung selber / die Aktion ...
3. Eine Auswertung / Diskussion zum Thema / Aktion
Anmerkung: Alle Präsentationen werden nach Möglichkeit dokumentiert, entweder von L. oder (besser) vom Sch. Es ist möglich, diese Dokumentationen zu einer Ausstellung zusammenzustellen oder einen Reader über diese UE anzufertigen, der dann den gesamten Stoff enthält – eine Erinnerung an die Schulzeit in späteren Zeiten.

■ *Einstiegs-Alternative 1: Entwurf eines persönlichen Logos*
Sch. stellen sich selbst zu Beginn des Schuljahres mit einem typischen Symbol vor.
Dafür werden geviertelte DIN A4 Overheadfolien und bunte Folienstifte verteilt. Ihre im Logo zum Ausdruck kommende »Lebensmitte« erzeugt bei den Sch. Staunen darüber, womit sie sich selbst identifizieren und von anderen gern wiedererkannt werden wollen.

■ *Einstiegs-Alternative 2: Erstellen einer autobiographischen Foto-Collage*
☐ Der Akzent liegt hierbei nicht auf der Darstellung einer lückenlosen Foto-Biographie, sondern auf einschneidenden Erlebnissen und Phasen im Leben der Jugendlichen, die besonders prägend waren. Solche Fotos werden gesammelt und auf DIN A2-Kartons individuell angeordnet. Die Sch. werden zudem ermutigt, mit Menschen, die ihnen wichtig geworden sind (Eltern, Großeltern, Freund/Freundin, Lehrer/in, Pfarrer/in) Gespräche zu suchen und sie nach der eigenen Persönlichkeitsentwicklung zu befragen. Zur Collage wird eine Lebensgeschichte (ein bis zwei DIN A4-Seiten) verfasst, die das Zustandekommen der Collage und das auf ihr abgebildete Leben beschreibt und deutet.
☐ Sch. präsentieren ihre Arbeit, indem sie ein herausragendes Erlebnis bzw. eine herausragende Lebensphase aus ihrer Collage auswählen und den Mitsch. vorstellen. Dazu kann ein vergrößertes Foto, ein Rollenspiel, ein musikalischer Beitrag die eigene Vorstellung und Selbsteinschätzung vor der Klasse veranschaulichen. Eine Eingrenzung der Präsentation auf ein bis zwei Fragestellungen (z. B.: Wie schätze ich mich selbst ein? Wie schätzt mich vermutlich der Großteil der Klasse ein?) und ein zeitliches Limit von ca. 10 Min. helfen den Sch., sich vorzubereiten.
Danach erhält jede/r Sch. ein Klassen-Feedback. Alle oder einzelne Sch. können sich nacheinander dem Mitschüler oder der Mitschülerin gegenüber hinsetzen und Folgendes mitteilen: An deiner Selbstdarstellung gefiel mir, dass ... Ich erlebe dich aber immer (ganz) anders, wenn du ...
☐ Im Anschluss daran kann der Versuch gewagt werden, die eigene Lebensgeschichte unter Rückbezug auf biblische Lebensgeschichten oder biblische Themen zu besprechen. Dies kann über Lebensgeschichten biblischer Gestalten (Josef, König David, Jesus, Paulus usw.) gelingen, indem mit den Jugendlichen Parallelerfahrungen gesucht werden. Die Geschwister- und Elternkonflikte von Josef und König David bieten ebenfalls viele Anknüpfungspunkte für heutige Erfahrungen von Jugendlichen, ebenso die Geschichte des zwölfjährigen Jesus im Tempel (Lk 2,61 f).

Wer ich bin – wie ich mich sehe

Sch. reflektieren über ihre Individualität. Dabei bedenken sie ihre Vorstellungen, Hoffnungen und Träume von einem glücklichen Leben.

■ *Die Welt aus der Sicht des Kükens*
Zeichnung des Kükens (**M 3**) austeilen.
Sammlung der verschiedenen Möglichkeiten. In der Regel werden zwei Möglichkeiten gefunden. Die positive: das Küken bleibt draußen. Oder die negative: das Küken besieht sich die Welt und schlüpft dann wieder in das Ei zurück.
Sch. reflektieren über ihre eigene Weltsicht.
Am Tageslichtprojektor zeigt L. eine Lösung auf der vorbereiteten Folie mit den beiden Möglichkeiten. – Aha-Erlebnisse zulassen – dann die dritte Möglichkeit präsentieren.

■ *Traumreise mit meditativer Musik*
Sch. reflektieren über Wunschvorstellungen
☐ *Arbeitsauftrag*: Lies das Gedicht »Radwechsel« von Bertolt Brecht (**M 4**) und beantworte ganz für dich folgende Fragen:
 1. Bist du gern dort, wo du bist?
 2. Wo willst du hin?
 3. Wer bist du?
☐ *Vertiefung*: Aussprache
 – über das Gedicht
 – über Traumvorstellungen, Wünsche, Ängste, Strategien der Wirklichkeitsbewältigung
 – über den eigenen zukünftigen Lebensweg
 – über ...

Wer ich bin – ich bin einmalig. Ich bin wertvoll

Sch. reflektieren über ihre Einzigartigkeit und den Wert ihres Daseins. Sie sollen sich von Gott angenommen wissen, so wie sie sind. Sie sollen gerade darin ihre Kraft finden, mit ihren Stärken und Schwächen umzugehen. Sie sollen Mut schöpfen, in einer Zeit des inneren Umbruchs an sich zu arbeiten und sich ihren eigenen Lebensentwurf zurechtzulegen.

■ *»Ich bin eine Sehenswürdigkeit, made by God«*
Einstieg: Stummer Impuls: »Ich bin eine Sehenswürdigkeit, made by God« (**M 5**: Folie).
Kommentare der Sch. sammeln; evtl. zu Kommentaren und Rückfragen provozieren; kleines UG ermöglichen.

■ *»Ich bin da«*
Erarbeitung des Textes: »Ich bin da« (**M 6**).
☐ Sch. wird Text ausgeteilt und von einem Sch. vorgelesen. Sch. versuchen »ihre« Originalität zu formulieren.
☐ Anschließend versucht jede/r Sch. auf einem Zettel aufzuschreiben: »Was ist an mir einzigartig?«
☐ Auswertung der gefundenen Antworten durch Vorlesen und Dokumentation auf Wandzeitung (Zettel aufkleben) – Wandzeitung, Stifte und Klebstoff.
☐ Anonyme Ergebnissicherung.

■ *Fingerabdruck*
Vertiefung: Bei dieser Auswertung ist es wahrscheinlich, dass auch die Fingerabdrücke als besonderes Merkmal eines jeden Menschen angesprochen werden. Ein Fingerabdruck (in: Unterrichtsideen Religion 7, 1. Halbband, S. 184) kann auf Folie kopiert und mit dem OHP projiziert werden; auf das Bild im Fingerabdruck achten.

■ *Lied »Ich bin nicht irgendwer ...«* (**M 7**)
Fakultativ, sofern die Klasse gerne singt.

■ *Was ist ein Mensch wert?*
Erarbeitung: Ich bin wertvoll – Was ist ein Mensch wert? (**M 8**)
Gemeinsames Lesen: Was ist ein Mensch wert?
Auswertung: UG: Was macht einen Menschen wertvoll? – Sch. reflektieren über den Wert eines Menschen

■ *Wer ich bin – Ich bin einmalig – Ich bin wertvoll*
Sch. reflektieren über ihre Einzigartigkeit und den Wert ihres Daseins anhand eines Rollenspiels.
Einstieg: Erklärung des Rollenspiels »Raumschiff Enterprise in Not« (**M 9**).
Ziel des Rollenspiels: Im Rollenspiel soll eine Situation simuliert werden, in der die Besatzung des Raumschiffs entscheiden muss, ob das Leben zweier in Gefahr geratener Personen das Risiko der Opferung mehrerer Hundert Personen rechtfertigt. Sch. sollen versuchen, spielerisch den Wert eines Menschen einzuschätzen, und sich in die Lage der in Not Geratenen versetzen.
Erarbeitung: Gemeinsames Lesen der Personen- und der Situationsbeschreibung. Anschließend Rollenverteilung: Wer mitspielt, erhält keine Rollenbeschreibung. Die »Besatzung« zieht sich zur fünfminütigen Beratung zurück. Die anderen Sch. bekommen Beobachtungsaufgaben:
– Wie verhalten sich die einzelnen Besatzungsmitglieder?
– Argumente für und wider sammeln und schriftlich festhalten.
Aufführung des Spiels.
Auswertung/Ergebnissicherung: Das Spiel wird analysiert und die Argumente pro und contra auf der Tafel festgehalten.
UG über folgende Leitfragen:
– Wie wäre es mir ergangen, wenn ich zu den beiden in Gefahr Geratenen gehört hätte?
– Ist das Leben der Besatzung »mehr wert« als das Leben der zwei Bedrohten?
Sch. versuchen sich in die Situation der in Gefahr Geratenen zu versetzen.
Bei dieser Diskussion kann ein Zitat Helmut Thielickes (**M 10**) vorgelegt werden, über das gemeinsam nachgedacht wird.

Was mir an anderen wichtig ist.
Wie wir uns sehen – was wir uns wünschen

Im Unterscheiden von Selbst- und Fremdeinschätzung lernen die Sch. mit Verhaltensweisen und dem Urteil anderer über sich umzugehen. Sie erkennen, dass die Gemeinschaft mit anderen Hilfe zur Selbstfindung bietet.

■ *Spiel: »empathie«*
Die Sch. befragen sich gegenseitig über das, was ihnen wichtig ist.
Einstieg: Jede/r Sch. schreibt auf ein Blatt Papier 5 Fragen auf, die ihn an anderen interessieren. Außerdem schreibt jede/r Schl. einen kleinen Zettel mit »Ja« und »Nein«.
Spiel: Im Stuhlkreis sitzend befragt nun ein Sch. einen anderen Sch. mit einer von ihm erstellten Frage. Die anderen Sch. sollen nun einschätzen, wie der/die Befragte antworten wird und die entsprechende Ja- oder Nein-Karte hochhalten. Anschließend zeigt der befragte Sch. seine eigene Antwort. Dann ist er an der Reihe zu fragen.
Ziel: Die Sch. sollen sich in andere Schüler/innen »hineinfühlen« und einzuschätzen versuchen, wie die befragten Sch. antworten werden, d. h. ihr Empathie-Gefühl soll so gestärkt werden.

Die folgenden Möglichkeiten sollten alternativ angewendet werden:

■ *Möglichkeit 1*
Erarbeitung: »Was ich an anderen toll finde«.
Sch. schreiben sich gegenseitig auf am Rücken befestigte Zettel (am besten Karton), was sie am anderen gut finden. Wichtig: nur Positives darf geschrieben werden!
Ziel: Möglichkeit 1 versetzt Sch. in die Lage, zunächst mit dem Positiven zu beginnen, um dann auf das noch zu Erstrebende umzusteigen
Vertiefung: UG: Was wir aneinander toll finden!
Ergebnissicherung: TA: Tabelle; 1. Spalte: »Was wir aneinander toll finden«
Die Ergebnisse werden an der Tafel zusammengetragen, indem die einzelnen Zettel an der Tafel (TA – Tesakreppstreifen) einander zugeordnet werden (ähnliche Wünsche kulminieren)
Erarbeitung: »Wie wir gerne wären«.
Die Sch. überlegen für sich (in Einzelarbeit), wie sie gerne wären.
Ergebnissicherung: TA: Tabelle; 2. Spalte: »Wie wir gerne wären« (Als TA festhalten!)

■ *Möglichkeit 2*
Erarbeitung: Aktion »Gute Fee«.
Eine Fee erscheint und stellt drei Wünsche frei: Sch. können sich für die Klasse drei Dinge wünschen.
Vertiefung: TA: »Wie wir uns unsere Klasse wünschen«.
Die Ergebnisse werden an der Tafel zusammengetragen, indem die einzelnen Zettel an der Tafel einander zugeordnet werden (sich entsprechende Wünsche kulminieren) (TA – Tesakreppstreifen).
Vertiefung: »Wunsch-Olympiade«. Hierarchie der Wünsche einführen. Diskussion darüber.
Ergebnissicherung: Die Hierarchie als TA festhalten.

■ *Möglichkeit 3*
Erarbeitung: »Metaplan-Technik«.
Thema: »Klassengemeinschaft« / »Unsere Klasse«.
Zunächst erklären, dann Sch. erarbeiten lassen.
Motto: »Was ich im Hinblick auf unsere Klasse wichtig finde«.
Möglichkeit 2 und 3 versetzen die Sch. in die Lage, sich in Ruhe darüber Gedanken zu machen, welche Konflikte in der Klasse stecken und wie sie evtl. gelöst werden könnten. Unterschiedliche Zielsetzungen einzelner Sch. werden dadurch deutlich; es besteht die Möglichkeit, diese zu thematisieren.

Was mir an Gott wichtig ist – Hoffnung, Lebenszuversicht und Orientierung aus dem Glauben gewinnen

In der Auseinandersetzung mit der eigenen Individualität entdecken und erfahren die Sch. Religiösität als innere Tiefendimension eines jeden Menschen. Sie reflektieren Alltagssituationen und Erlebnisse, in denen sich die Frage nach dem Sinn stellt. Der Glaube will Jugendliche ermutigen, nach dem Sinn ihres Lebens zu suchen, und zeigt Wege dazu auf.

■ *Sch. formulieren ihre Gottesvorstellungen und tauschen sich dazu aus*
Einstieg: »Was mir an Gott wichtig ist«. Das Ziel der Stunde erklären.
Erarbeitung: De Deo – aus Schülerperspektive:
Nach dem Muster, das Robert Schuster mit »Was sie glauben« vorgelegt hat, formulieren die Sch. (anonym) ihre Gottesvorstellungen (schöne [farbige] Einzelblätter verwenden).
Die Gottesvorstellungen werden vom L. eingesammelt und gelesen. Sie werden dann »geordnet« nach bestimmten, wiederkehrenden Vorstellungen und auf einem Materialblatt in der nächsten Stunde ausgeteilt (wichtige Sätze als [anonyme] Zitate anführen).
Die nächste Stunde könnte darin bestehen, die verschiedenen Gottesvorstellungen wahrzunehmen und zu diskutieren. Ergänzend (und kontrastierend) könnten sie mit biblischen Gottesbildern konfrontiert werden.

Wie mir Gott begegnen soll: Gottesbilder/Jesusbilder

Sch. setzen sich mit Gottesbildern der Bibel oder mit Jesusbildern auseinander. Die beiden vorgeschlagenen Möglichkeiten sind alternativ einzusetzen.

■ *Gottesbilder*
Motto: »In welchem biblischen Text kann ich Gott am besten verstehen?«
☐ Sch. wählen sich aus vorgegebenen Bibelstellen (TA) einen Text aus und reflektieren das darin zum Ausdruck kommende Gottesbild. Mögliche Aufgabenstellungen (TA):
   – An diesem Gottesbild beeindruckt mich besonders, dass Gott ...
   – Mit diesem Bild von Gott bin ich absolut nicht einverstanden, weil ...
☐ Mögliche Bibeltexte sind:
   – Psalm 104: Der schöpferische Gott
   – Römer 8,31.35–39: Der uns nahe Gott
   – Markus 15,20–41: Der mitleidende Gott
   – Psalm 88: Der ferne Gott
   – Matthäus 25,31–48: Der richtende Gott
   – Psalm 23: Der fürsorgende Gott

Möglichkeit 1 bietet die Chance, Gott evtl. von einer ganz neuen Seite kennen zu lernen und sich dadurch evtl. in seinem eigenen Gottesbild infrage stellen zu lassen.
Vertiefung durch TA: Sammlung der Gottesbilder
Ergebnissicherung in einer Tabelle: Text / Gottesbild / Kritik / Würdigung
Vertiefung in einer UG: Diskussion über besondere Aspekte einzelner Gottesbilder

■ *Jesusbilder*
Einstieg: L. legt entweder Jesusbilder aus (z. B. Postkarten) oder verwendet **M 11**. Sch. suchen sich ein Jesusbild aus, das sie besonders positiv oder negativ anspricht.
☐ Mögliche Jesusbilder sind:
   – Revolutionärer Jesus
   – Schwarzer Jesus
   – Heiland
   – Guter Hirte
   – Pantokrator
   – Ecce homo (z. B. von Lovis Corinth)

Möglichkeit 2 bietet die Chance, über eine Klärung des eigenen Jesusbildes eine Vorstellung von Gott zu bekommen.
Erarbeitung: Sch. versuchen zu erklären, warum sie ein bestimmtes Bild ausgesucht haben. Dabei Rückfragen ermöglichen.
Ergebnissicherung im TA: »Jesusbilder« in Form einer Tabelle: Jesusbild / Kritik / Würdigung.

Was anderen an Gott wichtig ist

Beispielhaft lebende Christen und ihr Engagement kennen und schätzen lernen.

■ *Albert Schweitzer*
Ziel: Sch. setzen sich mit Persönlichkeiten auseinander, deren Leben von Gott bestimmt war.
Diese Unterrichtsstunde bietet die Möglichkeit, dass die Sch. die Relevanz von Gottesbildern für einzelne Biografien erkennen. Sie entdecken, dass Gott nicht eine ferne Größe bleiben muss, sondern im Leben von Menschen konkrete Bedeutung erlangen kann. Die Frage danach, ob Gott in ihrem eigenen Leben eine Rolle spielt, wird nicht ausbleiben.

Die folgenden Möglichkeiten sind alternativ einzusetzen:
- □ UG: »Was ich erreicht haben will, wenn ich 30 bin.« – Die Sch. überlegen, welche persönlichen Ziele sie mit 30 Jahren erreicht haben wollen.
- □ Lehrererzählung anhand von **M 12** über das Leben Albert Schweitzers. Die Sch. lesen mit; Unverständliches wird geklärt. Dabei ist es wichtig darauf hinzuweisen, was Albert Schweitzer mit 30 Jahren erreicht haben wollte: er gelobte, »einen unmittelbaren menschlichen Dienst« zu erbringen. Dieses Ziel war verbunden mit seiner Forderung nach einer prinzipiellen »Ehrfurcht vor dem Leben« und bestimmte Albert Schweitzers Leben. Deshalb wurde er Arzt und gründete Lambarene.

Albert Schweitzer hat entsprechend seiner christlichen Grundhaltung die Frage nach Gut und Böse so beantwortet:
»Als gut gilt, Leben erhalten, Leben fördern, entwickelbares Leben auf seinen höchsten Wert bringen. Als böse: Leben vernichten, Leben schädigen, entwickelbares Leben niederhalten.«
Mögliche Vertiefung des Lebensbildes Albert Schweitzers mit einem Video, z. B. »Albert Schweitzer in seinem Urwaldhospital«.

■ *Dom Helder Camara: Einsatz für die Armen*
L. liest die Geschichte der Fischer von Pernambuco (**M 14**) vor. Diskussion darüber. Lebensdaten von Dom Helder Camaras (**M 13**) austeilen. Lebensdaten zusammen durchgehen. Unverständliches klären. Frage: Warum macht Dom Helder Camara das alles wohl? Antworten sammeln (TA)
Mögliche Vertiefung des Lebensbildes Dom Helder Camaras mit einem Film, z. B. »Dom Helder Camara«.

■ *Dietrich Bonhoeffer: Widerstand gegen Hitler aus christlicher Überzeugung*
Video: »Dietrich Bonhoeffer, Nachfolge und Kreuz, Widerstand und Galgen«, 30 Min., farbig, Deutschland 1982
Arbeitsauftrag: Warum hat D. Bonhoeffer diesen Weg gewählt? Welche Gründe waren dafür ausschlaggebend? Notiere die wichtigsten Anhaltspunkte in Stichworten!
Vertiefung: Gedicht **M 15** lesen lassen. Gespräch darüber.

■ *Abbe Pierre: Mit den Elenden leben*
Video: »Abbe Pierre«, 29 Min., farbig, Deutschland 1986
Arbeitsauftrag:
1. Warum steht Abbe Pierre auf der Seite der Armen? Was will der damit erreichen?
2. Inwiefern ist das Leben von Abbe Pierre eine Anfrage an unseren eigenen Lebensstil?
Diskussion: Können wir uns ein Leben wie Abbe Pierre vorstellen? Warum? Warum nicht? (Transfer in die eigene Welt und die eigenen Möglichkeiten)

M 1   **MEIN WOCHENPLAN**

Zeit	Sonntag	Montag	Dienstag	Mittwoch	Donnerstag	Freitag	Samstag
0							
1							
2							
3							
4							
5							
6							
7							
8							
9							
10							
11							
12							
13							
14							
15							
16							
17							
18							
19							
20							
21							
22							
23							

Aufgaben:
1. Trage an den einzelnen Tagen dein »Programm« (auch z.B. »Schlafen«, »Essen« usw.) ein.
2. Markiere anschließend die fremdbestimmte Zeit mit roter, die freie Zeit mit grüner Farbe.
3. Überlege: was ist dir besonders wichtig?

M 2a

MERKZETTEL

Drei Goldene Regeln sind zu beachten:

| Ernsthaftigkeit | Organisation | Respekt & Toleranz |

Das Thema, das ihr euch aussucht bzw. was euch besonders wichtig ist und ihr für uns andere aufarbeitet, muss sorgsam und genau vorbereitet werden. Ihr dürft nicht vergessen, dass ihr sicherlich Experten seid auf eurem Gebiet, dass aber andere möglicherweise keine Ahnung davon haben. Das Thema muss also einerseits »Expertencharakter« haben, andererseits aber für jedermann verständlich sein – eine schwierige Aufgabe!

Das Thema soll euch nicht zum Zeitvertreib dienen, sondern soll ernsthaft erarbeitet sein. Es soll ja – nicht nur für die anderen, sondern auch für euch – »was Gescheites« dabei herauskommen.

Die Medienwahl steht euch frei: Texte, Videos, Dias, Farben, Cassettenrecorder – alles was ihr wollt.

Jede Präsentation sollte als unverzichtbare Elemente enthalten:
1. Einführung ins Thema
2. Darstellung/Aktion
3. Auswertung/Diskussion zum Thema

Es ist erforderlich, dass ihr euch an den vereinbarten Terminplan haltet.

Pro Gruppe sollten nicht mehr als 3 Personen an einem Thema/einer Aktion arbeiten.

Für organisatorische Hilfe steht die Lehrkraft zur Verfügung.

Das Allerwichtigste:
Jedes Thema/jede Aktion ist für die Vorbereitenden wichtig. Deshalb ist es ein Gebot des Respekts und der unbedingten Fairness, dass wir die einzelnen Themen und Präsentationen tolerieren.

Appell: erst mal anschauen und genau zuhören, nicht verächtlich machen und dadurch andere verletzen, sondern sich interessieren!

Regel: »alles, was ihr von anderen erwartet, das tut auch ihnen!« (Matthäus 7,12).

M 2b

TERMINPLAN

Termin	Name	Thema

M 3   **WELT-SICHTEN**

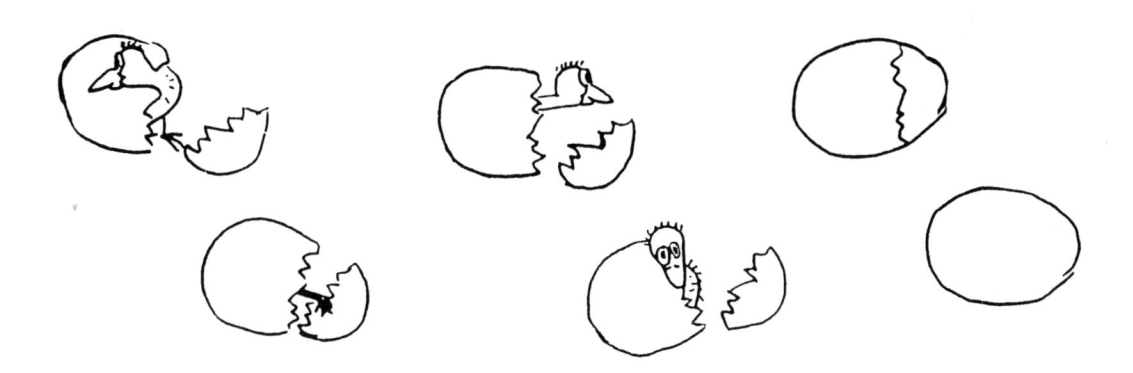

Aufgabe:
1. Bringe die Bilder vom Küken in eine dir sinnvoll erscheinende Reihenfolge.
2. Was sagt die gefundene Reihenfolge über *deine* Weltsicht aus?

✂--

LÖSUNGSMÖGLICHKEITEN:
Die Welt aus der Sicht des Kükens – drei Möglichkeiten

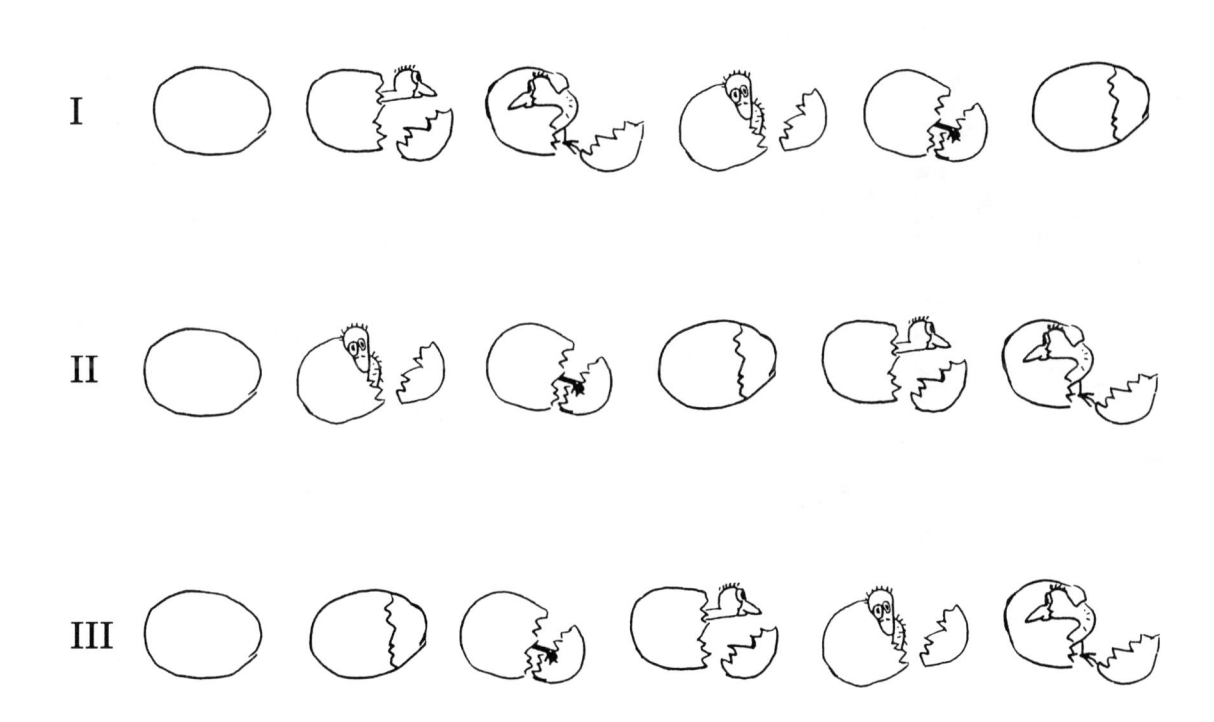

I

II

III

149

M 4 BERTOLT BRECHT: DER RADWECHSEL

Ich sitze am Straßenrand.
Der Fahrer wechselt das Rad.
Ich bin nicht gern, wo ich herkomme.
Ich bin nicht gern, wo ich hinfahre.
Warum sehe ich den Radwechsel
Mit Ungeduld?

Bertolt Brecht, Gesammelte Werke in 20 Bänden, edition suhrkamp, Werkausgabe, ed. in Zusammenarbeit mit E. Hauptmann, Suhrkamp, Frankfurt am Main 1968

M 5 ICH BIN EINE SEHENSWÜRDIGKEIT

Foto: Lothar Nahler

Wir sind keine Nummern. Gott hat uns geschaffen und beim Namen gerufen. Jeder Mensch ist einmalig, ist »eine Sehnswürdigkeit«.

M 6 ICH BIN DA

Kürzlich hat man im ewigen Eis eines Gletschers einen Menschen gefunden. Tot – schon seit 4000 Jahren.

Winterfest, wie zu einer Bergtour bekleidet, altertümliche, einfache Kleidung. Tot, tiefgefroren, mit einer Haut wie Leder.

Was habe ich mit diesem Menschen zu tun, 4000 Jahre später, im Zeitalter der Mondraketen und Atombomben?

Wenn ich's genau nehme, sind wir in diesen 4000 Jahren auch nicht vorangekommen. Immer noch die gleichen Probleme: Kriege, wer hat am meisten Macht, am meisten Besitz ...

Was für ein Weg ist das, auf dem wir gehen? Wo fängt er an? Wo hört er auf? Was soll ich hier? Das möchte ich wissen!

Jetzt, so ich nun einmal da bin! Unverwechselbar, so scheint's – bin ich: die Linien in meinen Händen, die Art zu lachen, zu reden, zu sehen, zu weinen.

An den 4000 Jahre alten Menschen denke ich – auch er ist einzigartig, auch er eine Besonderheit, unverwechselbar eben. Er und ich – sind wir so gewollt?

Ein Plan steckt dahinter – und nicht Zufall, heute so und morgen anders. Jemand hat mich, mich ganz persönlich so gemeint. Wie wichtig muss er mich nehmen! Wer mich so will, so, wie ich bin, der muss doch Interesse an mir haben, sich um mich sorgen, mich lieben – vielleicht?!

M 8 WAS IST EIN MENSCH WERT?

Nach einer Erhebung ist der Wert eines Menschen ...

... für den Chemiker	€ 15,34,– (u. a. Zellulose, Eiweiß, Kalk)
... für die Versicherungsgesellschaft	Der »Wert« eines Menschen richtet sich nach der vereinbarten Versicherungssumme. Die durchschnittlichen Summen sind: Neugeborener: € 20.451,68 10-Jähriger: € 25.564,59 (Wert steigt mit dem Alter)
... für das Anatomische Institut	Das Institut übernimmt bei jedem überlassenen Toten die Kosten für: Leichenschau, Überführung, Bestattung und ca. 20 Jahre Grabpflege
... für Militärwissenschaftler:	Jeder Mensch ist so viel »wert«, wie für seine Vernichtung ausgegeben werden muss: der Wert eines Menschen errechnet sich aus den Kosten eines Krieges, geteilt durch die Zahl der Gefallenen: z. B. Cäsars Feldzug gegen Gallien pro Kopf: € 1,53 Napoleons Feldzug pro Kopf: € 5.112,92 Erster Weltkrieg: € 43.459,81 Zweiter Weltkrieg: € 102.225,37

Was – glaubst du – ist ein Mensch wert?

M 7   **ICH BIN NICHT IRGENDWER ...**

[Notenzeilen mit Text:]

Ich bin nicht ir-gend-wer und nicht nur un-ge-fähr, son-dern
ganz und gar ein-ma-lig für dich von Gott er-dacht. Ich
bin nicht ir-gend-wer und nicht nur un-ge-fähr, son-dern
bin in je-dem Fall o-ri-gi- nal. (Ich) -nal.
Schau dich um und such noch-mal dein ei-ge-nes Ge-sicht.
Du siehst vie-le an-dre, doch dein eig´-nes findst du nicht.

Du bist nicht irgendwer
   und nicht nur ungefähr,
      sondern ganz und gar einmalig
         für mich von Gott erdacht.
   Du bist nicht irgendwer
      und nicht nur ungefähr,
         sondern in jedem Fall – original.

      Gott sprach: Ich will Menschen schaffen.
      Menschen für die Welt.
         Er rief uns ins Leben und schuf uns
         zu seinem Bild.

Er ist nicht irgendwer
   und nicht nur ungefähr,
      sondern ganz und gar einmalig
         der Gott, der uns erdacht.
   Er ist nicht irgendwer
      und nicht nur ungefähr,
         sondern bleibt in jedem Fall – original.

        Text und Melodie: Hans-Kurt Ebert

M 9

ROLLENSPIEL
»RAUMSCHIFF ENTERPRISE IN NOT«

Personen:
Captain Kirk, Kommandant
Mr. Spock, Berater
Dr. McCoy, Arzt
Ms. Uhura, Kommunikationstechnikerin
Mr. Sulu, Steuermann
Dr. Cooper, Biologin
Dr. Grant, Geologin

Situationsbeschreibung:
Das Raumschiff Enterprise erhält den Auftrag zu erforschen, ob Leben auf dem Planeten Omega 8 möglich ist. Als Expedition werden ausgesandt: Dr. Cooper, Biologin, und Dr. Grant, Geologin. Das Raumschiff beamt die beiden Forscherinnen auf den Planeten Omega 8. Während der Expedition ergeben sich große Schwierigkeiten an Bord der Enterprise. Ms. Uhura stellt fest, dass das Kraftfeld, das Omega 8 umgibt, zunehmend stärker wird. Bei einem längeren Aufenthalt im Kraftfeld besteht die Gefahr für das Raumschiff, sich nicht mehr aus der Anziehungskraft des Planeten befreien zu können, in einen Sog zu geraten und auf der Oberfläche von Omega 8 zu zerschellen.
Mr. Sulu errechnet, dass die Enterprise in spätestens fünf Minuten das Kraftfeld des Planeten verlassen muss. Nach dieser Frist reicht die Schubkraft der Enterprise nicht mehr aus, das Kraftfeld zu verlassen. Die Enterprise und deren Besatzung sind bedroht.
Auch der Funkkontakt wird durch das sich verstärkende Kraftfeld gestört und bricht schließlich ab. Die beiden Forscherinnen sind isoliert.

Die Kommandobrücke muss entscheiden:
Entweder versucht ihr die beiden Forscherinnen an Bord zu beamen und zu retten. Dabei muss die Enterprise aber weiterhin im Kraftfeld des Planeten bleiben, und nach 5 Minuten gibt es nicht nur für die beiden Forscherinnen keine Rettung mehr, sondern auch für die Enterprise und ihre Besatzung.
Oder ihr versucht, die Enterprise und ihre Besatzung aus dem Kraftfeld zu befreien mit aller Energie, die das Schiff zur Verfügung hat. Dadurch opfert ihr aber das Leben der beiden Forscherinnen.

Rollenbeschreibungen:

Captain Kirk, Kommandant
Du bist hin- und hergerissen, was du tun sollst. Du hast die Verantwortung für das Schiff und seine Besatzung, aber auch für das Leben der beiden Forscherinnen. Du musst letztlich die Entscheidung treffen. Keiner kann dir diese Entscheidung abnehmen. Du lässt dich beraten von Mr. Spock und Dr. McCoy. Du lässt dich über die technischen Einzelheiten ständig von Ms. Uhura und Mr. Sulu informieren.

Dr. McCoy, Arzt
Du bist mit der Geologin Dr. Grant befreundet. Du setzt alles daran, die beiden Forscherinnen zu retten, auch auf die Gefahr hin, das ganze Raumschiff aufs Spiel zu setzen. Du ärgerst dich maßlos über die Gefühlskälte von Mr. Spock.

Mr. Sulu, Steuermann
Du errechnest ständig die noch verbleibende Zeit und die Energie, die notwendig ist, um sich aus dem Kraftfeld des Planeten zu lösen.

5 Minuten	3 Vauk
4 Minuten	5 Vauk
3 Minuten	7 Vauk
2 Minuten	8 Vauk
1 Minute	9 Vauk
0 Minuten	10 Vauk

(Maximale Schubkraft der Enterprise: 10 Vauk)

Du informierst jede Minute die Kommandobrücke.

Mr. Spock, Berater
Du bist ein logischer Denker. Da dir menschliche Gefühle fremd sind, machst du eine einfache Rechnung: Besser ist es, dass zwei Menschen sterben, als dass das ganze Schiff mit Besatzung untergeht. Du bist dafür, alle noch zur Verfügung stehende Energie für den Abflug bereitzustellen.

Ms. Uhura, Kommunikationstechnikerin
Du versuchst fieberhaft, eine Verbindung zu den beiden Forscherinnen herzustellen und informierst Commander Kirk über deine Bemühungen.
Kurz vor Ablauf der Frist gelingt es dir, den Kontakt herzustellen, worauf du die beiden Forscherinnen Sekunden vor der Katastrope an Bord beamst.

Dr. Cooper, Biologin / Dr. Grant, Geologin
Ihr befindet euch auf dem Planeten Omega 8. Plötzlich bricht der Funkkontakt zur Enterprise ab. Ihr seid sehr beunruhigt darüber, weil ihr nicht wisst, was geschehen ist. Ihr versucht verzweifelt, den Funkkontakt wieder herzustellen.

Dr. Grant, Geologin / Dr. Cooper, Biologin
Ihr befindet euch auf dem Planeten Omega 8. Plötzlich bricht der Funkkontakt zur Enterprise ab. Ihr seid sehr beunruhigt darüber, weil ihr nicht wisst, was geschehen ist. Ihr versucht verzweifelt, den Funkkontakt wieder herzustellen.

Aufgabe:
1. Lest euch eure Rolle genau durch.
2. Überlegt, was ihr nachher im Rollenspiel sagen wollt.
3. Macht euch Notizen, wenn ihr wollt.
Ihr habt fünf Minuten Zeit!

M 10 siehe S. 158

M 11 JESUSBILDER

156

M 12   **ALBERT SCHWEITZER: LEBENSDATEN**

1875   14. Januar: Albert Schweitzer wird als zweites Kind des Pfarrverwesers Ludwig Schweitzer in Kaysersberg/Elsaß geboren.

1893   Ende Oktober: nach der schulischen Abgangsprüfung beginnt Albert Schweitzer mit theologischen, philosophischen und musikalischen Studien an der Universität Straßburg.

1896   Pfingstferien: Gelöbnis eines »unmittelbaren menschlichen Dienstes« ab dem 30. Lebensjahr: Albert Schweitzer gelobt, ab dem 30. Lebensjahr unmittelbar für andere Menschen da zu sein und nichts unversucht zu lassen, anderen Menschen zu helfen.
Er bezeichnet dies als wichtigste Entscheidung in seinem Leben.

1905   Doktor der Theologie mit einer auch heute noch unverzichtbaren Arbeit über die »Geschichte der Leben-Jesu-Forschung«. Karriere als theolog. Universitätsprof. möglich; dennoch: Mitteilung des Entschlusses, Arzt werden zu wollen. Medizinstudium.

1912   Doktor der Medizin

1913   März: erste Ausreise nach Lambarene. In den folgenden Jahren bis 1965 weilte Albert Schweitzer insgesamt 14mal (zum Teil jahrelang) in dem von ihm gegründeten Urwaldhospital am Ogowe-Fluss.

1915   September: bei der Vorüberfahrt an der afrikanischen Siedlung Igendja findet Schweitzer den tragenden Begriff seiner Lebenslehre und Kulturphilosophie: »Ehrfurcht vor dem Leben« (s. u.). In den nachfolgenden Jahren unterbricht Schweitzer seinen Aufenthalt in Labarene immer wieder zu Konzert- und Vortragsreisen insbesondere durch die Länder Europas. Diese Reisen dienten in erster Linie der Geldbeschaffung für sein Lebenswerk in Afrika.

1951   Friedenspreis des Deutschen Buchhandels.

1953   Oktober: Verleihung des Friedensnobelpreises rückwirkend für das Jahr 1952.

1954:   April: Ruf an alle Wissenschaftler, die Völker über die »schreckliche Wahrheit« der Wasserstoffbombe aufzuklären.

1957   Mai: Appell an die Menschheit gegen die atomare Gefahr.

1958   April: Drei Vorträge im norwegischen Rundfunk über die Ächtung der Atomwaffen. September: Schweitzer fordert die sofortige Einstellung der Kernwaffenversuche.

1965   90. Geburtstag. Am 4. September stirbt Albert Schweitzer in Lambarene und wird dort beerdigt.

Ehrfurcht vor dem Leben:

»Ich bin Leben, das leben will
inmitten von Leben, das leben will.«

Albert Schweitzer

M 13   **DOM HELDER CAMARA: LEBENSDATEN**

1909	am 7. Februar in Fortaleza, Ceará, Brasilien geboren. Sein Vater ist Kaufmann, seine Mutter eine Lehrerin und sehr fromm. Helder ist das zweitjüngste von insgesamt 13 Geschwistern. Fünf davon starben schon als Kleinkinder.
1931	Dom Helder Camara studiert katholische Theologie und wird im August 1931 zum Priester geweiht.
1931–33	Schon früh erkennt er die Wichtigkeit der Zuwendung zur Arbeiterklasse und ist in dieser Zeit Berater und Kaplan von Studenten- und Arbeitergruppen in Fortaleza.
1932–36	Erziehungssekretär im Staate Ceará.
1936	Direktor des Religionsunterrichts in der Erzdiözese Rio de Janeiro. Berater des Nuntius, des päpstlichen Gesandten in Brasilien.
1950	Romreise. Mitarbeit an der Gründung der Brasilianischen Katholischen Bischofskonferenz.
1952	Gründung der Bischofskonferenz; Ernennung zum Weihbischof.
1955	Generalsekretär des 36. Eucharistischen Weltkongresses in Rio de Janeiro; Gründung der CELAM, der lateinamerikanischen Bischofskonferenz. Seit dieser Zeit beginnt sich Dom Helder Camara verstärkt für die Armen und Entrechteten einzusetzen.
1964	Ernennung: Erzbischof von Olinda und Recife im Nordosten Brasiliens.
1968	Gründung der »Aktion Gerechtigkeit und Frieden«, die sich besonders um die Armen kümmert. Seit dieser Zeit viele Vortragsreisen in die USA und nach Europa im Rahmen der »Aktion Gerechtigkeit und Frieden«.
1973	Veröffentlichung von Vorträgen mit dem Titel »Hunger und Durst nach Gerechtigkeit«. Ablehnung des Kapitalismus. Von der Kirche fordert er die Abkehr vom Reichtum und die Hinwendung zur Armut des Evangeliums, vom Staat eine gezielte Bildungs- und Entwicklungspolitik (brasilianischer Sozialismus).
1985	Wegen der Schärfe seiner Vorträge: vom Papst ausgesprochenes öffentliches Redeverbot. Dom Helder Camara darf keine Bücher mehr veröffentlichen.

M 10

> Gott liebt uns nicht,
>
> weil wir so
>
> wertvoll sind,
>
> sondern wir sind
>
> so wertvoll,
>
> weil
>
> Gott uns liebt.

Helmut Thielicke

M 14 — DOM HELDER CAMARA: EINSATZ FÜR DIE ÄRMSTEN DER ARMEN

Eines Tages kamen Fischer zu Dom Helder: »Padre, es sind keine Fische mehr im Fluss und an der Küste. Wir müssen mit unseren Kindern verhungern!« (Die Fischer Pernambucos fischen mit kleinen, flachen Holzbooten, die es nicht erlauben, weit auf die See hinauszufahren. Eine Kautschuk-Industrie war errichtet worden, die durch chemische Abwässer ein Fischsterben in dem Fluss und in Küstennähe bewirkte.) Dom Helder überlegte. Er durfte diese Menschen, die voll Vertrauen um seine Hilfe baten, nicht enttäuschen. Er musste ihnen einen Weg weisen, wie sie ihr Schicksal selbst in die Hand nehmen und um ihre Rechte kämpften konnten. Er dachte an Martin Luther King, an den Kampf der Neger in den USA und beschloss, mit den Fischern einen Marsch zu der neuen Industrie zu unternehmen, um so an das Gewissen der Unternehmer zu appellieren und ein Gespräch zwischen den beiden Gruppen in Gang zu setzen. Die Fischer selbst sollten den Marsch vorbereiten; er übernahm es, die Zustimmung des Generals der Region zu gewinnen.

Er erklärte dem General das Problem und den Sinn des Marsches, der eine geordnete, gewaltlose Demonstration darstellen sollte, um das Unrecht, das die Fischer um den Lebensunterhalt brachte, zu überwinden. Doch der General befürchtete, dass dies der Anfang einer politischen Agitation sein könnte und verbot den Marsch. Daraufhin erklärte Dom Helder, dass es sich im eigentlichen Sinne um eine »Prozession« handle (religiöse Veranstaltungen fallen nicht unter die Zuständigkeit des Militärs!), die er selbst leiten würde, worauf der General nichts mehr einwenden konnte.

Der Marsch wurde also zu einer Prozession. Der einzige Unterschied bestand darin, dass keine Transparente verwendet wurden (die meisten Fischer sind Analphabeten). Dom Helder verständigte die Direktoren des Betriebes von dem Kommen der Fischer und von deren Wunsch nach einer Aussprache. Dann formte sich am festgelegten Tag der lange Zug des Elends: Durch den staubigen, roten Lehm Brasiliens zogen Hunderte von Männern, Frauen und Kindern, bloßfüßig, in ärmlichen, abgerissenen Kleidern, ausgemergelt, die Kinder mit großen, von Hunger und falscher Ernährung aufgeschwemmten Bäuchen; an der Spitze des Zuges wurde ein großes Holzkreuz getragen, über das ein Fischernetz gehängt war. Die Fischer selbst trugen tote Fische in den Händen: Symbol ihres materiellen und geistigen Lebens (der Fisch ist das Symbol Christi). Begleitet von ihrem Bischof zogen sie von der Küste zur Industrie. Als sie sich den Gebäuden näherten, sahen sie, dass diese von bewaffneten Polizisten umstellt waren, die sie mit vorgehaltenen Maschinenpistolen empfingen. Keiner der Unternehmer war erschienen, um zu verhandeln.

Was sollte Dom Helder diesen armen Menschen sagen, die ihn nun so entmutigt, ja verzweifelt anblickten, dass er spürte: sie waren bereit, auf sein Wort hin alles zu tun, auch auf diese Fabrik einzustürzen, sie zu demolieren, um zu zeigen, dass auch sie ein Recht hatten, gehört zu werden. Sie hatten ja nichts zu verlieren. Nichts konnte schlechter sein als ihr gegenwärtiges Dasein. – Aber Dom Helder versuchte, ihnen die Macht zu zeigen, die in ihnen selbst liegt, zu erklären, dass die Reichen Menschen sind wie sie selbst; dass es nicht genügt, einmal nur an ihr Herz, an ihr Gewissen zu klopfen, um sie von ihrem Unrecht zu überzeugen. Nicht sie selbst, arme Fischer, klopfen an das Gewissen der Reichen, sondern Christus selbst durch uns –, und er ist stärker als die Stärksten der Welt.

»Wir müssen morgen zurückkehren und wieder klopfen und wieder, bis sie unserem Appell nicht mehr widerstehen können.« – Die Fischer gingen ohne Trost nach Hause; der Hunger, das Elend war geblieben; aber sie wollten wiederkommen.

Am nächsten Tag sprach die ganze Presse davon. Die Menschen waren empört; der Unternehmer konnte schließlich dem moralischen Vorwurf der Armen nicht widerstehen. Noch am selben Tage erklärten sich die Direktoren bereit, mit den Fischern zu verhandeln –, und bald wurde das Wasser gereinigt. Die Fischer konnten leben.

Ein kleines Ereignis: und dennoch das erste Mal, dass, nach Generationen stumpfer Ergebenheit in das Elend, Hunderte armer, ausgebeuteter Fischer spürten, dass in ihnen eine Kraft liegt, aus der heraus sie um ihr Leben und ihre Rechte zu kämpfen vermögen. Kraft der Gerechtigkeit und Liebe, der Hoffnung und der Waffen der Armen!

Texte aus: Hans Ulrich Jäger, Politik aus der Stille. Ernesto Cardenal, Helder Camara, Martin Luther Kind, Christoph Blumhardt, Nikolaus von Flüe, TVZ, Zürich 1980, S. 471f

M 15   **DIETRICH BONHOEFFER: WER BIN ICH**

> Wer bin ich?
> Sie sagen mir oft, ich träte aus meiner Zelle,
> gelassen und heiter und fest wie ein Gutsherr aus seinem Schloss.
>
> Wer bin ich?
> Sie sagen mir oft, ich spräche mit meinen Bewachern frei und
> freundlich und klar, als hätte ich zu gebieten.
>
> Wer bin ich?
> Sie sagen mir auch, ich trüge die Tage des Unglücks gleichmütig,
> lächelnd und stolz, wie einer, der Siegen gewohnt ist.
>
> Bin ich das wirklich, was andere von mir sagen?
> Oder bin ich nur das, was ich selbst von mir weiß?
> Unruhig, sehnsüchtig, krank, wie ein Vogel im Käfig, ringend nach
> Lebensatem, als würgte mir einer die Kehle, hungernd nach
> Farben, nach Blumen, nach Vogelstimmen, dürstend nach guten
> Worten, nach menschlicher Nähe, zitternd vor Zorn über Willkür
> und kleinlichste Kränkung, umgetrieben vom Warten auf große
> Dinge, ohnmächtig bangend um Freunde in endloser Ferne, müde
> und leer zum Beten, zum Denken, zum Schaffen, matt und bereit,
> von allen Abschied zu nehmen?
>
> Wer bin ich?
> Der oder jener? Bin ich denn heute dieser und morgen ein
> anderer? Bin ich beides zugleich? ...
> Wer ich auch bin, Du kennst mich,
> Dein bin ich, o Gott!

Gütersloher Verlagshaus

Dieses Gedicht hat Dietrich Bonhoeffer im Gefängnis geschrieben. Vor dem Hintergrund des gesehenen Filmes kannst du folgende Fragen beantworten:

Aufgabe:
1. Wie sieht sich Dietrich Bonhoeffer selbst, welche Gefühle hat er, wie sehen ihn die anderen?
2. Hast du auch schon solche Gedanken und Gefühle gehabt?
3. Was sagt der Text über seinen Glauben an Gott aus?

Sich finden – sich verlieren – neu anfangen (Sucht)

Erarbeitet von Ute Dreher, Helmut Dreher, Dora Lutz, Andreas Reinert, Cornelia Schäfer.
Redaktion: Heinz-Günter Kübler

Die Einheiten »Was mir wichtig ist« und »Sich finden – sich verlieren – neu anfangen« im Zusammenhang unterrichten

Auch wenn die Darstellung der beiden Lehrplaneinheiten aus Gründen der Systematik und der inneren Logik additiv erfolgt, lassen sich die beiden Unterrichtshilfen nicht nur einzeln, sondern auch als »Gesamtpaket« unterrichten.

Das in-Beziehung-sein zu sich selbst (Individuelle Identität), zu anderen (Kollektive Identität) und zu Gott (Religiöse Identität) bildet den inhaltlichen Gesamtzusammenhang beider LPE's und stellt zugleich die zentrale Bestimmungsgröße – wie auch Entwicklungsaufgabe des Menschen dar.

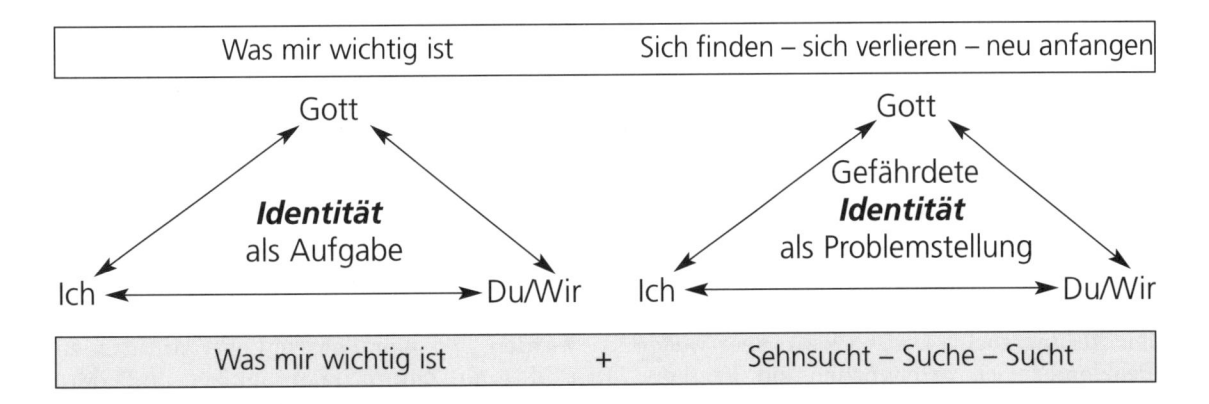

Was mir wichtig ist	Sich finden – sich verlieren – neu anfangen
Gott *Identität* als Aufgabe Ich ←→ Du/Wir	Gott Gefährdete *Identität* als Problemstellung Ich ←→ Du/Wir
Was mir wichtig ist	+ Sehnsucht – Suche – Sucht

Theologisch-didaktische Überlegungen

Sehnsucht gehört zur Empfindungswelt eines Menschen, der sich auf der Suche nach dem eigenen Weg befindet. Da Sehnsüchte häufig Ausdruck des Wunsches nach Veränderung sind – es fehlt etwas, um sich als ganz zu empfinden, um wirklich zufrieden sein zu können – reichen diese bis in die Tiefe der Person und beeinflussen deren Handlungen, Verhaltensweisen und Entscheidungen. Im konstruktiven Sinne setzt Sehnsucht Energien frei und bewegt Menschen, sich nicht abzufinden mit Gegebenheiten, die einer Veränderung bzw. Verbesserung bedürfen. Wird aber etwas ersehnt, das letztlich unerreichbar ist, wirkt Sehnsucht eher destruktiv.

Das Gefühl der Sehnsucht ist eng verknüpft mit der Frage nach der eigenen Identität, der Sinnfrage und auch der Frage nach Gott. Zu den tiefen menschlichen Bedürfnissen gehört es, Sinn im eigenen Dasein zu sehen. Wird es nicht gestillt, sind Entwurzelung, seelische Bedrückung und auch Ausweichverhalten – z.B. Flucht in Süchte – eine häufige Folge. Da es auf die Sinnfrage keine abschließende Antwort gibt, bleibt auch die Sehnsucht und die Suche nach einem erfüllten Leben prinzipiell offen.

Religiöse Sehnsucht richtet sich auf das Heil, das von Gott ausgeht, durchaus auch verstanden im Sinne von heil sein, heil gemacht- und erlöst werden. Christliche Zuversicht geht davon aus, dass unser Dasein seinen Sinn in Gott hat und wir ihn uns nicht selbst »machen« oder geben können. Der religiöse Mensch sehnt sich und sucht nach der Geborgenheit in Gott, nach der Glaubensgewissheit, sein Leben – mit allen Zweifeln, Leiderfahrungen, dem Sterben und dem Glück – in Gottes Hand zu wissen.

Aus der Hoffnung und dem Glauben, dass Gott mich in Liebe annimmt (vgl. Röm 8,38–39), erwächst der Mut, die Sinnfrage immer wieder neu zu stellen, in der Lebensgestaltung daran zu wachsen und nicht dauerhaft zu resignieren. Im christlichen Glauben können also Heimat, Verankerung und Heilung gefunden werden.

Trotz dieser Glaubensgewissheit kann der Mensch seine Verantwortung für sich nicht einfach abgeben. Defizite bleiben bestehen, Leiderfahrungen werden gemacht. Aber dem Menschen öffnet sich ein verlässlicher Rückhalt für seinen Weg, wenn er sich in Gottes Liebe geborgen weiß.

Sehnsüchte und die Sinnfrage stehen in einem engen Zusammenhang mit *Suchtverhalten*. Nicht erfüllte Sehnsüchte haben als Hintergrund Ängste, Unsicherheiten und die Erfahrung von Lieblosigkeit. Die unbeantwortete Sinnfrage und Defizitempfinden sind Faktoren, die eine Haltlosigkeit begünstigen können, in der der Mensch nach »schnellen Lösungen«, d. h. nach Erleichterung sucht. Drogen lösen aber weder Probleme noch ermöglichen sie Freiheit. Suchtmittel können, biblisch gesprochen, echte Zuneigung und Liebe nicht ersetzen.

Jugendliche befinden sich in einer Lebensphase, die von Abgrenzung und Aufbruch gekennzeichnet ist. Im Zusammenhang von Persönlichkeitsentwicklung und Problemlösungsstrategien kann es zu übermäßigem Konsum- und Genussverhalten kommen. Dabei wird der Aspekt der Suchtgefährdung bedeutsam. Übersteigertes Genussbedürfnis und dessen Befriedigung – so wie Drogenkonsum – können Ausdruck sehr unterschiedlicher Befindlichkeiten von Jugendlichen sein, z. B. von mangelnder Zuwendung der Eltern und anderer wichtiger Personen, mangelnder Anerkennung durch Lehrkräfte und Ausbilder, von Überforderung und Frustration in der Schule, von Hoffnungslosigkeit und Verzweiflung über soziale und gesellschaftliche Verhältnisse, von fehlenden Sinnerlebnissen, von krisenhaften Beziehungen zu Gleichaltrigen, unbewältigten sexuellen Problemen, aber auch von intensivem Erlebnisbedürfnis, von der Lust nach Rauscherfahrung, nach Geborgenheit in einer Clique.

Die Sehnsucht nach einer Welt, die geprägt ist durch Menschlichkeit, Toleranz und Hilfsbereitschaft, ist bei Jugendlichen besonders zu spüren (vgl. Jugend 2000, Bd. 1, S. 107 ff). In der Zeit der Pubertät empfinden sie die Sehnsucht nach Gemeinschaft und Liebe sehr intensiv. Dies drückt sich zum Beispiel in dem Ideal einer Gemeinschaft aus, »die dem Individuum Rückhalt und Schutz bietet vor den Unbilden der gesellschaftlichen Umbrüche und der allgemeinen biographischen Verunsicherung, weil aus ihr soziale Geborgenheit erwächst und man aus ihr Kraft schöpfen kann« (Jugend 2000, Bd. 1, S. 104).

Sind Jugendliche zu einer realistischen, ihren eigenen Interessen dienenden Problemlösung nicht fähig, greifen sie häufig zu einer kompensatorischen Bedürfnisbefriedigung.

Suchtverhalten bei Jugendlichen ist in diesem Sinne als Symptom zu betrachten, das auf Probleme oder Mangelzustände hinweist.

Von Suchtverhalten kann gesprochen werden, wo ein Individuum in der freien Entfaltung seiner Persönlichkeit beeinträchtigt ist, wo soziale Chancen zerstört werden, wo elementare Lebensinteressen und eine Zukunftsperspektive auf dem Spiel stehen.

Solange (junge) Menschen, die in eine Sucht geraten sind, noch einigermaßen »funktionieren«, wird viel toleriert bzw. verdrängt. Für Süchtige ist es – je nach Problematik – auch mit therapeutischer Unterstützung sehr schwer, wieder einen Weg in das »normale« Leben zu finden. Die Dramatik, die für die süchtige Person und ihre Angehörigen in dem Ausgeliefertsein an eine Sucht steckt, unterstreicht die Notwendigkeit der Suchtprävention auch in der Schule.

Eine Unterrichtseinheit zu dieser Thematik in der Jahrgangsstufe 9/10 sollte alle möglichen, auch die harmlos erscheinenden Wege in die Sucht aufzeigen, denn die Jugendlichen befinden sich in einer Phase der Orientierung und oft auch Unsicherheit. Arglosigkeit, Abenteuerlust und das Bedürfnis nach Spaß veranlassen Jugendliche,

Gefahren im Zusammenhang mit Drogen zu unterschätzen. Krisensituationen, offene und verdrängte Konflikte können nicht immer bewältigt werden. Ein Ausweichverhalten mit Drogen oder auch Genussmitteln ist für sie auf den ersten Blick der angenehmere Weg, als an sich selbst zu arbeiten. Mangelndes Selbstwertgefühl und das Fehlen konkreter Ziele erschweren überdies die Arbeit an sich selbst.

Eine bewusste Orientierung an der Lebenssituation Jugendlicher und ihren Bedürfnissen zielt auf Selbstkritik im Konsumverhalten und im Umgang mit den eigenen Bedürfnissen. Das Entwickeln von Sensibilität für eigene Verhaltensweisen und die anderer steht im Vordergrund. Für die massive Problematik abhängiger Menschen wird durch verschiedene Beispiele eine verstehende Annäherung beabsichtigt.

Schließlich wird im Sinne von Mt 11,28–30 auf die grundsätzliche Möglichkeit der Umkehr und des Neuanfangs eingegangen, wobei therapeutische Hilfestellungen berücksichtigt werden. Aber auch auf eine mögliche Selbststärkung im Vertrauen auf die Solidarität anderer Menschen und die Notwendigkeit der Annahme eigener Schwächen wird in diesem Zusammenhang verwiesen.

In den vorliegenden Unterrichtsideen sollen Ursachen und Folgen von Sucht betrachtet werden, um aufklärend im Sinne von vorbeugend zu arbeiten.

Neben sachlichen und grundlegenden Informationen über Drogen und die Folgen des Missbrauchs sollen die Achtung vor dem eigenen und dem fremden Leben sowie der verantwortungsvolle Umgang damit gestärkt werden, um Sucht und Drogen widerstehen zu können. Soziale und kommunikative Kompetenzen für adäquate Lösungsversuche im Umgang mit Sucht und Drogen sind von zentraler Bedeutung. Die Gemeinschaft und das Eingebundensein in eine Gruppe verdienen besondere Beachtung.

Die Schüler/innen erkennen den Zusammenhang zwischen Suchtverhalten und Sehnsüchten und lernen, bewusster mit sich und den eigenen Bedürfnissen umzugehen. Im Rahmen des Religionsunterrichtes geht es dabei um die Frage »Wer bin ich?« im Horizont des christlichen Glaubens. Die Schüler/innen sollen ein Grundvertrauen in die Beeinflussbarkeit und den sinnvollen Zusammenhang des eigenen Lebens entwickeln. Sie sind zunehmend bereit, sich Erlebnisbereichen wie Angst, Schmerz, Wut, dem Ausgeliefertsein und der Einsamkeit zu stellen und diese mit der von Gott gewollten Lust am Leben zu konfrontieren. Erst mit dieser Auseinandersetzung zwischen den Licht- und Schattenseiten des Lebens kann Gesundheitsbildung in tiefe Dimensionen der individuellen und sozialen ›Lebenskunst‹ vorstoßen, die Ausdruck und Anlass von tragfähigen Lebensstilen sind.

Die Ziele einer zeitgemäßen Sucht- und Drogenprävention sind u. a.:
☐ ein bestimmungsgemäßer Umgang mit Arzneimitteln
☐ ein kontrollierter, verantwortlicher Umgang mit alkoholhaltigen Getränken sowie mit Nikotin
☐ eine absolute Abstinenz in der Anwendung illegaler Drogen aus eigener Einsicht und selbständiger Verhaltenssteuerung heraus.

Diese Ziele werden (erst) dann erreicht, wenn folgende gesundheitsbildenden Faktoren berücksichtigt sind:
☐ die durchgängige Stärkung der Person der Schüler/innen und die Entwicklung von Selbstwertgefühl und Selbstvertrauen
☐ die Förderung ihrer sozialen und kommunikativen Kompetenzen im Hinblick auf eine tragfähige soziale Einbindung und Unterstützung
☐ ihre Lebensplanung und Sinnorientierung
☐ die Förderung von Aktivität, Kreativität, Neugierde und Experimentierfreude.

Deshalb sollte die Behandlung des Themas Sucht in ein Gesamtkonzept eingebunden sein, das Fragen der Selbstwahrnehmung, der Persönlichkeitsentwicklung und der Ich-Stabilität umschließt.

Letztlich geht es nicht nur um zeitlich befristete Projekte einer Suchtprävention, sondern darum, wie gesundheitsfördernde Schulen ein Gesamtprofil entwickeln können, in denen alle in der Schule arbeitenden und lebenden Schüler/innen und Lehrer/innen eine Chance erhalten können, Gesundheit zu erleben und zu erfahren, zu gestalten und zu reflektieren.

Eine gesundheitsfördernde Schule
- [ ] stärkt die Kompetenz zur Heilung und Krisenbewältigung
- [ ] provoziert ein Lernen in der Auseinandersetzung mit Risiken und Grenzen
- [ ] reflektiert individuelle (Sehn-)Süchte und stärkt das seelische Immunsystem
- [ ] fördert einen Sinn für Kohärenz.

Die Ziele dieser UE lassen sich folgendermaßen bestimmen:
Die Schüler/innen sollen
- [ ] Träume und Sehnsüchte als positive Handlungsmotivation kennen lernen und Bezüge zu eigenem Erleben herstellen
- [ ] einen Zusammenhang zwischen ungestillter Sehnsucht, Sucht und Sinnsuche erkennen
- [ ] sich kritisch mit ihrem Konsumverhalten und ihren Bedürfnissen auseinandersetzen
- [ ] anhand von bestimmten Lebenssituationen, Verhaltensweisen und Dispositionen erkennen, dass jede und jeder suchtgefährdet sein kann
- [ ] Sensibilität für Anzeichen von Suchtgefährdung bei sich selbst und bei anderen entwickeln
- [ ] Wege in die Sucht in einen Zusammenhang mit Sehnsüchten und der Sinnfrage bringen
- [ ] Auswirkungen von Sucht in ihrer individuellen Dramatik erfassen
- [ ] Probleme Suchtkranker vorurteilsfreier betrachten lernen
- [ ] den gesellschaftlich legitimierten Umgang mit legalen Drogen und stoffungebundenen Süchten problematisieren können
- [ ] lernen, sich in Situationen, die den Gebrauch von Drogen nahe legen, erfolgreich behaupten zu können
- [ ] Umgangsformen erproben und festigen, mit denen die Persönlichkeitsentwicklung der Schüler/innen gestärkt werden kann, z.B. Selbstachtung, Eigenverantwortung, Selbsteinschätzung, Frustrationstoleranz, Konfliktfähigkeit usw.
- [ ] Verzicht zwar als Verlust an Genuss, aber auch als Gewinn an Selbststärkung begreifen

- [ ] im Glauben einen Rückhalt sehen, der in Situationen der scheinbaren Ausweglosigkeit ein festes Fundament für einen Neuanfang darstellen kann
- [ ] erkennen, dass Zweifel und Leiderfahrungen im Vertrauen auf Solidarität erträglicher sind.

Möglichkeit der Zusammenarbeit mit anderen Fächern:
- [ ] Bildende Kunst: Gestaltung alternativer Werbeplakate für Alkohol; Graffitiprojekt
- [ ] Biologie: Körperliche Auswirkungen von Drogen
- [ ] Deutsch: Lektüre einer Ganzschrift; Untersuchung von Jugend- bzw. Erwachsenensprache
- [ ] Musik: Musik und Drogen am Beispiel Techno und Ecstasy; Techno- bzw. Rap-Workshop veranstalten
- [ ] Sozialkunde: Durchführung einer Informationsveranstaltung, z.B. zu Drogen, Jugendszenen etc.
- [ ] Sport: Erlebnispädagogik

Außerschulische Lernorte können u. a. sein:
- [ ] Besuch einer Jugend- und Drogenberatung, Gestaltung eines Infoblattes
- [ ] Kontakte mit Vertreter/innen der Polizei und der Justiz
- [ ] Besuch einer Rehabilitationseinrichtung
- [ ] Veranstaltung einer Werberallye in der Stadt
- [ ] Besuch eines kirchlichen oder kommunalen Jugendtreffs.

Die Unterrichtseinheit gliedert sich in folgende Aspekte:
- [ ] Auf dem Weg in die Suchtkarriere
- [ ] Abhängigkeit führt zur Veränderung der Persönlichkeit und von Beziehungen
- [ ] Den eigenen Weg finden – Hilfen für einen Neuanfang

Die UE im Lehrplan:
HS 10.5 W

Literatur

FÜR DIE HAND DER LEHRER/INNEN

Suchtvorbeugung ist mehr als Information über Suchtgefahren. Dies ist der Grundsatz dieser Literaturliste. Sie enthält vielfältige Spiel- und Methodenbeschreibungen, mit denen es Lehrerinnen und Lehrern gelingen kann, im Unterricht suchtpräventiv tätig zu werden.

Andreas-Siller, P.: Kinder und Alltagsdrogen, Wuppertal 1991.
Bartsch, N. / Knigge-Ilnner, H.: Sucht und Erziehung, Bd. 1: Sucht und Schule. Ein Handbuch für Lehrer und Sozialpädagogen, Weinheim 1987.
Barz, H.: Postmoderne Religion, Teil 2, Opladen 1992.
Bastian, J.: Drogenprävention und Schule. Grundlagen, Erfahrungsberichte, Unterrichtsbeispiele, Hamburg 1992.
Bäuerle, D.: Sucht und Drogen – Prävention in der Schule, München 1996. *Neben der Familie kommt der Schule eine besondere Bedeutung in der Suchtvorbeugung zu. In diesem Buch beschreibt ein Pädagoge und Präventionsexperte die Chancen der schulischen Prävention und ergänzt diese um konkrete Praxisvorschläge.*
Bäuerle, D.: Im Kampf gegen die Drogensucht. Hilfen für Eltern und ihre Kinder, Frankfurt am Main 1991.
Baum, H.: Starke Kinder haben's leichter, Freiburg 1998.
Bilstein, E. / Voigt, A.: Ich lebe viel. Materialien zur Suchtprävention, Mülheim a.d.R., erw. Auflage 1997. *Drogensucht kommt nicht von Drogen bzw. Drogenmissbrauch, sondern von betäubten Träumen und verdrängten Sehnsüchten. Deswegen geht es in dieser Mappe weniger um Suchtstoffe als mehr um Personen mit all ihren Träumen, Schwächen und Stärken. Dazu gibt es Texte, Übungen, Lebensgeschichten, Interviews, Plakate, Gedichte und Bilder, die helfen sollen, sich ein weniger klarer zu werden über Ideale, Lebensziele und Wege dorthin.*
Blask, F. / Fuchs-Gambröck, M.: Techno. Eine Generation in Ekstase, Bergisch-Gladbach 1995.
Bubmann, P. / Tischer, R.: Pop und Religion, Stuttgart 1992.
Bühringer, G.: Drogenabhängig. Wie wir Missbrauch verhindern und Abhängigen helfen können, Freiburg 1992.
Büro für Suchtprävention der Hamburgischen Landesstelle gegen die Suchtgefahren (Hg.): »Das Gleiche ist nicht dasselbe«. Geschlechtsspezifische Suchtprävention mit Mädchen! Und mit Jungen? Hamburg 1996.
Bundesarbeitsgemeinschaft Kinder- und Jugendschutz (Hg.): Suchtprävention – (k)eine Aufgabe der Jugendhilfe, Freiburg 1995.
Büro für Suchtprävention (Hg.): Ecstasy: Prävention des Missbrauchs, Geesthacht 1995.
Carlhoff, H.-W. / Wittermann, P.: Drogenbekämpfung und Suchtprävention, Stuttgart 1991.
Deutsche Hauptstelle gegen die Suchtgefahren (Hg.): Suchtprävention, Freiburg 1994.
Ehmke, I. / Schaller, H.: Kinder stark machen gegen die Sucht, Freiburg 1997.
Groß, W.: Sucht ohne Drogen. Arbeiten, Spielen, Essen, Lieben... Frankfurt am Main 1990.
Hillenberg, L. / Fries, B.: Starke Kinder – zu stark für Drogen, München 1998.
Hoffmann, W.: Frei wie ein Vogel: Suchtprävention. Projekt, Ausstellung und Information, Mülheim a.d.R. 1993. *Im Zentrum der Arbeitsmappe steht eine Ausstellung, die Jugendlichen Denkanstöße zur Suchtprävention gibt und in Schulen, Jugendhäusern und sozialen Einrichtungen einsetzbar ist. Die Jugendlichen sollen so zu einem sinnerfüllten Leben angeregt werden, in dem der Verzicht auf Drogen kein Verlust ist.*
Institut Jugend Film Fernsehen (Hg.): Sucht und Sehnsüchte, 1996. *Das Institut Jugend Film Fernsehen hat Spiel- und Dokumentarfilme zum Thema »Sucht« gesichtet und deren Beschreibungen in dieser Veröffentlichung zusammengestellt.*
Jahrbuch Sucht 96, Geesthacht 1995. Darin: Rabes, M.: Ecstasy und Partydrogen, S. 161–177.
Janke, K. / Niehaus, J.: Echt abgedreht. Die Jugend der 90er Jahre, München 1995.
Jugend 2000. 13. Shell Jugendstudie, 2 Bände, Opladen 2000.
Kaufmann, H.: Suchtvorbeugung in der Praxis. Ein Arbeitsbuch für Schule und Jugendarbeit – 99 Übungen und Anregungen, Weinheim 1997. *Suchtprävention in Schule und Jugendarbeit ist heute nicht mehr Wissensvermittlung über Drogenwirkung, sondern eher ein pädagogisches Prinzip im alltäglichen Umgang mit Kindern und Jugendlichen, das Heranwachsenden hilft bei Aufgaben wie Erziehung zu Selbstständigkeit und Selbstverantwortung, Entwicklung von Selbstwertgefühl und Genussfähigkeit, Kontakt- und Beziehungsfähigkeit, Kreativität und Erlebnisfähigkeit, Kritik- und Konfliktfähigkeit. Die 99 Übungen und Praxisanregungen dieses Buches können erste Schritte dazu sein.*
Knapp, R.: Vorbeugung gegenüber Suchtgefahren. Aufgabe einer Gesundheitserziehung im Kindes- und Jugendalter, Heidelberg 1989.
Literaturkatalog: Sucht, Sozialarbeit, Selbsthilfe. Zu beziehen über: Neuland Verlagsgesellschaft, Markt 24–26, 21502 Geesthacht, Internet: www.neuland.com.
Nipkow, K.E.: Erwachsenwerden ohne Gott? Gotteserfahrung im Lebenslauf, München 1987.
Oser, F. / Gmünder, P.: Der Mensch – Stufen seiner religiösen Entwicklung, Zürich/Köln 1984.
Preute, M.: Drogenmarkt Schule. Drogen, Dealer, Konsumenten, München 1993.
Rabes, M. / Harm, W. (Hg.): XTC und XXL. Ecstasy. Wirkungen, Risiken, Vorbeugungsmöglichkeiten und Jugendkultur, Reinbek 1997.
Rehm, W.: Techno, Parties, Drogen, Ulm 1996.
release. Beratung und Hilfe bei Drogenproblemen (Hg.): Let's talk about... Kokain/.../Heroin... Ecstasy/... Hasch/... Medizin und Sucht, Stuttgart o.J. (Bezug beim Herausgeber, Furtbachstraße 10, 70178 Stuttgart oder im Internet: http://www.marena.de/release/flyers)
Reuben, S.: Charakterstarke Kinder kommen weiter, Freiburg 1998.

Robra, A.: Das SuchtSpielBuch. Spiele und Übungen zur Suchtprävention in Kindergarten, Schule, Jugendarbeit und Betrieben, Seelze/Velber 1999.

Rumpf, W.: Stairway to Heaven. Kleine Geschichte der Popmusik von Rock'n Roll bis Techno, München 1996.

Schiffer, E.: Warum Huckleberry Finn nicht süchtig wurde. Anstiftung gegen Sucht und Selbstzerstörung bei Kindern und Jugendlichen, Weinheim 1999.

Schmitt-Kilian, J.: Ratgeber Drogen. Vorbeugung – Konfliktlösung – Therapie, Düsseldorf 1996.

Schmitt-Kilian, J.: Sucht ist in der kleinsten Hütte, Bergisch-Gladbach 1995.

Schwarze, B.: Die Religion der Rock- und Popmusik, Stuttgart 1997.

Schweitzer, F.: Lebensgeschichte und Religion, Gütersloh, 3. Aufl. 1994.

Schweitzer, F.: Die Suche nach eigenem Glauben, Gütersloh 1996.

Stengele, D.: Scheich Abduhl, ORO – PAX – O & Co. Geländespiele, Drogenprojekte, Kreativworkshops und viele andere Spielprojekte, Aachen 1999.

Tilke, B. / Wurz, A.: Eltern stark machen. Bausteine für Elternabende zu Suchtvorbeugung und ähnlichen Erziehungsaufgaben, Aktion Jugendschutz Baden-Württemberg 1998. *Elternarbeit ist ein wichtiges Element der Suchtvorbeugung, da die Grundlagen für süchtiges Verhalten schon in der Familie gelegt werden. In dieser Handreichung finden sich viele praxisnahe Anregungen für die Gestaltung von Elternabenden zum Thema Suchtprävention. Einige komplette Modelle für Elternabende erleichtern die Zusammenstellung der Bausteine.*

Voigt, A.: Suchtvorbeugung in der Schule – mal ganz anders. Erlebnisaktivierende Übungen ab 12 Jahren, AOL Verlag, Lichtenau 1997.

Wille, R.: Sucht und Drogen und wie man Kinder davor schützt, München 1994.

Zurhold, H.: Drogen konkret. Substanzen – Wirkungen – Konsumformen – Safer-use-Hinweise, Münster 1996 (zu beziehen über den Drogenverein INDRO e. V. Münster).

Unterrichtspraxis

Amsbeck, S.: Literatur-Kartei: »Bitterschokolade«, Mühlheim a.d. R. 1995.

Barz, H.: Was Jugendlichen heilig ist!? Prävention im Bereich Sinnfragen, Patchwork-Religion, Heilsversprechen, Okkultismus, Freiburg ²1999.

Berg, H. K.: Karikaturen für das 7.–10. Schuljahr, Stuttgart 1978.

Bilstein, E. / Voigt, A.: Ich lebe viel. Materialien zur Suchtprävention, Mühlheim a.d. R. 1991.

Bundeszentrale für gesundheitliche Aufklärung (Hg.): Sucht- und Drogenprävention. Materialien für das 5.–10. Schuljahr, Stuttgart 1994.

Drechsler-Schubkegel, K.: Suchtprävention. Süchte erkennen, mit Süchten umgehen, Süchte bekämpfen. Ein Projekt für die Jahrgangsstufen 7 und 8, Donauwörth 1999.

Duden: Slang-Duden. Wörterbuch der Szenesprache, Mannheim 2000.

Fromm, A. / Proissl, E.: Laut – stark und hoch hinaus. Ideenbuch zur mädchenspezifischen Suchtprävention, München 1996.

Hentschel, M. u. a. (Hg.): Knockin' on Heaven's Door 2, Gütersloh 2000.

Hund, W.: Okkultismus. Material zur kritischen Auseinandersetzung, Mühlheim a.d. R. 1996.

Hund, W.: Okkulte Phänomene erfahren und hinterfragen, Mühlheim a.d. R. 1991.

Institut für Bildung Rheinland-Pfalz (Hg.): Schulische Gewalt- und Suchtprävention. Baustein 1: Programm zur Primärprävention (PROPP), Mainz 2000.

Kaufmann, H.: Suchtvorbeugung in der Praxis. Ein Arbeitsbuch für Schule und Jugendarbeit, Weinheim 1997.

Kollehn, K. / Weber, N. H. (Hg.): Suchtprävention. Eine Herausforderung für die Schule, Berlin 1996.

Landesinstitut für Schule und Weiterbildung (Hg.): Bausteine des Material- und Medienverbundes zur Sucht- und Drogenvorbeugung in der Schule, Soest 1988.

Niedersächsisches Landesinstitut für Lehrerfortbildung: Hilfen für die schulische Erziehung im Bereich Suchtprävention und Drogenproblematik, Hildesheim 1990.

Pädagogisches Zentrum Rheinland-Pfalz u. a. (Hg.): Schulische Gewalt- und Suchtprävention. Baustein 2: Schulische Prävention im Team (PIT), Mainz 2000.

Poell, K. / Tietze, W. / Toubartz, E.: Wilde Zeiten, Mühlheim a.d. R. 1996.

religionspädagogische Hefte 2/97: Jugendkulturen, Speyer 1997.

Schneider, W.: Theater und Jugendschutz. AIDS, Sucht, Gewalt als Themen auf der Bühne, Weinheim 1993.

Tammeus, R. (Hg.): Religionsunterricht praktisch 9–10, Unterrichtsentwürfe und Arbeitshilfen für die Sekundarstufe I, Göttingen 1997.

Voigt-Rubino, A.: Suchtvorbeugung in der Schule mal ganz anders. Erlebnisorientierte Übungen ab 12 Jahren, Lichtenau 1990.

Wuckelt, A. u. a. (Hg.): Werkbuch Religion für die Klassen 7/8, München 1999.

Für die Hand der Schüler/innen

Alicea, Gil C. / DeSena, C.: The air down here. Eine wahre Geschichte aus der South Bronx, 1996.
Gil »Air« Alicea hat schon mehr erlebt als viele Kids hierzulande, denn er ist in der South Bronx aufgewachsen. Doch Gil hat sich fest vorgenommen, nicht die Statistik zu bestätigen, die besagt, dass Leute von ganz unten auch dort bleiben werden. Er will etwas machen aus seinem Leben. Und er hat viel zu sagen über das Leben im Großstadtdschungel: über Drogen und Gewalt, Schule und Polizei, Eltern und Erziehung, erste Liebe und Sex (ab 13 Jahre, Thema: Drogen)

Anonym: Fragt mal Alice, München 1996.
Die fünfzehnjährige Alice vertraut ihrem Tagebuch die täglichen Sorgen und Nöte an. Als sie jedoch auf einer Party zufällig an Rauschgift gerät, wird das Tagebuch zu einem erschütternden Dokument des verzweifelten Kampfes gegen

ihre Drogenabhängigkeit. Ahnt Alice, dass das Nichtloskommen vom rauschhaften Drogengenuss für sie mit dem Tod enden wird? Sucht sie ihn sogar oder hat sie bereits das Gefühl für die gefährliche Grenzüberschreitung verloren? (ab 13 Jahre, Thema: Rauschgift).

Arnold, M.: Voll der Wahn. Vera steht auf Ecstasy, Frankfurt am Main 1997.

Bayer, I.: Die vier Freiheiten der Hanna B., Ravensburg 71996.

Mit 15 Jahren wird Hanna B. straffällig. Davor lag vieles, was begründen könnte, warum es so gekommen ist: die Trennung der Eltern, der Tod der Mutter, die Suche nach Liebe, Geborgenheit bei Jan. Hanna lässt sich von Jan — und für ihn — in eine Dealer-Affäre hineinziehen (ab 13 Jahre, Thema: Rauschgift).

Blobel, B.: Meine schöne Schwester, Aarau 51996.

Dana und ihre Schwester Beate könnten verschiedener nicht sein. Beate ist sich ihrer Schönheit bewusst. Dana sehnt sich nach Anerkennung und tröstet sich mit Essen –, bis sie beschließt abzunehmen. Die Abmagerungskur entwickelt sich zum Zwang: Dana wird magersüchtig (ab 12 Jahre, Thema: Essstörungen).

Braun, S.: Süchtig, 1996.

Die 15-jährige heroinsüchtige Tanja wird über eine Zeitspanne von zwei Jahren von einem Film-Team des WDR begleitet. Dieses Buch ist der Bericht über diese Jahre, der auch unabhängig von dem Fernsehfilm viele Einblicke in das Leben einer Abhängigen ermöglicht (ab 13 Jahre, Thema: Heroinabhängigkeit).

Egli, W. J.: Schnee im Sommer, Würzburg 31995.

Armin ist sprachlos, als ihn eines Tages sein Bruder anruft. Seit der Scheidung der Eltern hat er ihn nicht mehr gesehen. Armin freut sich auf Bernd, doch schon beim ersten Treffen merkt er, dass irgend etwas mit seinem Bruder nicht stimmt. In diesem engagierten, spannenden Buch setzt sich der bekannte Autor mit dem Thema Drogen auseinander (ab 13 Jahre, Thema: Drogen).

Engelmann, R. (Hg.): Fluchtwege, 1995.

Was treibt junge Menschen in eine Sucht? Warum fliehen sie in eine Welt, die für Außenstehende oft nicht verständlich ist und die Ausgrenzung zur Folge hat? Welche Chancen haben Süchtige, von ihrer Abhängigkeit wieder loszukommen? Dieses Buch enthält ganz unterschiedliche Beiträge zum Thema Sucht: nachdenkliche, traurige, aber auch hoffnungsvolle. Im Mittelpunkt steht dabei nicht der Stoff, die Droge, sondern immer der Mensch (ab 12 Jahre, Thema: Sucht allgemein).

Feld, A.: Alles Lüge, 41996.

»Deine Schwester ist drogensüchtig!« Martina kann es nicht glauben. Die Eltern beruhigen sie, sie verlässt sich auf die Erklärungen – bis das Lügengebäude eines Tages zusammenbricht ... (ab 13 Jahre, Thema: Rauschgift).

Gabel, W.: Fix und Fertig, Weinheim 1992.

Peer könnte es eigentlich nicht besser gehen. Er sieht gut aus, ist Klassenbester, hat eine Freundin und bekommt von seinen Eltern alles, was er will. Doch innen bleibt er leer. Ständige Kopfschmerzen führen zu Tablettenkonsum, dann kommt Haschisch und schließlich Heroin. Es ist eine wahre Geschichte, die hier erzählt wird, und im Nachwort erfährt man, dass der »echte« Peer es geschafft hat, von der Droge loszukommen (ab 15 Jahre, Thema: Rauschgift).

Gordon Lydon, S.: Der lange Weg zurück. Stationen einer Sucht – Bericht einer Überlebenden, München 1997.

Sie ist zu Hause bei den Beatniks auf Long Island und in der Künstler- und Studentenszene der 60er Jahre in San Francisco. Sie gehört zur Avantgarde in Berkeley und bringt die Frauenbewegung mit auf den Weg. Wie viele andere in dieser Zeit experimentiert auch die junge Musik-Journalistin Susan Gordon Lydon mit Drogen und wird schließlich heroinabhängig. Erst fünfzehn Jahre später findet sie den Ausstieg aus der Hölle der Drogenabhängigkeit (ab 18 Jahre, Thema: Drogen).

Hede, M.: Spiegelblicke, Würzburg 1995.

Evelyn hat in den Schulferien ein paar Pfund zugenommen und die sollen wieder runter! So harmlos fängt an, was vier Monate später auf der Intensivstation endet. Nach einem Selbstmordversuch wird Evelyn mit 34 Kilo Gewicht ins Krankenhaus eingeliefert. Die Diagnose: Magersucht. Ohne zu beschönigen, erzählt Maria Hede ihre eigene Geschichte. Durch Evelyns Tagebuch lässt sie den Leser an dem Kampf gegen die Sucht teilnehmen (ab 14 Jahre, Thema: Magersucht).

Heilscher, E.: Flucht in die Sucht? Berlin 1997.

Suchtprävention ist zwar inzwischen Pflichtthema in den Schulen, doch bleiben immer noch viele Fragen offen, die Jugendlichen unter den Nägeln brennen. Auf solche Fragen gibt dieses Buch ebenso jugendgerecht Antwort wie auf allgemeine Fragen rund um das Thema Sucht (ab 14 Jahre, Thema: Sucht).

Holenstein, P.: Zum Beispiel Stefan. Stationen einer tödlichen Sucht, Bergisch-Gladbach 1997.

Wie eine tödliche Drogen-Karriere aussehen kann, schildert dieses Buch am wahren Beispiel eines jungen Mannes auf eindrückliche Weise (ab 15 Jahre, Thema: Rauschgift).

Jänicke, Ch.: Mein Leben musste warten. Der Weg einer trockenen Alkoholikerin, München 1995.

Eine trockene Alkoholikerin gibt Rechenschaft über ihren Aufbruch in ein wieder selbstbestimmtes Leben: ohne Alkohol, ohne Tabletten und mit der ständigen Gewissheit, eine lebenslange, gefährliche Gratwanderung vor sich zu haben. »Die Sucht wurde zu meiner Chance. Sie zwang mich in das Abenteuer der Selbstfindung.« Dort, wo andere Erfahrungsberichte meist abbrechen, beginnt Christa Jänickes Buch: am Anfang des gefahrvollen Weges nach dem »letzten Glas« (ab 18 Jahre, Thema: Alkoholismus.

Kleberger, I.: Die Nachtstimme, 5. Aufl. Würzburg 1995.

Benjamin schafft nach einer langen Krankheit den Anschluss in der Schule nicht mehr. Die Mutter meint es gut und macht alles falsch. Er verliert die Lust am Leben und gerät an den Alkohol. Als er in seiner Verzweiflung nachts bei der Telefonseelsorge anruft, hört er die Stimme einer jungen Frau, die für ihn Hoffnung bedeutet. Benjamin will die »Nachtstimme« kennenlernen, doch da gibt es ein Geheimnis (ab 13 Jahre, Thema: Alkohol).

Klement, R.: Hilfe! Fernsehvampire! Wien 1993.
Florian liebt das Fernsehen über alles und Gruselfilme sind seine besondere Leidenschaft. Den Weltrekord im Dauerfernsehen will er unbedingt überbieten. Doch er macht eine schaurige Entdeckung: Der Flimmerboxboss ist ein grässlicher Vampir, der die gesamte Menschheit fernsehsüchtig machen will. Hilfe! Wie rettet man sich vor dem Fernsehen? (ab 8 Jahre, Thema: Fernsehsucht).

Kluwe, S. E.: Reise nach Jerusalem, München, 4. Aufl. 1997.
Sascha ist von dem ewigen Gezanke zu Hause »total entnervt«. Auf einer Party lernt sie Tango kennen, der sie fasziniert. Mit ihm raucht Sascha ihren ersten Joint, doch bei diesem einen Trip in eine andere Welt bleibt es nicht. Sascha kommt mit Heroin in Kontakt und wird zur Fixerin ... (ab 16 Jahre, Thema: Heroin).

Kordon, K.: Die Einbahnstraße, Ravensburg 1997.

Kynast, H.: Alles Bolero, Ravensburg 1997.

Levoy, M.: Kelly und ich, 3. Aufl. München [5]1994.
Anthony braucht ständig Geld, dafür spielt er flotte Songs im New Yorker Central Park, um ein paar Dollars zu verdienen. Dort lernt er die Straßenmusikerin Kelly kennen und verliebt sich in sie. Alles könnte so schön sein, wenn es nicht ein paar kleine Probleme gäbe. Anthonys Mutter beispielsweise, die ihren Kummer im Alkohol ertränkt, oder Kellys angeblichen Freund in San Francisco. Und überhaupt die vielen Geheimnisse, die Kelly vor Anthony hat (ab 13 Jahre, Thema: Alkohol).

Levoy, M.: Adam und Lisa, München 1998.

Mechtel, A.: Cold Turkey, Ravensburg 1997.

Noack, H.-G.: Trip, Ravensburg 1997.

Nöstlinger, Ch.: Der TV-Karl, Weinheim 1995.
Anton ist komplett durcheinander! Zufällig hat er an seiner Fernbedienung einen kleinen blauen Knopf entdeckt, mit dem er Verbindung zum TV-Karl bekommt. Weil Anton oft allein ist, bekommt er mehr und mehr Lust, sich mit dem TV-Karl zu unterhalten. Und daraus wird eine große Freundschaft. Die Geschichte nimmt eine dramatische Wende, als Antons Mutter plötzlich eine Überraschung für ihren Sohn einfällt (ab 10 Jahre, Thema: Fernsehsucht).

Nygaard, G.: Inger oder jede Mahlzeit ist ein Krieg, München 1997.

Pressler, M.: Bitterschokolade, Weinheim 1986.
Die 15-jährige Eva ist dick und fühlt sich deswegen einsam und ungeliebt. Ihren Kummer frisst sie in sich rein – Eva ist fresssüchtig. Doch langsam merkt sie, dass es nicht der Speck ist, der sie von den anderen trennt, und sie beginnt, sich selber zu akzeptieren (ab 14 Jahre, Thema: Essstörungen).

Ross, C.: Michael im Teufelskreis, Würzburg [3]1997.
Der 16-jährige Michael verliebt sich in Ruth, die glaubt, magische Kräfte zu besitzen. Er gerät immer mehr in einen Teufelskreis, der aus Drogen und den Riten einer Satanistenloge besteht, die schwarze Messen und Gewalt praktiziert (ab 13 Jahre, Thema: Drogen und Satanssekten).

Sachs, M.: Keine Pizza mehr für Ellen, München 1997.

Schmid/Schuler/Rieger: Drogen, Ravensburg 1999.
»Keine Macht den Drogen« – lautet das Motto dieses Buches, das im ersten Teil für Jugendliche anschaulich die unterschiedlichen Drogen erklärt und Zusammenhänge aufzeigt. Der zweite Teil enthält praktische Tipps, wie Heranwachsende sich selbst vor Drogen schützen, ihnen keine Macht geben können (ab 14 Jahre, Thema: Drogen allgemein).

Seiffert, D.: Verlier nicht dein Gesicht, 9. Aufl., München 1996.
»Verlier nicht dein Gesicht« steht an der Tür zur Teestube, einem Treff für alkoholgefährdete Jugendliche. Seit Felix dort arbeitet, steckt er mit seinem Idealismus alle an: Er malt Plakate, stellt eine Tischtennisplatte auf, richtet einen Werkraum ein und hält einen Vortrag vor Schülern. Der Erfolg lässt nicht auf sich warten: Es gelingt, Mike und die anderen »Lambrusco-Süffler« aus der 8. Klasse von der Flasche wegzubringen (ab 14 Jahre, Thema: Alkohol).

Stein-Fischer, E.: Gummibärchen & Pommes frites, 3. Aufl., Esslingen 1991.
Doris ist rundlich. Als »Wabbelmonster« sieht sie sich. Und weil sie mit sich unzufrieden ist, sucht sie immer öfter Trost bei Gummibärchen und Pommes frites. Und einen Wunsch hat Doris auch. Da lernt sie die freundliche Frau Wondrasch kennen, die das Herz auf dem rechten Fleck hat und viel Verständnis für Doris. Gummibärchen und Pommes frites werden immer weniger wichtig. Eine Geschichte mit viel Humor und Verständnis (ab 9 Jahre, Thema: Essstörungen).

Stewart, M.: Alki? Ich doch nicht! Ravensburg 1998.

Ziem, J.: Boris Kreuzber, 12 Jahre, München 1998.

FÜR DIE ELTERNARBEIT

Deutsche Hauptstelle gegen die Suchtgefahren (Hg.): Jahrbuch Sucht 99, 1998. *In ihrem traditionellen Jahrbuch Sucht informiert die Deutsche Hauptstelle gegen die Suchtgefahren über die aktuelle Situation im Suchtbereich – von der Konsumhäufigkeit der verschiedenen Drogen bis zur Suchtkrankenhilfe.*

Ehmke, I. / Schaller, H.: Kinder stark machen gegen die Sucht, Freiburg 1997. *Schon in der Familie beginnt der Schutz vor späteren Abhängigkeiten. Wie Eltern ihre Kinder stark machen können gegen die Verlockungen von Suchtmitteln, beschreiben zwei Pädagoginnen in diesem Buch.*

Gross, W.: Sucht ohne Drogen. Arbeiten, Spielen, Essen, Lieben ... Frankfurt am Main 1995. *Ausführlich schildert Suchtexperte Werner Gross in seinem »Klassiker« die Ausprägungen und Gefahren ganz alltäglicher Süchte wie Spielen, Essen, Arbeiten, Lieben. Darüber hinaus fragt er nach der Suchtpersönlichkeit und stellt die Alltäglichkeit von Sucht dar.*

Gross, W.: Was ist das Süchtige an der Sucht? 1992. *Der bekannte Psychologe und Publizist Werner Gross beschreibt in seinem Buch die Formen der Sucht, ihre Entstehung und Folgen. Er beschäftigt sich sowohl mit stoffgebundenen Süchten wie Alkoholismus, Medikamenten- und Drogenabhängigkeit als auch mit stoffungebundenen Süchten wie beispielsweise Essstörungen und*

Arbeitssucht, schildert in leicht verständlicher Form die Probleme und ihre Auswirkungen und stellt die bestehenden Hilfsangebote vor.

Kuntz, H.: Ecstasy – auf der Suche nach dem verlorenen Glück, Weinheim 1998. *Für Eltern und alle, die sich über die Modedroge der 90er Jahre informieren wollen, hat der Drogenberater Helmut Kuntz dieses Buch geschrieben. Er spricht alle Facetten des Themas an, von den Ursachen des Konsums über die Bestandteile der Droge bis zu Möglichkeiten der Beratung und Therapie. Das macht das Buch besonders hilfreich und lesenswert.*

Sahihi, A.: Designer-Drogen. Gifte, Sucht und Szene, München ^{5}1997. *Dieses Buch informiert über die unterschiedlichen Formen von Designer-Drogen, schildert ihre Gefahren und warnt vor ihnen.*

Schiffer, E.: Warum Huckleberry Finn nicht süchtig wurde. Anstiftung gegen Sucht und Selbstzerstörung bei Kindern und Jugendlichen, Weinheim ^{6}1997. *Der Autor dieses Buches entwirft ein schlüssiges Konzept zur Suchtvorbeugung bei Kindern und Jugendlichen. Wenn Huckleberry Finn nicht süchtig wurde, so deswegen, weil er sich die Zeit nahm, seine Sehnsüchte bereits als Kind konkret auszuleben. Eine spannende Lektüre, die gleichzeitig als konkrete Hilfe verwendet werden kann.*

Wille, R.: Sucht und Drogen und wie man Kinder davor schützt, München 1997. *»Wie erkenne ich, ob mein Kind süchtig ist?« »Wie kann ich vorbeugen?« »Wie kann ich meinem abhängigen Kind helfen?« – Antworten auf diese brennenden Fragen, die Eltern sich stellen, gibt in diesem Buch der Arzt und Drogenberater Rolf Wille.*

Wilson Schaef, A.: Im Zeitalter der Sucht. Wege aus der Abhängigkeit, München ^{4}1996. *Wir leben in einem Suchtsystem: Drogen, Tabletten, Alkohol, aber auch Glücksspiel, Sexualität oder Arbeit nötigen viele Menschen heute zu zwanghaften, abhängigen Verhaltensweisen. Anne Wilson Schaef weist in einem umfassenden Modell anhand zahlreicher Beispiele Wege aus der Sucht, sie zeigt eine lebensbejahende Alternative zu selbstzerstörerischen Abhängigkeiten auf.*

Young, K. S.: Caught in the Net. Suchtgefahr Internet, München 1998. *Das Internet wird als Medium der Zukunft gepriesen und schon entpuppt es sich als ein weiteres Suchtmittel. In den USA gibt es bereits die ersten Experten für die Internet-Sucht wie die Autorin dieses Buches, die ihre Erfahrungen und Erkenntnisse zusammengestellt hat und aufzeigt, wo die Abhängigkeit vom Netz beginnt und wie ihr zu begegnen bzw. vorzubeugen ist.*

AV-Medien

Filme:
Blauer Dunst, Deutschland 1994.
Fernseh- und Kinospots zur Suchtvorbeugung, Deutschland 1992/93.
Gefährliche Sehnsucht. Vierteilige Spielfilmserie, Deutschland 1992.
Runaway, Deutschland 1993.
Türkischer Honig, Deutschland 1992.
Warten bis Lili kommt, Deutschland 1982.

Videos:
Bis zum letzten Level
Blauer Dunst
Lieber frei als high
Mit allen 27 Sinnen
Moskito: Drogen
Moskito: Gesundheit
Special Handclaps
The World Is Yours
TV- und Kinospots zur Sucht-Vorbeugung 1992/93
Typen wie Du und Ich: Serie: 1.–4.

Internet

Suchtberatung der Bundeszentrale für gesundheitliche Aufklärung: http://www.drugcom.de/
Szenenah, interaktiv und mit elektronischer Musik unterlegt informiert ein neues Angebot der Bundeszentrale für gesundheitliche Aufklärung (BZgA) über Alkohol, Haschisch und Ecstasy.
Dem neuen Angebot der BZgA ist anzumerken, dass Experten für Suchtfragen, für Jugendarbeit und für Internetdesign gut zusammengearbeitet haben. Nicht nur die Grafik lehnt sich ungekünstelt an die Gestaltung von Clubwerbung und Partyflyern an. Auch der informative Teil trifft einen angenehmen Ton – weder abschreckend belehrend noch anbiedernd kumpelhaft. Jugendliche vor allem aus der Techno- und Partyszene wolle man erreichen, von denen viele Drogen konsumierten und gerne im Internet surften. Eine Motivation zur Auseinandersetzung soll auf verschiedene Weise gelingen. Zum einen ist da das Quiz, mit dem jeder sein Wissen über Rauschmittel überprüfen kann. Links zu Fachbegriffen sowie ein Drogenlexikon bieten weitere Details an. So wird zurechtgewiesen, wer glaubt, dass ein Cocktail aus verschiedenen Drogen die Wirkung der einzelnen Bestandteile aufhebt. Und man kann nachschlagen, dass Cannabis sowohl »witzige Assoziationen« als auch ein »uferloses Durcheinander im Kopf« auslösen kann.
Zum anderen gibt es die Möglichkeit, per E-Mail Fragen zu stellen oder sich in eine Chatrunde einzuloggen. Sechs Sozialpädagogen, Ärzte und Psychologen moderieren in den Nachmittagsstunden Gesprächsrunden über Drogen, Magersucht und die Langeweile in den Sommerferien. In einem »private room« besteht die Möglichkeit, sich anonym an einen der Berater zu wenden.

Anschriften

Bundesarbeitsgemeinschaft Kinder- und Jugendschutz, Mühlendamm 3, 10170 Berlin
Tel.: 0 30/40 04 03 00; Fax: 0 30/40 04 03 33
www.bag-jugendschutz.de
E-Mail: info@bag-jugendschutz.de

Bundeszentrale für gesundheitliche Aufklärung,
 Ostmerheimer Str. 20, 51109 Köln
 oder: Postfach 910152, 51071 Köln
 Tel.: 02 21/89 92– 0; Fax: 02 21/89 92– 3 00
 E-Mail: order@bzga.de (für Bestellungen)
 oder E-Mail: poststelle@bzga.de
 (für andere Anfragen/Mitteilungen)

Die Bundeszentrale informiert durch verschiedene Broschüren zu Fragen der Drogenprävention:
- ☐ »Jetzt oder Nie« – Thema: Identitätsfindung. Bestell-Nr.: 33 721 000
- ☐ »Drauf und Dran« – Thema: Risikoverhalten. Bestell-Nr.: 33 722 000
- ☐ »Up and Down« – Thema: Enttäuschungen, Konflikte. Bestell-Nr.: 33 723 000
- ☐ »Auf und Davon« – Thema: Jugendliche Lebensstile. Bestell-Nr.: 33 724 000
 Hinweis: Die Broschüre: »Filme der BzgA« gibt einen Überblick über alle dort erhältlichen Filme und den entsprechenden Ausleihanschriften

Deutsche Hauptstelle gegen die Suchtgefahren e.V.,
 Westring 2, 59065 Hamm, Tel.: 0 23 81 / 90 15 – 0
 www.dhs.de

Fachverband Drogen und Rauschmittel e.V.,
 Geschäftsstelle: Odeonstraße 14, 30159 Hannover
 Tel.: 05 11/1 83 33; Fax: 05 11/1 83 26
 www.fdr-online.info
 E-Mail: mail@fdr-online.info

Gesamtverband für Suchtkrankenhilfe im Diakonischen Werk der Evangelischen Kirche in Deutschland e.V.,
 Kurt-Schumacher-Straße 2, 34117 Kassel
 Tel.: 05 61/10 95 70; Fax: 05 61/77 83 51
 www. sucht.org
 E-Mail: info@sucht.org

Anschriften der örtlichen oder regionalen Beratungsstellen kann man erhalten über:

Bundeszentrale für gesundheitliche Aufklärung,
 Telefon für Suchtvorbeugung, tägl. 10–22 Uhr,

Tel.: 02 21 / 89 20 31 (Beratungsstelle)
 Ostmerkheimer Str. 220, 51109 Köln
 oder Postfach 910152, 51071 Köln

nur für schriftliche Medienbestellungen:
 51101 Köln (ohne Straße, ohne Postfach)
 Tel.: 02 21/89 92– 0; Fax: 02 21/89 92– 3 00
 E-Mail: order@bzga.de (für Bestellungen)

oder für andere Anfragen/Mitteilungen:
 E-Mail: poststelle@bzga.de

THEMATISCHE ASPEKTE UND BAUSTEINE

Auf dem Weg in die Suchtkarriere

Die Schüler/innen reflektieren ihre eigene Lebenspraxis auf Strukturen süchtigen Verhaltens und werden dafür sensibilisiert, dass auch sie suchtgefährdet sein können.
Ihnen wird bewusst, dass Sucht immer eine Krankheit ist, und sie erkennen, dass immer mehrere Gründe bei der Entstehung von Sucht zusammenwirken.

■ *Schreibübung »Wenn – dann« durchführen*
☐ 1. Schritt:
 In der »Wenn – dann«-Übung reflektieren die Sch. den Zusammenhang von Gefühl und Handlung und werden so sensibel für die Auseinandersetzung mit Situationen der Suchtgefährdung. Sie lernen Handlungsalternativen in bestimmten Situationen kennen und nehmen die eigene Situation und Position wahr.
 Die Sch. erhalten ein Blatt mit »Wenn ich ...«-Sätzen (**M 1**). Für sich allein führen sie zunächst die Satzanfänge zu Ende und hängen dann einen Satz an, der mit »oder« beginnt. Zu dritt werden anschließend die Erfahrungen ausgetauscht.

Alternative: Die Satzanfänge sind noch einmal als Kärtchen vorhanden. In der Kleingruppe wird »eine Situation« gezogen, die verschiedenen Reaktionen ausgetauscht und eventuell spielerisch in Szene gesetzt. Variation: Jede Gruppe stellt eine Situation dar, die anderen sollen erraten, um welches Gefühl es geht.

☐ 2. Schritt:
Ausgehend von der Wahrnehmung der eigenen Befindlichkeit sollen die Sch. in der nächsten Übung mögliche Suchtursachen auf die Spur kommen.
Ein Mensch, der zu Suchtmitteln greift, hat seine Gründe dafür. Im Brainstorming-Verfahren sammeln die Sch. alles, was ihnen dazu einfällt.
Nun sortiert die Gruppe, ob dahinter *eine Flucht vor* ... oder *eine Suche nach* ... etwas steht. Die Begriffe werden mit S oder F gekennzeichnet und evtl. verschiedenfarbig eingerahmt. Falls eine Zuordnung unmöglich erscheint, wird der Begriff mit einem *U* gekennzeichnet.

■ *Die Klasse punktet ihre Konsumgewohnheiten (Konsumprofil)*
Sch. und L. sammeln auf einem Plakat die Konsumgewohnheiten im Alltag. Die Liste **M 2** kann durch weitere Konsumgüter ergänzt werden. Dadurch entsteht ein interessanter Überblick über die Konsumgewohnheiten der Klasse, der regen Gesprächsstoff bietet (Was ist die »Lieblingsdroge« der Klasse? Welche Rolle spielen Alkohol, Zigaretten, Süßigkeiten? ...)

■ *Verträge schließen – Verträge einhalten: Ein Tag ohne* ...
Wenn Sucht mit Konsum beginnt, ist ein bewusstes und kontrolliertes Verhalten sinnvoll. Die Sch. wählen eine für sie wichtige Konsumgewohnheit aus und erklären sich per Vertrag (**M 3**) bereit, auf diese ihnen lieb gewordene Gewohnheit einen Tag lang zu verzichten. Abschließend dokumentieren und reflektieren sie ihre Verzichtserfahrungen.

■ *Das Meinungsspiel »Sucht« inszenieren*
Mit Hilfe des Meinungsspiels »Sucht« (4 Ecken-Spiel) können die Sch. der eigenen Position auf die Spur kommen und sie im Austausch mit der Gruppe reflektieren. Sie überlegen und äußern sich, wie sie zum Konsum von legalen und illegalen Suchtmitteln stehen. Das Spiel bietet einen guten Gesprächseinstieg in die Thematik und wirkt motivierend und auflockernd.
Vorbereitung: Herstellung der Spielkarten (Vorlage **M 4**). Es gibt jeweils einen *Anfangssatz* und drei oder vier *mögliche Positionen*.
Es empfiehlt sich, die Vorlagen auf bunten Karton (DIN A4) zu hochzukopieren und zu folieren. Jede Thematik wird in einer anderen Farbe hergestellt. Anfangssatz und Positionen sollten immer die gleiche Farbe haben.
Spielverlauf: Der Anfangssatz wird an die Tafel gestellt oder geheftet, die möglichen Positionen in den 4 Ecken des Raumes verteilt. L. liest den Anfangssatz laut vor, die Sch. gehen im Raum umher und lesen die möglichen Antworten. Sie stellen oder setzen sich zu der Karte, die am ehesten ihrer Meinung entspricht. Im UG werden nun die verschiedenen Positionen vorgelesen und diskutiert. Die Sch., die die jeweilige Position vertreten, haben das erste Wort. Wird eine Position nicht vertreten, sollte nachgefragt werden, warum sich niemand dieser Meinung anschließen will.

■ *Ein Interview in der Klasse durchführen und auswerten*
Mit Hilfe des Fragebogens (**M 5**) entdecken die Sch. Ursachen, durch die es zu verstärktem Alkoholkonsum und schließlich zur Alkoholabhängigkeit kommen kann.
Sch. suchen sich eine/n Gesprächspartner/in, interviewen sich gegenseitig und halten die Ergebnisse auf dem Fragebogen fest.
In mehreren Gesprächskreisen (5–8 Pers.) werden die Antworten besprochen und ausgetauscht. Jede Gruppe notiert als Gesprächsergebnis drei Gründe, warum Alkohol getrunken wird, auf einem Plakat.

■ *Rollenspiele oder Fallbesprechung*
☐ Sch. setzen sich spielerisch mit verschiedenen Ausgangssituationen für Suchtverhalten auseinander und können dadurch Hintergründe und Zusammenhänge erfahren. Sie können in Kleingruppen wahlweise folgende Angebote bearbeiten:
– Darstellung einer Situation anhand von Rollenkarten (**M 6**). Die Gruppe bereitet das Rollenspiel vor und inszeniert es anschließend für die Klasse.
– Arbeit an Fallbeispielen (**M 7**).
☐ Am Beispiel »Patrick«/»Sebastian« und/oder eigenen Erfahrungen und Erlebnissen sowie anhand von Beispielen aus der Zeitung, aus einem Film etc. diskutieren die Sch. in Kleingruppen mögliche Ursachen für Alkoholkonsum und -missbrauch.
Die Ursachen werden im UG gesammelt (Tafel) und diskutiert.
Anschließend werden die Ergebnisse nach zwei Gesichtspunkten geordnet (evtl. Folie + AB erstellen):
– die positive soziale Wertschätzung des Alkoholkonsums in unserer Gesellschaft
– der Versuch, Probleme und Schwierigkeiten mit Hilfe von Alkohol zu »lösen«.
☐ *Mögliche Ergebnisse*: Alkohol gehört zum Alltag; es gibt einen starken Gruppendruck; es ist »in« Alkohol zu trinken; Alkohol gehört zum Erwachsensein; Alkoholkonsum kann die Folge sein von: Angst, Unsicherheit, Partnerproblemen, familiären Problemen, angeborener Willensschwäche, elterlichem Fehlverhalten, Werbung, Langeweile, Schwierigkeiten am Arbeitsplatz oder in der Schule; Alkohol schmeckt gut.

■ *Eine Collage zum Thema »Suchtmittelwerbung« erstellen und analysieren*
☐ Jugendliche sind besonders empfänglich für die in der Werbung mitgelieferten Versprechungen. Bei diesem Baustein erkennen die Sch.:
1. Welche Mittel die Werbung zur Verkaufsförderung einsetzt.
2. An welche Bedürfnisse und Wünsche sie dabei appelliert.
☐ Aus gesammelten und mitgebrachten »Genussmittelwerbungen« aus Zeitschriften und Magazinen erstellen die Sch. zwei Collagen (auf zwei Plakaten!).
Auf dem ersten Plakat mit dem Titel »Sucht« werden die angebotenen Produkte, auf dem zweiten Plakat mit dem Titel »Sehnsucht« die verwendeten Hintergründe für die jeweils angebotenen Produkte angeordnet. Die beiden Plakate werden dann miteinander verglichen und mithilfe von **M 8** analysiert und besprochen.
Anmerkung: Die beiden Collagen können im Themenbereich »Wege aus der Sucht« noch einmal aufgegriffen werden.

Abhängigkeit führt zur Veränderung der Persönlichkeit und von Beziehungen

Sch. erkennen, dass die Ursachen des Drogenkonsums und -missbrauchs in den verschiedensten individuellen und sozialen Bedingungen zu suchen sind und dass der Missbrauch von Drogen in einen Teufelskreislauf mündet, sodass die vorhandenen Probleme nicht gelöst, sondern verschärft werden.

■ *Ein Beziehungsmobile basteln*
Das Herstellen des Beziehungsmobiles leitet zur systematischen Betrachtungsweise der Problematik an. Die suchtbedingten Veränderungen im Beziehungsgefüge werden deutlich sichtbar gemacht.
☐ Sch. basteln in GA ein Mobile (Vorlage **M 9**) und benennen das Beziehungsgefüge (Familie, Clique, Klasse, Verein ...). Die Mobiles werden von den jeweiligen Gruppen im Klassenzimmer aufgehängt und ausbalanciert.
☐ Im anschließenden UG werden die praktischen Erfahrungen mit dem Mobile auf Lebenserfahrungen übertragen (z. B. von der Schwierigkeit ins Gleichgewicht zu kommen/wir sind aufeinander angewiesen/jede(r) braucht seinen/ihren Freiraum ...).

☐ L. heftet exemplarisch eine Flasche an eine Figur. Die deutliche Auswirkung auf das Beziehungsgefüge wird sichtbar und besprochen. An weiteren Mobiles können statt der Flasche eine Spritze, Nahrungsberg, Tablettenpäckchen usw. angeheftet werden.

☐ In GA schreiben die Sch. eine Geschichte, in der sie die veränderte Situation auf ihr Beziehungsbeispiel übertragen.

■ *Alkoholmissbrauch und seine Folgen thematisieren*

Die Sch. sollen die Tragweite der Folgen des Alkoholmissbrauchs erkennen und mögliche Schäden benennen können.

Sie sollen die Veränderungen im Bereich der Persönlichkeit kennen und wissen, wie und warum sich das Verhalten in bezug auf die Umwelt verschlechtert.

Die Sch. sollen für sich selbst Richtlinien für einen vernünftigen Umgang mit Alkohol entwickeln.

☐ Im Vier-Ecken-Spiel Fragen zum Alkoholmissbrauch diskutieren:
  Was ist Alkoholmissbrauch?
    – Ein erhöhter Konsum gegenüber der Norm?
    – Allein auf die Wirkung abzielendes Trinken?
    – Konsum zu unpassender Gelegenheit?
    – Eine deutlich sichtbare physische und psychische Veränderung?

☐ Eigene Erfahrungen austauschen und die Fallbeispiele Sven und Nadine (**M 10**) besprechen. Sch. schildern eigene Erfahrungen (der erste Rausch, peinliche Situationen mit Betrunkenen, Erlebnisse im Elternhaus oder Bekanntenkreis).

☐ Der Fall Sven als Beispiel für körperliche Folgen nach einmaligem Alkoholmissbrauch (**M 10**).

☐ Der Fall Nadine als Beispiel für die sozialen Folgen des Alkoholkonsums (**M 10**).

☐ Den Pop-Song »Alkohol« von Herbert Grönemeyer (**M 11**) hören, den »Weg in die Suchtkarriere« nachzeichnen und die möglichen Folgen eines Alkoholkonsums thematisieren.

☐ Die Sch. gestalten ein Informationsblatt über die gesundheitlichen Folgen des Alkohols. Folgende Informationen und Anregungen können vertiefend im Unterricht eingebracht und bearbeitet werden:

☐ Regeln für den Umgang mit Alkohol formulieren (**M 12**) und nach ihrer Bedeutung gewichten.

☐ Gesprächsregeln für Erstkontakt und erste Hilfe kennen lernen und beurteilen (**M 13**).

Alkoholismus – Steckbrief einer Krankheit

Vorphasen des Alkoholismus:

Schwer erkennbar / Bagatellisieren von problematischem Trinkverhalten / Schuldgefühle – Erklärungssysteme / Ausweichen bei Gesprächen über Alkohol / Betäubung unangenehmer Empfindungen mit Alkohol / Soziale Belastungen (Familie, Schule, Freunde) / Erste Anzeichen wirtschaftlicher Probleme / Guter Kumpel, sympathischer Mitschüler, häufige Teilnahme an Feiern und Feste aller Art / Suche nach Trinkgelegenheiten / Nachlassen von Leistung, Gesundheit, Verhalten.

Der Grad der Gefährdung:

Eine Faustregel lautet: je mehr, je regelmäßiger und je länger Alkohol getrunken wird, desto schlimmer sind die Folgen.

Sollen die Auswirkungen von Alkoholmissbrauch geklärt werden, muss zwischen einmaligem und längerem Missbrauch unterschieden werden.

Auswirkungen von einmaligem Alkoholmissbrauch:
– körperlich: Gleichgewichtsstörungen, verminderte Reaktionsfähigkeit, Sprechstörungen, Übelkeit.
– seelisch-geistig: Beschwingte, heitere, fröhliche Grundstimmung (aber manchmal auch traurige, wehleidige Stimmung), gesteigertes Selbstwertgefühl (Frauenheld), Selbstüberschätzung, Unternehmungslust, Enthemmung, nachlassende Kritik- und Urteilsfähigkeit.
– sozial: Konflikte mit anderen Menschen (z. B. unbegründete Eifersucht), unbesonnenes Verhalten (z. B. beim Autofahren), Verstöße gegen die öffentliche Ordnung (z. B. Randalieren).

Auswirkungen von häufigem Alkoholmissbrauch:
- körperlich: Schädigung der inneren Organe: Magen, Leber, Bauchspeicheldrüse, Kreislaufstörungen, Beeinträchtigung der Gehirnfunktion und des Nervensystems, Zittern der Hände, morgendliches Erbrechen, sexuelle Störungen.
- seelisch-geistig: Nachlassen der Konzentrations- und Gedächtnisleistung, Absinken der Eigenaktivität, Stimmungsschwankungen, leichte Beeinflussbarkeit, im schlimmsten Fall: Persönlichkeitszerfall, Wahnvorstellungen, Alkoholdelirium.
- sozial: Wachsende Spannungen in den sozialen Bereichen (Familie, Beruf, Freundeskreis), Nichtbeachtung sozialer Normen (z. B. Vernachlässigung der äußeren Erscheinung), Rücksichtslosigkeit.

Ergebnissicherung: Möglicher Tafelanschrieb
Körperliche, seelisch-geistige und soziale Auswirkungen des Alkoholmissbrauchs:
- Die körperlichen, seelischen und sozialen Folgen von langjährigem Alkoholmissbrauch haben einen schleichenden Verlauf, d. h. sie stellen sich langsam und oft unmerklich ein.
- Die andauernde Herabsetzung der Handlungsfähigkeit durch häufigen Alkoholmissbrauch führt dazu, dass der Betroffene sein Leben nicht sinnvoll und aktiv gestalten kann.
- Schwere körperliche Schäden treten fast unvermeidlich nach mehreren Jahren übermäßigen Trinkens auf. Vor allem Magen Leber, Kreislauf, Bauchspeicheldrüse, Gehirn und Nerven werden geschädigt.
- Für Jugendliche sind die Folgen des Alkoholmissbrauchs besonders gefährlich: Der Organismus des Jugendlichen ist empfindlicher als der des Erwachsenen, die körperlichen Schäden treten erheblich schneller auf.
- Unmittelbare Folgen von übermäßigem Alkoholkonsum sind Enthemmung und Selbstüberschätzung. Häufig kommt es zu unüberlegten Handlungen.
- 40 % aller Verkehrsunfälle mit Todesfolge werden unter Alkoholeinfluss verursacht.

■ *Die Modedroge Ecstasy (XTC) und ihre Folgen thematisieren und problematisieren*
Den Sch. wird zunehmend bewusst, dass es innere Leere und emotionaler Hunger sind, die immer mehr Jugendliche zu Ecstasy greifen lassen. Sie wissen, dass diese Droge und die dazugehörende »Szene« (Techno-Partys, House Community oder Love Parade) ›versprechen‹, »phantastische« Erlebniswelten jenseits der Normalität zu schaffen. Sie lernen die Auswirkungen von XTC auf den Körper kennen und wissen, dass die Einnahme dieser Droge tödlich sein kann.
☐ Bild von einer »XTC-Glückspille« auf Folie und das »Glaubensbekenntnis« einer Ecstasy-Konsumentin: »Ich liebe Ecstasy, es zerstört meinen Körper, es zerstört meine Seele, es macht mich selber kaputt, aber es befriedigt mich.«
☐ Wirkungsweise von XTC kennen und bedenken (**M 14a**).
☐ Diskussion und Interpretation des Pop-Song-Textes »Warum« von Tic Tac Toe (**M 14b**). In diesem (beliebten) Pop-Song wird in einem für die Sch. bekannten Text der »Weg in die Suchtkarriere« noch einmal nachgezeichnet.

■ *Essstörungen: Übergewicht und Magersucht*
☐ Impuls: Generation XXL – Jede/r sechste Sch. ist heute übergewichtig! Essen ist oft einziger ›Trost‹.
☐ Schlank = schön = begehrt? – Bild eines magersüchtigen Top-Models (**M 15**).
☐ Dick – dünn – unzufrieden – Der Kampf um die Kilos: Die Geschichte einer Ex-Magersüchtigen (»39 Kilo, Größe 34«) (**M 16**). Die Sch. gewinnen einen Einblick in das Leben einer süchtigen Person und erfahren, aus welchen Gründen Mädchen bzw. Frauen magersüchtig werden. Das UG sollte dabei auch die steigende Zahl betroffener Jungen berücksichtigen.
Dabei sind folgende Fragen leitend: 1. Wofür isst jemand zu viel oder zu wenig? 2. Wer ist gefährdet? 3. Welches sind die psychischen Hintergründe einer Essstörung? 4. Welche Folgen hat diese Sucht?
☐ Hunger nach ... Lebens-Hunger
  – Welcher Hunger treibt mich um? Nach was hungert es mich eigentlich?
  – Was macht mich heute satt? Wie stille ich meinen Lebenshunger?
☐ Hinter jeder Sucht steckt eine Sehn-Sucht (**M 17**).

- *Meilensteine am Wege in die Sucht – Meilensteine am Wege aus der Sucht*
  □ Sch. reflektieren und vertiefen das bisher Gehörte, Besprochene und Erarbeitete (eignet sich gut als Wdh.-Std.)
  □ Bunte DIN A4-Karten (= Meilensteine) werden beschriftet und als Weg gelegt (vgl. **M 18**) und evtl. in eine bestimmte Reihenfolge gebracht (interessant als GA/Vergleich der Ergebnisse). Dieser Weg kann auch als Plakat gestaltet werden.
  □ Das Wege-Bild wird aufgegriffen.

Dieser Unterrichtsbaustein bietet die Möglichkeit, über konkrete Hilfsmöglichkeiten zu sprechen und zu thematisieren, warum es uns Menschen im Allgemeinen schwer fällt, Hilfe zu suchen, zu helfen und sich helfen zu lassen.

Den eigenen Weg finden – Hilfen für einen Neuanfang

Sch. erfahren, dass jeder Mensch Situationen erlebt, in denen er »Ja« anstatt »Nein« gesagt hat. Sie erkennen das Problem des »NEIN-Sagens« und erarbeiten Strategien des »Ablehnens« und »Grenze-Ziehens« für die eigene Persönlichkeit. Im Rollenspiel üben sie das Neinsagen ein, um auf spätere Verführungssituationen vorbereitet zu werden.

- *NEIN-Sagen*
  □ Impuls: Die Collagen aus »Aspekt 1« werden aufgegriffen. L. bringt eine Fernbedienung mit rot gekennzeichneter Aus-Taste ins Spiel.
  Sch. erproben in den folgenden Übungen die Möglichkeit und ihre eigene Fähigkeit auszusteigen, Nein zu sagen und sich von den Verlockungen der Suchtmittel zu distanzieren. Sie erfahren ihre eigene Persönlichkeitsstärke.
  □ Von der Schwierigkeit, »Nein« zu sagen
  Sch. berichten von (Versuchungs-)Situationen, in denen sie »Ja« gesagt haben, obwohl sie eigentlich »Nein« sagen wollten. Daran anschließend formulieren sie mögliche Denk-, Sprach- und Verhaltensmuster, die eine Ablehnung des verlockenden Angebots klar und unmissverständlich zum Ausdruck gebracht hätten.
  □ NEIN-Sag-Übung: Sch. werden ermuntert/aufgefordert, das Wort »NEIN« in verschiedenen Varianten auszusprechen (z. B. laut, leise, geflüstert, geschrieen, zaghaft, bestimmt, schüchtern, überzeugt, ängstlich, wütend, traurig, fröhlich, langsam, schnell, mit hoher/tiefer Stimme ...).
  Anschließend wird über die eigene Wahrnehmung (Fiel es mir schwer? Wie habe ich mich dabei gefühlt?), die Wirksamkeit und Überzeugungskraft des »Neins« miteinander gesprochen. Gemeinsam wird überlegt, wann ein Nein angebracht bzw. notwendig ist und was man zum Nein-Sagen braucht.
  a) Die Sch. sagen reihum und ganz spontan das Wort »Nein«.
  b) Einzelne Sch. sagen das Wort »Nein« in verschiedenen Variationen; die anderen äußern, wie das jeweilige NEIN auf sie wirkt.
  c) L. gibt der Gruppe vor, wie das NEIN klingen bzw. gesprochen werden soll.
  □ Im Anschluss zur Vertiefung der Übung/en evtl. kreative Gestaltung eines Nein-Sag-Posters bzw. des Wortes »Nein«.

- *Eine Verführungssituation*
Die Situation: »Ein Nichtraucher soll von einem Raucher zum Rauchen überredet werden« nachstellen, erleben und reflektieren.
  □ 1. Schritt: Rauchen als Sucht: Stimmt/Stimmt nicht-Spiel
  – Stimmt es, dass mehr als die Hälfte der Erwachsenen raucht?
  Stimmt nicht! – Nur drei bis vier von zehn erwachsenen Menschen rauchen.
  – Stimmt es, dass die Raucher wissen, dass sie ihrer Gesundheit schaden?
  Stimmt! – 90 Prozent alle Raucher wissen, dass Rauchen schädlich ist.

– Stimmt es, dass jeder dritte Raucher an den Folgen des Rauchen stirbt?
Stimmt nicht! – Es sind viel mehr! Jeder zweite Raucher stirbt an den Folgen einer Krankheit, die durch das Rauchen begünstigt wurde.
– Stimmt es, dass Zigaretten »auf den Magen schlagen«?
Stimmt! – Bei der ersten Zigarette können sogar Erbrechen und Durchfall auftreten.

☐ 2. Schritt: Gründe gegen das Rauchen nennen und bedenken
Es ist ungesund. Es schmeckt nicht. Es ist teuer. Es verursacht gelbe Zähne und schlechten Atem. Es bewirkt Hustenanfälle und Atembeschwerden. Der Zigarettenrauch riecht unangenehm. Es ist auch für anwesende Nichtraucher ungesund ...

☐ 3. Schritt: Möglichkeiten »Nein« zu sagen in einer konkreten Verführungssituation anwenden und reflektieren:
– Nimm dir erst einmal Zeit zum Überlegen!
– Wäge das Für und Wider ab!
– Sag einfach »nein«!
– Dreh dich um und geh weg!
– Versuche, die anderen von deiner Einstellung zu überzeugen!
– Mache einen anderen, besseren Vorschlag!

☐ 4. Schritt: Auswertung der Versuchungssituation »Rauchen«
– Fiel es dir schwer abzulehnen?
– Hast du dich unter Druck gesetzt gefühlt?
– Fandest du es blöd, dass er/sie abgelehnt hat?
– Welches Argument fandest du besonders überzeugend?

■ *Bibelarbeit »Die Versuchung Jesu« (Mt 3,13–4,11)*
Impuls: A. Fuchshuber: »Ein Bild der Versuchung« Farbfolie (Folienmappe zur Kaufmann-Kinderbibel). Alternativ: Schwarz-weiß Folie, Kopiervorlage (**M 19**).

☐ 1. Schritt: Sch. lassen sich auf das Bild ein, betrachten es, artikulieren ihr Angesprochensein von dem Bild und nehmen wahr, welchen Eindruck es auf andere macht.
– Bild wird gezeigt (ohne Kommentar). Zwei Minuten still betrachten.
– Sch. erhalten eine Fotokopie des Bildes mit freiem Rand zum Beschriften (**M 19**). Sie halten Assoziationen, Gefühle, Erinnerungen, Eindrücke fest.
– Besprechung in der Runde (Wichtig: Sch. äußern Eindrücke als Mitteilung an die anderen, keine Diskussion. Wir hören und teilen mit.). Empfehlung: Stuhl oder Sitzkreis am Boden. Bild als Mitte. Die Sch. legen ihre Blätter dazu.
– Auswertendes und weiterführendes UG, Beschreiben des Bildes (Wüste, Schatten ...)

☐ 2. Schritt: In diesem Schritt identifizieren sich die Sch. mit der Hauptperson des Bildes. Sie reflektieren die Sinnbilder »Schatten« und »Wüste« für ihr eigenes Leben.
– Sch. bearbeiten die Aufgaben zunächst für sich.
– Sie tauschen sich in Kleingruppen aus, die sie sich selbst aussuchen. Das Gespräch bleibt in der Kleingruppe, um sehr persönliche Äußerungen zu schützen.

☐ 3. Schritt: Nun wird das Bild in den Zusammenhang der biblischen Geschichte von der Taufe und Versuchung Jesu gestellt. Die Sch. haben die Gelegenheit, die Geschichte kennen zu lernen und zu erleben, wie Jesus in Versuchung gerät und dieser widersteht. Sie können darin Ermutigung für eigene »Versuchungen« finden.
– Sch. bearbeiten in PA den Bibeltext (evtl. Textblatt):
– Fragen zu Mt 3,13–4,11: Die Taufe Jesu/Jesus geht in die Wüste
  1) Was wäre gewesen, wenn Jesus Steine zu Brot gemacht hätte?
  2) Was der Versucher einflüstert, scheint auf den ersten Blick vernünftig zu sein. Wo findet Jesus den Maßstab für das rechte Handeln?
  3) Wir erleben in der Geschichte, wie Jesus in Versuchung gerät. Was bedeutet das für uns, wenn wir in Versuchung geführt werden?
– Diskutiert die Fragen und haltet euer Ergebnis in wenigen Sätzen fest.
– Ein auswertendes und klärendes UG schließt sich an, besonders unter Berücksichtigung der Fragen 2 und 3.

■ *Durch eine meditative Besinnung Rückenstärkung erfahren*
Die Frage, worin Jesus die Kraft zum NEIN-Sagen findet, wird im Hinblick auf die eigene Erfahrung reflektiert. In der meditativen Übung »Ein Wort, das trifft« kann die biblische Tradition als Quelle der Ermutigung und Rückenstärkung erfahren und angenommen werden.
Wenn möglich, sollte dieser Schritt auch in der äußeren Form deutlich meditativen Charakter haben.
- □ »Gestaltete Mitte«: Tücher in den Farben des Bildes, Schale mit Wasser und Schwimmkerzen (Bezug zu Taufe und Jesus als »Licht der Welt«), Steine, evtl. Zweig, Taubensymbol (**M 20**, für jede/n Sch. eine Kopie der Taube), liegen in der Mitte. Leise, meditative Musik beim Ankommen im Kreis, evtl. kleine Atem- oder Entspannungsübung.
  - Nochmaliges Lesen der Geschichte (Laubi/Fuchshuber, Kinderbibel), Aufgreifen der Thematik: Jesus widersteht der Versuchung. Was stärkt mir den Rücken?
  - Impuls: Nehmt eine Taube und haltet fest, was euch stärkt!
- □ Sch. beschriften die Tauben mit ihren eigenen Erfahrungen der Rückenstärkung und teilen sie in der Runde mit. Die beschrifteten Tauben können am Zweig aufgehängt werden. Ergebnis: Ein gestärkter/starker Mensch kann »Nein« sagen.
- □ Bibelworte der Ermutigung – ein Wort, das trifft ...
  Im Raum verteilt liegen genügend Karten aus, mit Bibelworten der Ermutigung (mögliche Textauswahl: **M 21**).
- □ Anknüpfend an die Erkenntnis, dass Jesus in der Auseinandersetzung mit dem Versucher auf das mosaische Gesetz zurückgreift, suchen sich die Sch. ihr Wort der Ermutigung aus. Dazu machen sich alle zunächst auf den Weg und gehen im Raum umher ... Das »Wort, das trifft«, will gesucht und gefunden werden.
- □ Wenn die Sch. ihren Satz gefunden haben, suchen sie sich einen Platz im Klassenraum; sie gestalten, schreiben, malen ihre Begegnung mit diesem Satz. Dieser Schritt bleibt bei dem oder der Einzelnen als persönliche Erfahrung und wird nicht mehr in der Klasse aufgegriffen.
- □ Anmerkung: Es werden mindestens doppelt so viele Karten benötigt wie Sch. in der Klasse sind. Einzelne Karten können mehrfach vorkommen.

■ *»Mal deinen Weg«*
Kreative Begegnung mit dem Lied »Mal deinen Weg« (**M 22**).
In dem Lied wird das zentrale Bild des Lebensweges aufgegriffen und ausgemalt.
- In der kreativen Auseinandersetzung mit dem Text nehmen die Sch. ihren persönlichen Weg wahr, reflektieren ihn und können ihr »Unterwegs-Sein« als Sinnerfahrung begreifen.
- Gemeinsames Singen des Liedes.
- Sch. malen mit bunten Farben ihr Wege-Bild zu dem Lied oder einem ausgewählten Motiv.
- Vorstellung und Austausch in der Gruppe.

■ *Weitere Vertiefungsmöglichkeiten*
- □ Texte und Lieder zur Ich-Stärkung können im Verlauf der UE an verschiedenen Stellen eingesetzt werden. Gerne verweisen wir auf die preisgünstigen und sehr guten Bild-Text-Hefte »unterwegs – Aufbruch ins Leben« von Peter Klever (Verlag Ernst Kaufmann, Lahr ISBN 3-7806-0501-5), »...weil du einmalig bist« von Ulrich Schaffer (Verlag Ernst Kaufmann, Lahr ISBN 3-7806-0506-6).

■ *Eine Genuss-Stunde erleben*
- Texte über Genuss und Freude
- Sch. lassen ein Stück Schokolade, ein Gummibärchen ... bewusst und langsam auf der Zunge zergehen.
- Barfußgang: Sch. lassen sich mit verbundenen Augen barfuß über verschiedene Unterlagen führen (Fell, Blätter, Moos, Kiesel ...).
- Verschiedene wohlriechende Düfte riechen.

- Entspannungsmusik und Entspannungsübungen, z. B. »Rücken an Rücken-Übung«: »Jetzt gibt es für ein paar Minuten etwas Angenehmes und Entspannendes. Sucht euch dafür einen Partner oder eine Partnerin, mit dem/der ihr euch gut versteht. Stellt euch voneinander abgewandt Rücken an Rücken, so dass zwischen euren Rücken noch 3 cm Platz ist. Spürt ihr aus dieser Entfernung schon Wärme? Nun lehnt euch vorsichtig an den Rücken des anderen. Nur so fest, wie es euch angenehm ist. Bleibt eine Minute lang Rücken an Rücken stehen, schließt die Augen oder bewegt euch ganz leicht ... Verabschiedet euch von dem Rücken eures Partners/eurer Partnerin und tauscht euch darüber aus, wie es euch ergangen ist.
☐ Projekt: Alkoholfreie Mixgetränke herstellen (evtl. fächerübergreifend). Rezepte kostenlos bei Geschäftstellen der Krankenkassen bzw. über Beratungsstellen erhältlich (z. B. AOK-Broschüre »Sehr zum Wohl ohne Alkohol«).

■ *Vertrauensspiele*
- Vertrauenskreis: Sch. stehen eng im Kreis (Schulter an Schulter, eine Person steht in der Mitte. Diese lässt sich langsam nach vorne, hinten oder seitlich fallen und wird von der Gruppe aufgefangen, gehalten und sachte in eine andere Richtung geschubst. Wichtig: Es müssen unbedingt mehrere Teilnehmer/innen fangen und halten, die Verantwortung und Zuverlässigkeit jedes/jeder Einzelnen muss betont werden.
- Vertrauenssprung: Die Sch. stellen sich dicht aneinander in einer Zweierreihe gegenüber, Hände und Arme im Reißverschlußsystem verschränkt. Eine Person wagt einen »Vertrauenssprung« von einem Stuhl oder Tisch herab und wird von der Gruppe aufgefangen und gehalten. (Die Person entscheidet selbst über die Höhe und ob sie sich vorwärts oder rückwärts fallen lässt.)
☐ Besuch einer Drogenberatungsstelle. Erfahrungsgemäß bieten Beratungsstellen ein ansprechendes Programm für Sch.; örtliche Erkundigungen einholen. Wichtig: Abbau der »Schwellenangst«.
☐ Hinweis auf Sorgentelefonnummern und Telefonseelsorge, z. B. »Nummer gegen Kummer« 0 13 08/1 11 03

■ *Weitere Popsongs einsetzen*
☐ Pop-Song »Über sieben Brücken musst du gehen ...« von Peter Maffay hören und besprechen. – Der Song erschließt, dass das Leben aus Höhen und Tiefen, aus Licht- und Schattenseiten besteht, dass Probleme, Leiderfahrungen, Ängste, Schwierigkeiten, Unbequemlichkeiten usw. einfach zum Leben dazu gehören. Es gilt (und es gibt) viele Möglichkeiten, sich dieser Tatsache auf positive Weise zu stellen und Probleme zu bewältigen.
»... siebenmal wirst du die Asche sein, aber einmal auch der helle Schein ...« – Wichtiges Anliegen: Sch. ermutigen, dunkle Momente ins eigene Leben einzubeziehen, die Hoffnung nicht zu verlieren, sich Ängsten und Problemsituationen zu stellen, Stolz zu überwinden, Hilfe zu holen, sich helfen zu lassen ...
☐ Pop-Song »Stark sein« von Milva
Das Lied bietet eine gute Möglichkeit, »Stark sein« zu thematisieren; z. B.: »Wie kann ich mich dem Gruppendruck entziehen?« – »Wo liegen meine Stärken?« ...

M 1 **WENN ... – DANN ...**

Wenn ich mich freue ...	Wenn ich ausgelassen bin ...
Wenn ich wütend bin ...	Wenn ich schlechte Laune habe ...
Wenn ich erschöpft bin ...	Wenn ich mich missverstanden fühle ...
Wenn ich mich ausgeschlossen fühle ...	Wenn ich auf ein Fest gehe ...
Wenn ich etwas Aufregendes erleben will ...	Wenn ich im Stress bin ...
Wenn ich einsam bin ...	Wenn ich eifersüchtig bin ...

M 2   EIN KONSUMPROFIL DER EIGENEN KLASSE ERSTELLEN

Kaffee/Tee	
Bier	
Wein	
Spirituosen	
Zigaretten	
Medikamente	
Beruhigungsmittel	
Schnüffelstoffe	
Süßigkeiten	

Aufgaben:
1. Überlegt zunächst, wie eure persönliche Konsumwoche verlaufen ist.
2. Klebt in jede Spalte, die auf euch zutrifft, und für jede Konsumsituation einen Klebepunkt.
3. Erstellt eine Rangfolge eurer Konsumgewohnheiten.
4. Was ist der »Konsumhit« der Klasse? Hättet ihr dieses Ergebnis erwartet?
5. Wovon wird das Konsumverhalten beeinflusst?

M 3 VERTRÄGE ABSCHLIESSEN – VERTRÄGE EINHALTEN

Vertrag

Ein Tag ohne ...

Ich, _____

werde am _____

auf _____ verzichten!

Unterschrift: _____

Habe ich wirklich einen Verzicht ausgewählt oder habe ich es mir leicht gemacht?
_____

Wie ging es mir, als ich auf meine Gewohnheit verzichtete?
_____

Habe ich das Experiment abgebrochen oder durchgehalten?
_____

An welcher Stelle habe ich abgebrochen? Warum?
_____

Was wäre passiert, wenn ich etwas gewählt hätte, das schwer durchzuhalten ist?
_____

Was habe ich in der Zeit getan, in der ich nicht meiner Gewohnheit nachging?
_____

Wann fiel es mir schwer, auf meine Gewohnheiten zu verzichten?
Wann fiel es mir leicht?
_____

M 4   **MEINUNGSSPIEL**

Alkohol- oder drogenabhängig (süchtig) ist jemand ...			
weil er/sie willensschwach ist.	weil er/sie als Kind zu wenig geliebt wurde.	weil er/sie die Anlagen dazu bereits geerbt hat.	weil er/sie mit Problemen nicht zurechtkommt (Probleme mit Freund/in, Schulschwierigkeiten, Stress, Clique, Krach mit den Eltern).

Ich selbst trinke Alkohol ...			
weil es normal ist, Alkohol zu trinken.	weil ich dann gelöster und freier werde.	damit ich dazugehöre und nicht ausgeschlossen werde.	weil es mir schmeckt und ich mir nichts dabei denke.

Über das Rauchen denke ich ...		
dass Tabak eine Droge ist, die entspannt, einen sicherer macht und die Nervosität abführt.	dass man Tabak nicht mit anderen Suchtmitteln in einen Topf werfen sollte – jeder kann es machen, wie er will – es ist ja seine Gesundheit.	dass es eine Sucht ist wie jede andere und dass man nicht so einfach damit aufhören kann.

Über Sucht denke ich ...			
so etwas kann mir nie passieren!	dass ich zu wenig darüber weiß (wie wird man überhaupt süchtig?).	jeder ist auf seine Art süchtig.	das ist ein Problem, das eher Männer haben als Frauen.

Außerdem meine ich ...			
weil es mir langweilig ist oder ich gefrustet bin, spiele ich gern an Automaten. Das ist besser als Alkohol.	viele Menschen essen aus Frust oder wegen Problemen – das ist auch eine Sucht.	wenn es mir nicht gut geht, esse ich lieber Süßigkeiten. Da handle ich mir keine Sucht ein.	Computer können auch zur Sucht werden.

Über Haschisch denke ich ...			
dass es körperlich und seelisch krank machen kann.	dass man es probiert haben muss.	dass es völlig harmlos ist und nicht abhängig macht.	dass es eine Einstiegsdroge für härtere Drogen ist.

M 5 GRÜNDE FÜR DEN ALKOHOLKONSUM

1 Kannst du dich noch erinnern, wann du zum ersten Mal Alkohol getrunken hast? Wie ist es dazu gekommen, wie fühltest du dich dabei?

2 Wie oft trinkst du Alkohol? In welcher Situation? Warum gerade dann?

3 Wie wirkt Alkohol auf dich? Ist dir schon einmal richtig schlecht davon geworden?
Hattest du schon einmal einen richtigen Rausch?
Was war das Schlimmste dabei?

4 Schmeckt dir Alkohol?

5 Wird in deiner Umgebung viel/wenig Alkohol getrunken (Eltern, Freunde, Bekannte)?

6 Gibt es bestimmte Anlässe, bei denen du in der Regel Alkohol trinkst (Geburtstagsfeier, Partys etc.)? Hast du schon einmal überlegt, warum du gerade dann trinkst?

7 Viele Jugendliche trinken, weil sie meinen, dass sie dann »erwachsen« sind. Was hältst du davon?

8 Meinst du, dass es ganz bestimmte »Typen« gibt, die häufig Alkohol trinken?

9 Viele trinken, weil sie glauben, damit ihre Probleme lösen zu können. Kennst du das? Hast du das selbst schon einmal erlebt?
(Oder bei deinen Freunden?) Was kommt dabei heraus?

10 Hast du schon einmal Alkohol getrunken, weil »alle« getrunken haben? Weil du kein Außenseiter sein wolltest?

Aufgaben:
1. Um herauszufinden, warum Alkohol getrunken wird, könnt ihr eine Umfrage machen. Die Fragen dazu findet ihr auf dieser Seite. Fragt zunächst eure Gesprächspartner in der Klasse.
2. Schreibt die Antworten auf, damit ihr anschließend über die Ergebnisse der Umfrage diskutieren könnt. Als Interviewpartner könnt ihr auch mal Freunde, Eltern und Bekannte wählen.

M 6 ROLLENSPIELKARTEN

Dein Name ist Paul. Du bist 15 Jahre alt und Einzelkind.
Deine Eltern leben getrennt. Du leidest unter dieser Situation und fühlst dich oft allein.
Du bist Mitglied einer Clique und machst alles mit, um nicht im Abseits zu stehen.

Du bist Sarah, 16 Jahre, kommst aus einem reichen Elternhaus, hast Probleme in der Schule und mit dir selbst.
Dein einziger Lichtblick ist die Clique, die sich regelmäßig trifft und trinkt, um Spaß zu haben.
Ein Neuer will zu euch stoßen.

Du bist Patrick, 15 Jahre, selbstbewusst, gut drauf und ein Genießertyp.
Du triffst auf eine Clique, die dir gefällt.
Du gehst unbefangen auf sie zu, nimmst Kontakt auf, ohne selbst mitzutrinken, denn du möchtest bei deinem Nein zu Drogen bleiben.

Dein Name ist Andrea, du bist 16 Jahre alt und hast Geschwister, die dich manchmal nerven. Als Älteste musst du ziemlich viel im Haushalt mithelfen.
Du bist schon längere Zeit in deiner Clique und fühlst dich dort sehr wohl.
Ihr trinkt aus Langeweile und weil ihr es cool findet.
Eine neue Freundin von dir will sich zu euch gesellen.

Dein Name ist Nicole, du bist 16 Jahre alt und stehst kurz vor deiner Abschlussprüfung. Dir macht das viele Lernen und der Prüfungsdruck so zu schaffen, dass du selbst am Wochenende kaum abschalten kannst.
Entspannung findest du bei deiner Clique, in der geraucht und getrunken wird.
Ein Neuer will zu euch stoßen.

Du bist Jens, 15 Jahre alt und neu zugezogen. Du suchst Freunde und schließt dich einer Clique an, die sich täglich trifft, raucht und trinkt.
Du selbst magst das nicht, möchtest aber unbedingt Anschluss finden.

M 7 FALLBESPRECHUNG: PATRICK UND SEBASTIAN

Fallbeispiel 1:
Patrick
Patrick (19) ist Kfz.-Mechaniker. Seine Arbeit macht ihm eigentlich Spaß.

Aber er hat keine Freunde unter den Kollegen. Die meisten sind auch schon älter. Deshalb bleibt er lieber allein. Er kauft sich ein schnelles Auto und macht dafür Schulden. Als seine Eltern ihm deswegen Vorhaltungen machen, zieht er von Zuhause aus. Seine Freundin Tanja ärgert sich über ihn, weil er ständig gereizt ist. So fängt er auch mit ihr Streit an. Bald wird Patrick alles zu viel.

Er geht immer öfter in die Kneipe und betrinkt sich. Dann denkt er nicht mehr an seine Schwierigkeiten. Schließlich geht er nicht mehr zur Arbeit, verliert seine Freundin, macht noch mehr Schulden ...

Wie geht es mit Patrick weiter?

Fallbeispiel 2:
Sebastian K. erzählt:
»... ja, damals lief es auch in der Schule gar nicht so gut. Und meine Mutter meinte auch immer: ›Mensch, streng' dich an! Sonst wird nie etwas aus dir. So kriegst du doch nie 'nen Job. So kriegst du nie 'ne anständige Frau ...‹ Angefangen hat das erst so richtig bei der Klassenfahrt damals. Kennst du doch: Schön! Alle Mann im Bus. Zwei Lehrer dabei, rumsingen, rumalbern und so ... Wir waren damals zu einer Fahrt in den Odenwald unterwegs. Und als wir dann da ankamen, war nicht viel los. Also kurz entschlossen, wir erst mal einen Streifzug durch den Ort gemacht. Ja, und dann war da so 'ne kleine Kneipe ... Eine Runde nach der andern ... Ich habe da mindestens so meine fünf, sechs Bierchen eingepfiffen. Und plötzlich lief da was. Da war alles ganz anders. Ich war ja immer ganz schön schüchtern gewesen. Aber an dem Abend, verstehst du, da ging ich ab wie 'ne Rakete. Wir haben da 'ne Menge Quatsch gemacht und unheimlich Spaß gehabt ... Und meine kleine ... also die, mit der ich damals ging, die Susi, die sagte: ›Mensch, du bist ja gar nicht so 'ne trübe Tasse. Du kannst ja ein ganz starker Typ sein. Warum bist du denn sonst immer so langweilig?‹ Und so ging das dann los. Da habe ich angefangen regelmäßig zu trinken, denn ich wollte ja nun immer so ein ›starker Typ‹ sein. Aber ich merkte bald, dass Bruder Alkohol auch in anderen Fällen helfen kann. Wenn mal 'ne schwierige Arbeit in der Schule war oder mir sonst was nicht passte, habe ich einen kleinen Schluck genommen. Meine Eltern haben das gar nicht gemerkt. Vater hat ja auch manchmal einen zur Brust genommen. Wie ich an den Stoff rangekommen bin? Na, das ist doch heute kein Problem. Wie es gerade kam, Kneipe, Supermarkt, an so einem kleinen Kiosk bei uns um die Ecke. Wir haben sogar manchmal in der Schule in der Pause den Flachmann kreisen lassen. Das hat doch kein Lehrer gemerkt. Was meinste, was da so läuft! Finanziert habe ich das meistens von meinem Taschengeld. Das war ja reichlich vorhanden, ab und zu auch mal gejobbt. Das ist doch kein Problem. Und nach der Schule? Na ja, am Anfang der Ausbildung, da lief das eigentlich ganz gut. Bis eines Tages der Meister merkte, dass ich eine Fahne hatte. Kannst dir vorstellen, was da los war. Ich hab' noch Schwein gehabt, dass er mich nicht gleich gefeuert hat. Jetzt habe ich noch mal eine ›Gnadenfrist‹ bekommen, wie er das nennt. Mal sehen, ob ich das durchstehe ...«.

Aufgaben:
1. Beschreibt Wirkungen und Gefahren des Alkoholkonsums.
2. Nennt mögliche Gründe für den Alkoholmissbrauch.
3. Nehmt Stellung zur folgenden Äußerung: »*Es wäre die Übereinkunft nützlich, dass der regelmäßige Verzehr von fünf Litern Bier einen Jungen nicht zum Mann macht, sondern zum Alkoholiker.*«
4. Gestaltet ein Faltblatt gegen Alkoholmissbrauch.

M 8 BILDER DER WERBUNG ANALYSIEREN

1 Was zeigt das Bild?	
2 In welche Umgebung werden die Menschen gestellt?	
3 Welche Eigenschaften der abgebildeten Menschen werden besonders betont?	
4 Welche Sprache wird in der Anzeige benutzt?	
5 Welche besonderen Qualitäten werden dem Produkt zugeordnet?	
6 Welche Zielgruppe soll erreicht werden? Welche Rollenklischees werden verwendet?	
7 Welches Ziel hat die Anzeige?	

Aufgaben:
Analysiert anhand der Fragen in der linken Spalte die gesammelten Anzeigen und vergleicht sie miteinander.

M 9   BEZIEHUNGS-MOBILE

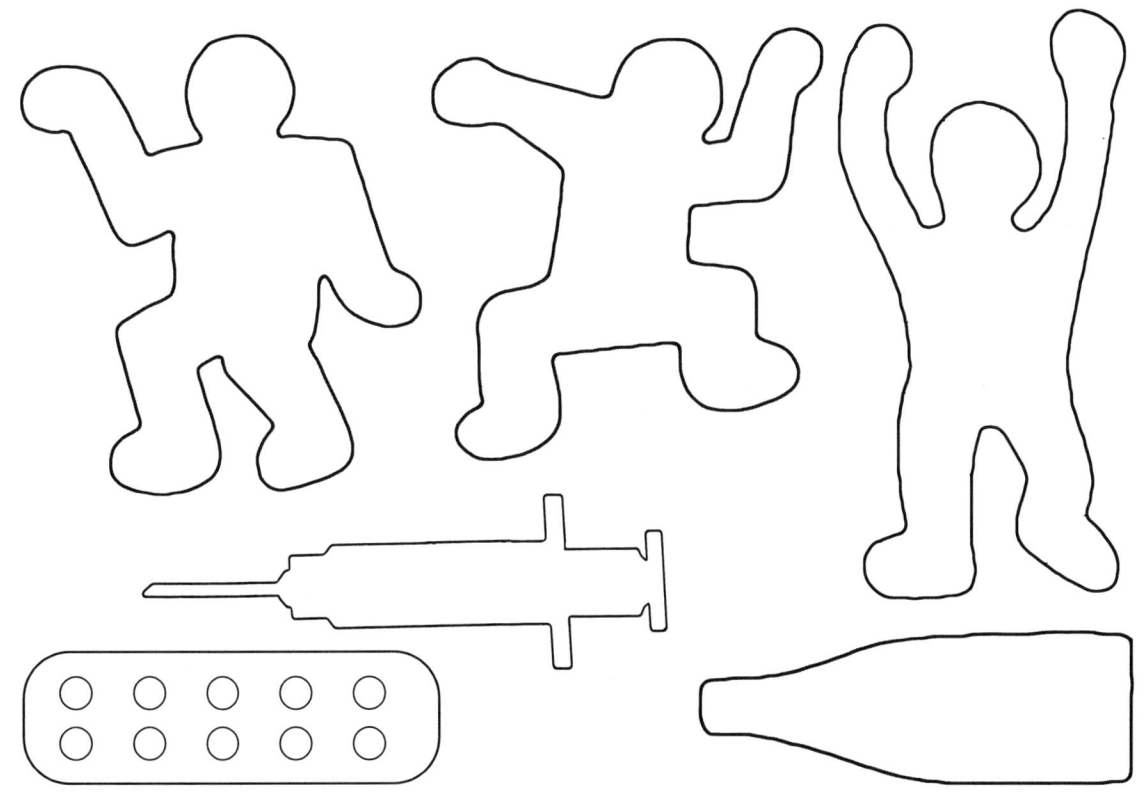

Bastelanleitung:
Skizzierte Figuren auf DIN A6 vergrößern, Schablonen herstellen, diese auf *Tonkarton* übertragen und ausschneiden. Jeweils zwei Figuren mit *Wollfäden* an kurzen *Rundstäben* befestigen (s. Skizze, Anzahl der Stäbe je nach Mobilegröße). Diese kleinen Systeme untereinander bzw. mit dem *längeren Rundstab* verbinden (s. Skizze).
»Lightversion«: Es kann auch nur ein Zweiermobile (kleines System – 1 Rundstab, 2 Figuren) benutzt werden, um durch Anheften eines Gegenstandes das Ungleichgewicht zu veranschaulichen.

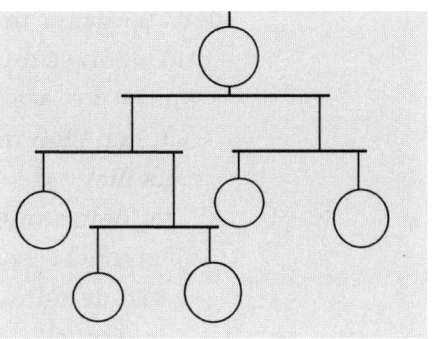

M 10   ALKOHOLMISSBRAUCH UND SEINE FOLGEN

Sven, 15 Jahre, ist an Alkohol nicht gewöhnt. Auf einer Klassenfahrt wollen seine Mitschüler »mal richtig einen drauf machen« und greifen immer wieder zur Flasche. Sven trinkt mit. Schon nach kurzer Zeit wird ihm schwindlig, er schwankt umher, redet wirres Zeug und muss sich schließlich übergeben. Noch zwei Tage später hat er ein flaues Gefühl im Magen.

Nadine, 16 Jahre, ist in ihrem Freundeskreis beliebt und wird eigentlich von allen anerkannt. Trotzdem ist sie etwas schüchtern und unsicher und hat oft Angst abgelehnt zu werden. Deshalb kommt sie auf die Idee, sich »Mut« anzutrinken. Sie fühlt sich dann selbstsicherer und von allen geliebt. Nadine merkt nicht, dass sie dann immer lauter redet, übertrieben lacht und jedem ins Wort fällt. Ihre Freunde finden das peinlich und fangen an, hinter ihrem Rücken zu tuscheln. Schließlich laden sie Nadine nicht mehr zu Partys ein.

HERBERT GRÖNEMEYER: ALKOHOL

wir haben wieder die nacht zum tag gemacht
ich nehm mein frühstück abends um acht
gedanken fließen zäh wie kaugummi
mein kopf ist schwer wie blei, mir zittern die knie
gelallte schwüre in rot-blauem licht
vierzigprozentiges gleichgewicht
graue zellen in weicher explosion
sonnenaufgangs- und untergangsvision
was ist hier los, was ist passiert?
ich hab' bloß meine nerven massiert
alkohol
ist dein sanitäter in der not
alkohol
ist dein fallschirm und dein rettungsboot
alkohol
ist das drahtseil, auf dem du stehst
alkohol, alkolhol
die nobelscene träumt vom kokain
und auf dem schulklo riecht's nach gras
der apotheker nimmt valium und speed
und wenn es dunkel wird, greifen sie zum glas
was ist los, was ist passiert?
ich hab bloß meine nerven massiert
alkohol
ist dein sanitäter in der not
alkohol
ist dein fallschirm und dein rettungsboot
alkohol
ist das drahtseil, auf dem du stehst
alkohol
ist das schiff, mit dem du untergehst
alkohol
ist dein sanitäter in der not
alkohol
ist dein fallschirm und dein rettungsboot
alkohol
ist das dressing für deinen kopfsalat
alkohol, alkohol

herbert grönemeyer © Grönland Musikverlag

M 12 REGELN FÜR DEN UMGANG MIT ALKOHOL

1. Ich trinke nur, wenn ich genügend gegessen habe, nie auf leeren Magen.

2. Ich trinke abends nichts oder nur wenig, wenn ich am nächsten Tag Wichtiges zu erledigen habe.

3. Ich trinke nie aus Langeweile, wenn ich nicht weiß, was ich mit mir anfangen soll.

4. Ich trinke nur, wenn ich mich wohl fühle, wenn ich in guter Stimmung bin.

5. Ich trinke nie, wenn ich allein bin.

6. Auf einer Party trinke ich grundsätzlich nie mehr als ein Glas pro Stunde.

7. Ich trinke nur, wenn ich gemütlich mit guten Freunden zusammen bin.

8. Ich trinke hin und wieder eine Woche lang gar keinen Alkohol.

9. Ich lasse mich nie von anderen dazu drängen, Alkohol zu trinken, wenn ich es nicht möchte.

10. Ich trinke immer etwas weniger, als ich eigentlich vertragen kann.

Aufgabe:
Hier sind 10 Regeln für den Umgang mit Alkohol. Suche die drei heraus, die dir für dich persönlich besonders wichtig erscheinen, und versuche sie einzuhalten.

M 13 GESPRÄCHSREGELN

1. Welche der folgenden Äußerungen sind für den »Einstieg« in ein Gespräch mit einem Alkoholgefährdeten geeignet? Bitte die richtigen Einstiege ankreuzen.	2. Welche Regeln sind grundsätzlich wichtig für ein Gespräch mit einem Alkoholgefährdeten oder allgemein für den Umgang mit einem Menschen, der Probleme hat? Kreuze bitte die nach deiner Meinung richtigen Regeln an.
»Günter, eines will ich dir sagen, wenn du so weiter machst, bist du bald Alkoholiker.« ☐	**Drohung aussprechen:** »Wenn du so weiter machst, fliegst du noch raus.« ☐
»Sei doch nicht so verbittert, du vergraulst dir auch noch die besten Freunde.« ☐	**Vorsichtig nach den Ursachen fragen:** »Du bist so anders als sonst, woran liegt das?« ☐
»Stimmt es, dass du in letzter Zeit einige Schwierigkeiten hast?« ☐	**Mitleid offen zeigen:** »Du armer Kerl, dir geht es ja wirklich mies.« ☐
»Stell dich doch nicht so an. Andere haben auch Probleme. ☐	**Solidarität zeigen:** »Ich möchte dir gerne helfen, erzähl doch mal, was los ist.« ☐
»Ich habe das Gefühl, dass dich in letzter Zeit etwas bedrückt. Du bist so ruhig geworden.« ☐	**Moralisch sein:** »Mensch, du kannst doch nicht einfach alle wichtigen Dinge vernachlässigen!« ☐
»Kommst du heute abend mal wieder mit ins Kino?« ☐	**Gemeinsame Lösung anstreben:** »Vielleicht finden wir zusammen einen Weg.« ☐
»Hauptsache, du machst deine Arbeit gut. Alles andere kommt dann schon von selbst.« ☐	**Harte Begriffe vermeiden, also nicht:** »Ich glaube, du bist Alkoholiker.« ☐

Jeder Alkoholgefährdete ist dringend auf Hilfe angewiesen. Er braucht sie, auch wenn er verschlossen, scheinbar gleichgültig und sogar abweisend wirkt.
Damit man helfen kann, muss man ein paar Regeln kennen und beachten.

M 14a ECSTASY

Bericht von einer Party
Obwohl sich tausende Tänzer, Raverinnen und Nachtschwärmer tummelten, traf ich bald einen Kreis von Freunden, von denen mir einer eine Pille gab. Es war weit nach Mitternacht, als ich sie einnahm. Wir tanzten in der Menge, ließen uns treiben.

Die Wirkung kündigte sich wie meist mit einem flauen Gefühl im Magen an, begleitet von etwas Unsicherheit und Nervosität, dann waren diese Gefühle auf einmal wie weggespült. Ich fühlte mich einfach wohl und aufgehoben zwischen all den Tanzenden, war nicht mehr ein Einzelner, der sich im Ganzen verliert, sondern mit allen zusammen verbunden. Ich fing Blicke auf und erwiderte sie, man erkannte einander an einem Lächeln. Jede Müdigkeit war wie weggeblasen, ich tanzte leicht zwischen den anderen, wurde angestrahlt und strahlte zurück. Dann konzentrierte ich mich nur noch auf die Musik und tanzte mit geschlossenen Augen. Aber es war nicht so, dass ich zur Musik tanzte – die Musik tanzte mich. Sie ging durch mich hindurch, das Herz schien in ihrem Rhythmus zu schlagen, mein Atem folgte dem Bass, die Arme und Beine fühlten sich leicht an, sie bewegten sich von selbst und so frei, dass ich selber überrascht war. Ich war Musik, tanzte auf den Noten, konnte Töne mit meinen Bewegungen selber erzeugen.

Aus: Bundeszentrale für gesundheitliche Aufklärung (Hg.), Auf und davon, Köln 1995, S. 16f (Auszug)

Ecstasy gehört zu den illegalen Drogen in Deutschland. Die Substanz ist nicht neu, denn sie wurde bereits 1914 hergestellt. Damals wurde sie als Appetitzügler verabreicht, wegen der schweren Nebenwirkungen aber in den 80-er Jahren verboten. Bis dahin wurde der Wirkstoff auch als Aufputschmittel im Krieg eingesetzt, um die Hemmschwelle beim Plündern und bei brutalen Einsätzen der Soldaten herabzusetzen. Heute wissen wir, dass Ecstasy das menschliche Gehirn beeinflusst und dass es bei der Einnahme zu schweren Fehlfunktionen des Gehirns kommt. Untersuchungen an Affen haben gezeigt, dass diese Veränderungen auch dann bleiben, wenn die gefährliche Pille schon längst nicht mehr genommen wird. Wer Ecstasy konsumiert, wird unruhig, hyperaktiv, überschwach, euphorisch, manchmal sogar nervös und ängstlich. Die Körpertemperatur steigt und man schwitzt. Der Mund trocknet aus. Die Pupillen erweitern sich, Die Muskeln verspannen sich und man kann Muskelkrämpfe, Kieferklemme und Zittern bekommen oder nicht mehr »geradeaus gehen«. Halluzinationen können auftreten, die Wahrnehmung wird gestört. Ein Konsument berichtet über Gespräche mit einem Mann auf seinem Schrank, obwohl er ganz allein zu Hause war. Andere sahen Ameisenscharen und kleine Tiere auf der Fahrbahn, wo gar keine waren.

Panik und Angstzustände können weitere Folgen sein. Der von der Pille krank gewordene Konsument erlebt sich selbst und andere als bedrohend. Der Kranke benötigt psychiatrische Behandlung, denn die Wirkungen von Ecstasy-Tabletten können auch noch Wochen oder Monate später auftreten. Das nennt man »flash back«. Die Folgen dieser seelischen Störungen sind häufig Verlust der Ausbildungsstätte, der Beziehung bzw. des Freundeskreises.

Doch es kann noch schlimmer kommen. Mit jeder einzelnen eingenommenen Ecstasy-Tablette muss man mit einer dieser Wirkungen rechnen:
- plötzlicher Herzstillstand
- massive Erhöhung der Körpertemperatur, wenn die Regulierung der Temperatur im Gehirn gelähmt wird
- Nierenversagen durch Flüssigkeitsverlust
- spontane Gerinnung des Blutes
- Zerfall der Muskulatur

Die Folge all dieser Erscheinungen kann der Tod des Ecstasy-Konsumenten sein.

Aufgaben:
1. Welche Auswirkungen hat Ecstasy auf den Körper?
2. Welche sozialen Folgen kann der Konsum von Drogen (z. B. Ecstasy) haben?
3. Wodurch kann der Tod eines Ecstasykonsumenten ausgelöst werden?

M 14b — WARUM?

Warum?
Wir kannten uns seit Jahren, sind zusammen abgefahren
Uns gehörte die Welt, und dafür brauchten wir kein Geld
Wir haben uns einfach treiben lassen, wir wollten nichts verpassen
Wir wollten nicht so werden wie die Leute, die wir hassen
Nur ein Blick von dir und ich wusste genau
Was du denkst, was du fühlst – dieses große Vertrauen unter Frau'n
Das hat mich umgehau'n
Es war völlig klar, ich konnte immer auf dich bauen
Keine Party ohne uns, immer mitten rein
Da zu sein, wo das Leben tobt, ohne jedes Verbot
Sie war geil, diese Zeit, wir war'n zu allem bereit
Und wenn ich heute daran denke und es tief in mir schreit
Tut es mir leid, dass ich nicht härter zu dir war
Denn ich ahnte die Gefahr, sie war da, sie war nah
Sie war kaum zu übersehn, doch ich wollte nicht verstehn
Der Wind hat sich gedreht, es ist zu spät
Und warum?
Nur für den Kick – für den Augenblick?
Und warum?
Nur ein Stück – von dem falschen Glück?
Und Warum?
Nur für den Kick – für den Augenblick
Und warum?
Du kommst nie mehr zurück – komm zurück ...
Ab und zu mal eine rauchen, mal in andere Welten tauchen
Das war ja noch o.k., was ich gut versteh'
Doch dann fing es an mit den Sachen, die war'n weniger zum Lachen
Doch du musstest sie ja machen
Ich stand nur daneben, konnte nicht mehr mit dir reden
Alles, was du sagtest, war: Das ist mein Leben
Mein Leben, das gehört mir ganz allein, und da mischt sich keiner ein
Lass es sein, lass es sein – das schränkt mich ein
Ich sah dir in die Augen, sie war'n tot, sie war'n leer
Sie konnten nicht mehr lachen, sie war'n müde, sie war'n schwer
Du hattest nicht mehr viel zu geben, denn in deinem neuen Leben
Hattest du dich voll und ganz an eine fremde Macht ergeben
Geld, Geld, Geld, nur für Geld hast du dich gequält
Um es zu bekommen, wie gewonnen – so zerronnen
Dafür gingst du auf'n Strich, aber nicht für dich
Sondern nur für deinen Dealer mit dem Lächeln im Gesicht
Und warum?
Nur für den Kick – für den Augenblick?
Und warum?
Nur für ein Stück – von dem falschen Glück?
Und warum?
Nur für den Kick – für den Augenblick?
Und warum?
Du kommst nie mehr zurück – komm zurück ...

Tic Tac Toe (Kultband 1997), Musik & Text: Thorsten Boerger 1996 by George Glueck Musik GmbH

Fragen zum Text:
1. Beschreibe die verschiedenen Lebensstationen der besungenen Person!
2. Was ist der »Kick« an dieser Droge?
3. Wie verändert sich ihre Persönlichkeit? Was bewirkte den sozialen Abstieg?
4. Wie fühlt sich die Freundin in den verschiedenen Lebensabschnitten?
5. Wie und wodurch verändert sich die Beziehung der beiden?
6. Was macht die Freundin so hilflos zu helfen?
7. »... tut es mir leid, dass ich nicht härter zu dir war ...?« Wann und wie hätte die Freundin eingreifen können?

M 15   MAGERSÜCHTIGES TOP-MODELL

Schlank
=
schön
=
erfolgreich?

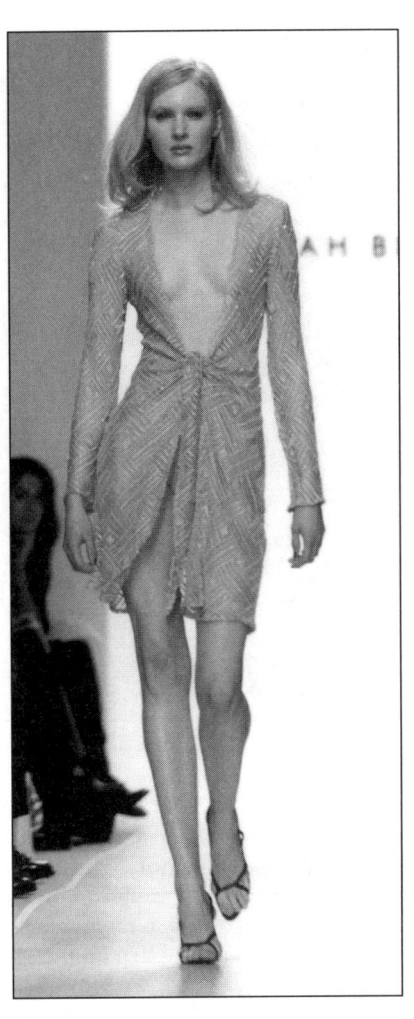

© dpa-Bild

M 16   WENN HUNGER ZUR SUCHT WIRD – TAGEBUCHEINTRÄGE EINER MAGERSÜCHTIGEN

1. Jetzt bin ich bei 35 Kilo. Ohne Kleider. Ich habe es also wieder geschafft, noch zwei Kilo abzunehmen. Wenn ich jetzt noch mal zwei schaffe, dann macht es nicht mal was aus, wenn ich wieder ein bisschen zunehme. Vielleicht ist Mama dann beruhigt, wenn ich eine Weile mal wieder mehr esse. Sonst glaubt sie mir irgendwann nicht mehr, wenn ich ihr mal wieder sage, dass ich von jetzt ab wieder zunehmen will. Dabei will ich das ja eigentlich schon. Ich meine, ich weiß ja, dass ich zunehmen muss. Aber wenn ich dann sage, »Ja ja, schon gut, ich weiß, ich werde gleich heute Abend wieder mehr essen«, dann höre ich meine Stimme ganz hohl in meinem Kopf hallen, und ich weiß ja schon, dass ich in Wirklichkeit gar nicht daran denke, zuzunehmen.

2. Oh Gott! Ich halte das jetzt nicht mehr aus! Wenn ich nur aufhören könnte, ständig ans Essen zu denken! Mein Kopf fühlt sich an, als müsste er zerplatzen – am schlimmsten ist es abends vor dem Einschlafen, wenn ich im Bett liege und in meinem Hirn rattern pausenlos die Zahlen – Kalorien zusammenzählen, überlegen, wie viel ich mich heute bewegt habe, noch mal nachrechnen, ob ich auch keinen Fehler gemacht habe ... Wenn ich nur genau wüsste, wie viel Kalorien das Stück Pizza hatte! Na ja, wenn ich morgen dafür wieder nur einen Apfel esse und ein Stück Gurke mit viel Salz, dann habe ich das ja auf jeden Fall wieder ausgeglichen. Und Mama und Papa haben jedenfalls ziemlich zufrieden gewirkt, weil ich ein ganzes Stück gegessen habe – auch wenn es nervtötend war, weil es ewig gedauert hat und sie schon längst fertig waren und dasaßen und mir zugeschaut haben ... da ist mir schon wieder jeder Bissen im Hals stecken geblieben und ich habe gedacht, ich bekomme nichts mehr runter, wenn ich so beobachtet werde. Und mein Magen fühlt sich so voll an – wenn ich an den ganzen Käse denke, und bestimmt haben sie noch Olivenöl darüber geträufelt, mein Mund war ganz fettig danach. Im Kochbuch steht für eine ganze Pizza

© dpa-Bild

1200 Kalorien – dann habe ich vielleicht 300 gegessen, das könnte stimmen.... Wenn ich nur endlich aufhören könnte, darüber nachzudenken, dann könnte ich vielleicht endlich einschlafen – schlafen, ganz fest, an nichts mehr denken, dann kann sich mein Hirn endlich ausruhen!

3. Mama war mit mir Klamotten kaufen – schrecklich – die Situation kam mir so grotesk vor! Jedes Mal, wenn ich etwas anprobiere, schaut sie so unglücklich, dass ich sofort ein schlechtes Gewissen habe, aber sie sagt schon nichts mehr. Und die Verkäuferin steht dabei und gafft, und wenn man sie anschaut, dann guckt sie ganz betreten an einem vorbei in den Spiegel, wo sie einen ja auch sieht – ich weiß ja genau, was die alle denken. Denken, ich wäre so dünn, weil ich das schön finde, und verstehen es nicht; aber eigentlich beneiden sie mich auch, weil ich nämlich die Disziplin habe zu fasten, während diese ganzen Tussis mit ihren bescheuerten Blicken sich kaum mehr in ihre Hosen zwängen können, dann jammern, dass sie zu dick sind und sich aus lauter Frust dann mit Schokolade voll stopfen. Die kapieren gar nichts. Aber klar, ich würde mich an ihrer Stelle auch vor mir ekeln, so wie ich aussehe. Mir ist schon klar, dass das nicht schön ist. Darum geht es doch schon lange nicht mehr. Wenn ich Frauen in den Umkleidekabinen nebenan beobachte, wird mir schlecht vor Verzweiflung, weil sie einfach toll aussehen mit dem großen Busen und dem runden Hintern ... die sind nicht zu dick, die sind genau richtig. Die beneide ich so, nicht nur um ihre Figur, sondern weil ich weiß, dass die essen können, ohne dass sich ihr Magen verkrampft, und ohne ständig darüber nachdenken zu müssen.

4. Ich hätte mich davor drücken sollen, mit zu Oma und Opa zu fahren. Das wird von Mal zu Mal schlimmer. Ich kriege schon Magenschmerzen, bevor ich überhaupt dort bin. Diese vorwurfsvolle Haltung macht mich total fertig! So nach dem Motto »Wie kannst du uns das nur antun!« Die denken wohl, ich mache das zum Spaß, um sie zu ärgern! Wie ich das hasse, wenn sie einem dann beim Essen das Zeug quasi auf den Teller zwingen und dann ständig schauen, ob ich auch esse, während ich bei jedem Bissen das Gefühl habe, dass meine Kehle zugeschnürt ist und ich bestimmt nichts runter bekomme. Die denken alle, das wäre so einfach: Ich soll mich halt nicht so anstellen und mehr essen! Aber das vergeht mir dabei erst recht – wenn ich sehe, wie sich der Tisch förmlich biegt unter dem ganzen Fraß, die fette Sauce und die Bratkartoffeln triefen nur so vom Bratfett, und dann noch Kräuterbutter drauf und das alles in unglaublichen Mengen und alle fressen und fressen – als wenn alles gut wäre, wenn man nur genug isst! Das ist doch reine Verdrängung! Die mögen es einfach nicht, dass ich ein Zeichen dafür bin, dass vielleicht doch nicht alles in Ordnung ist, dass ich eben nicht mehr die tolle Vorzeige-Enkelin bin, mit der man bei den Nachbarn angeben kann. Aber wenn sie mich nicht haben wollen, wie ich bin, dann kann ich ihnen auch nicht helfen! Ich werde ihnen jedenfalls nicht den Gefallen tun und heile Welt spielen.

M 17 **HINTER JEDER SUCHT STECKT EINE SEHNSUCHT**

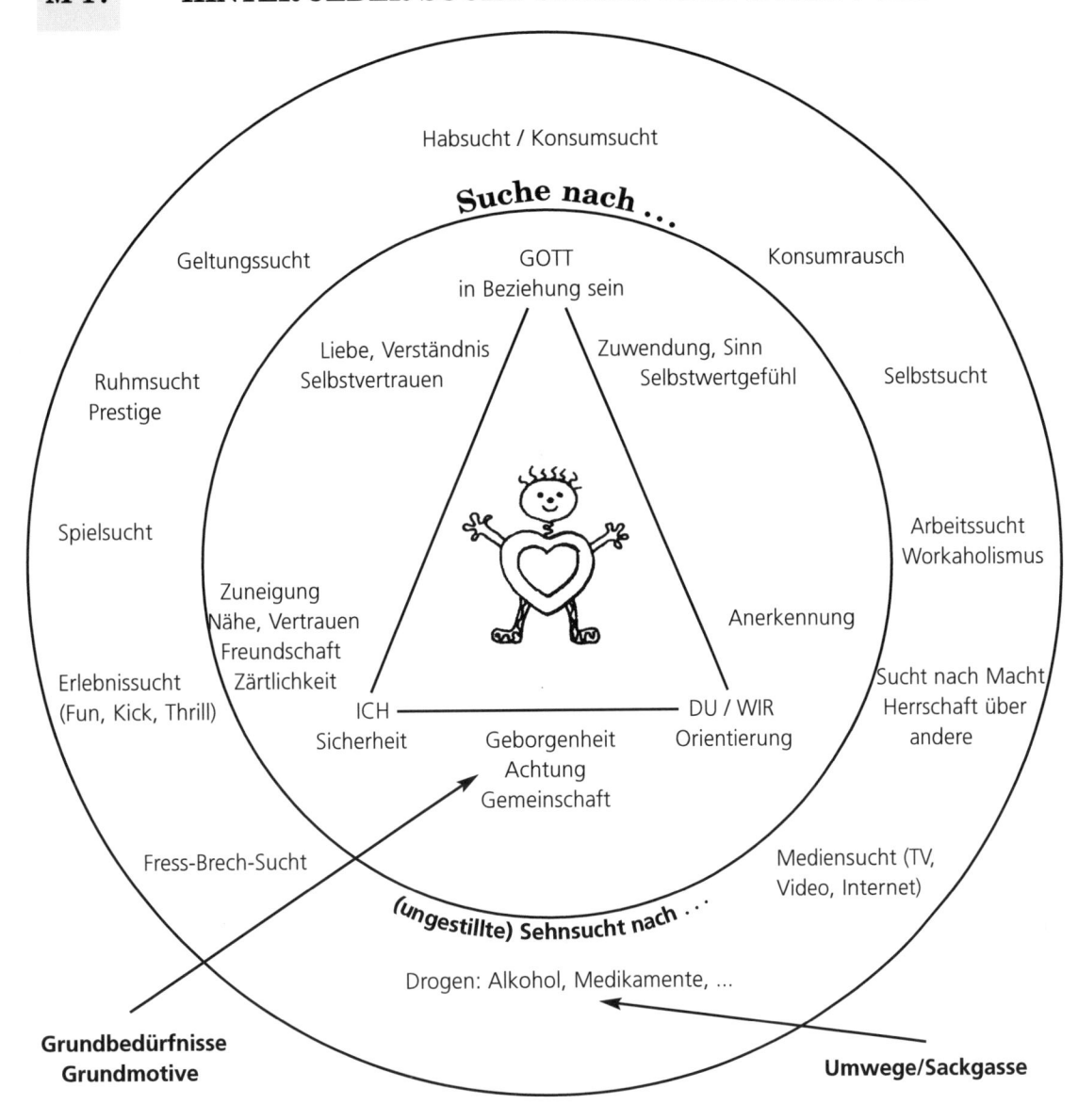

Diagramm:

Äußerer Kreis – **Suche nach ...** (Süchte):
- Habsucht / Konsumsucht
- Konsumrausch
- Selbstsucht
- Arbeitssucht / Workaholismus
- Sucht nach Macht, Herrschaft über andere
- Mediensucht (TV, Video, Internet)
- Drogen: Alkohol, Medikamente, ...
- Fress-Brech-Sucht
- Erlebnissucht (Fun, Kick, Thrill)
- Spielsucht
- Ruhmsucht Prestige
- Geltungssucht

Innerer Kreis – **(ungestillte) Sehnsucht nach ...** (Grundbedürfnisse):
- GOTT – in Beziehung sein
- Liebe, Verständnis, Selbstvertrauen
- Zuwendung, Sinn, Selbstwertgefühl
- Zuneigung, Nähe, Vertrauen, Freundschaft, Zärtlichkeit
- Anerkennung
- ICH – Sicherheit
- DU / WIR – Orientierung
- Geborgenheit, Achtung, Gemeinschaft

Grundbedürfnisse / Grundmotive ← → **Umwege/Sackgasse**

Was ist Sehnsucht?
Sehnsucht ist der Hunger der Seele, der sich auf das Andere richtet, auf das, was die Person nicht ist und nicht hat, was nicht um sie oder bei ihr ist.

Was ist Sucht?
Sucht ist eine krankhafte, zwanghafte Abhängigkeit von Stoffen (z. B. Alkohol) oder Verhaltensweisen (z. B. Ess- und Brechsucht) und liegt als Verhaltensmuster vor, wenn folgende vier Kriterien zutreffen:
- Ein unbezwingbares Verlangen zur Einnahme und Beschaffung eines Mittels.
- eine Tendenz zur Dosissteigerung,
- die seelische und meist auch körperliche Abhängigkeit von der Wirkung der Droge
- die Schädlichkeit für den einzelnen und/oder die Gesellschaft

Aufgaben:
1. Gestaltet entsprechend den beiden Kreisen eine Collage. Sammelt hierzu passende Bilder, Texte usw., die jeweils die Grundbedürfnisse des Innenkreises und die Süchte des Außenkreises thematisieren.
2. Weshalb geraten Menschen in die Sucht (in den äußeren Kreis)?
3. Erkläre die Überschrift.
4. Was hilft Menschen aus der Sucht (zurück in den inneren Kreis)?

M 18 WEGE IN DIE SUCHT – WEGE AUS DER SUCHT

In die Sucht →

Probleme in der Schule | Gruppenzwang | Beziehungsknatsch | Angst | usw.

Sucht

Selbsthilfegruppe | Beratungsstelle | Sucht erkennen Hilfe suchen | usw.

Abhängigkeit

← Aus der Sucht

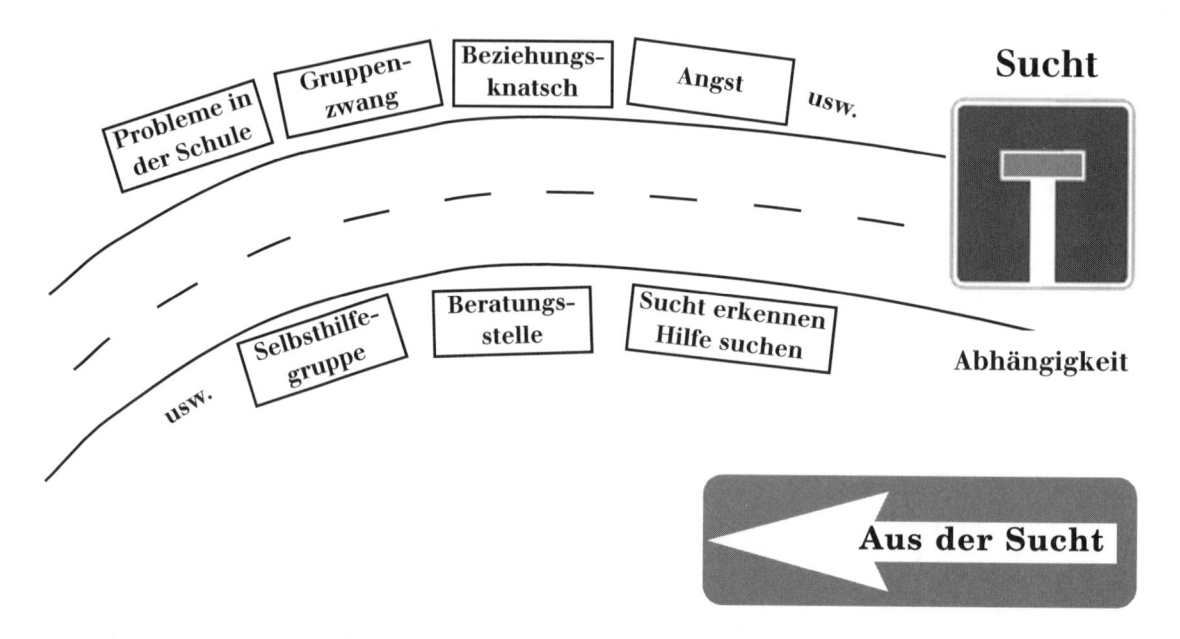

M 20 KINDER UND JUGENDLICHE STARK MACHEN
EIN GESTÄRKTER MENSCH KANN »NEIN« SAGEN

M 19 DIE VERSUCHUNG JESU

© Verlag Ernst Kaufmann, Lahr

Aufgabe:
1. Versetze dich in die vordere Person des Bildes!
   – Was denkst und fühlst du in dieser Situation? Was sagst du?
   – Beschrifte die Sprechblase!
2. Die zweite Person ist als Schatten der vorderen dargestellt.
   Überlege: Was ist dein Schatten? Wie sehen die Schattenseiten in deinem Leben aus? Schreibe das in die Sprechblase des Schattens!
3. Auch wir kennen »Wüstenerfahrungen« in unserem Leben, unseren Beziehungen, unseren Gefühlen. Halte solche Erfahrungen in den rissigen Bodenteilen fest!

M 21 **EIN WORT, DAS TRIFFT**

Wenn du durch Wasser gehst, will ich bei dir sein, dass dich die Ströme nicht ersäufen sollen; und wenn du ins Feuer gehst, sollst du nicht brennen, und die Flamme soll dich nicht versengen. *Jes 4,2*

Der Gott aller Gnade aber ... der wird euch aufrichten, stärken, kräftigen, gründen. *1. Petr 5,10*

Jesus sagt: Siehe, ich bin bei euch alle Tage bis an der Welt Ende. *Mt 28,20*

So spricht der Herr, der dich geschaffen hat: Fürchte dich nicht, denn ich habe dich befreit; ich habe dich bei deinem Namen gerufen; du gehörst zu mir! *Jes 43,1*

Gott sagt: Ich will dich segnen und du sollst ein Segen sein. *1. Mose 12,1*

Christus hat uns befreit. Er will, dass wir jetzt auch frei bleiben. Steht also fest, und lasst euch nicht wieder ins Sklavenjoch einspannen! *Gal 5,1*

Die den Herrn lieb haben, sollen sein wie die Sonne, die aufgeht in ihrer Pracht. *Ri 5,31*

Ich bin mit dir und will dich behüten wo du hinziehst. *1. Mose 28,15*

Denn Gott hat uns nicht einen Geist der Feigheit gegeben, sondern der Kraft und der Liebe und der Besonnenheit. *2. Tim 1,7*

Alle Dinge sind möglich dem, der da glaubt. *Mk 9,23*

Der Herr schützt alle, die sich nicht helfen können. Ich war schwach, und er hat mir geholfen. *Ps 116,6*

Wo der Geist Gottes ist, da ist Freiheit. *2. Kor 3,17*

Fürchte dich nicht, denn ich bin bei dir. Weil du in meinen Augen so wert geachtet bist und weil ich dich liebe. *Jes 43,1a+4*

Du hast mich erhört, als ich zu dir schrie; du ermutigst mich zu den kühnsten Wünschen. *Ps 138,3*

Es gibt in der ganzen Welt nichts, was uns jemals von Gottes Liebe trennen kann. *Röm 8,39*

Allem bin ich gewachsen durch den, der mich stark macht, Christus. *Phil 4,13*

Aber alle, die auf Gott vertrauen, bekommen neue Kraft, als hätten sie Flügel wie ein Adler. Sie gehen und werden nicht müde, sie laufen und erlahmen nicht. *Jes 40,28 ff*

Gott ist mein Heil. Ich bin sicher und fürchte mich nicht. *Jes 12,2*

Ist Gott für uns, wer mag wider uns sein? *Röm 1,16*

Gesegnet ist der Mensch, der sich auf den Herrn verlässt und dessen Zuversicht der Herr ist. *Jer 17,7*

Meine Seele ist still und ruhig geworden bei Gott, wie ein kleines Kind bei seiner Mutter. *Ps 131,2*

Ich bin bei dir, dass ich dir helfe und dich errette, spricht der Herr. *Jer 15,20*

In deiner Hand ist Kraft und Macht, und es ist niemand, der dir zu widerstehen vermag. *2. Chronik 20,6*

In der Welt habt ihr Angst, aber seid getrost, ich habe die Welt überwunden. *Joh 16,33*

Der Herr ist meine Stärke und mein Lobgesang und mein Heil. *2. Mose 15,2*

Christus spricht: »Ihr seid das Salz der Erde«. *Mt 5,13*

Ich will das Verlorene wieder suchen und das Verirrte zurückbringen. *Hes 34,16*

Jesus sagte zu der Frau: Meine Tochter, dein Vertrauen hat dir geholfen. Geh in Frieden. *Lk 8,48*

Auf Gott hoffe ich und fürchte mich nicht, was können mir Menschen tun? *Ps 56,12*

Ich habe Gedanken des Friedens über euch, und gebe euch die Zukunft, die ihr erhofft. *Jer 29,11*

Der Herr stützt alle, die fallen, und richtet alle Gebeugten auf. *Ps 145,14*

Zwei sind besser, als einer allein. Denn wenn sie hinfallen, richtet einer den anderen auf. *Prediger 4,9*

Christus spricht. »Ich bin gekommen, dass sie das Leben haben und es in Fülle haben. *Joh 10,10*

So spricht der Herr: Wie eine Mutter ihr Kind tröstet, so tröste ich euch. *Jes 66,12.13*

MEIN LEBENSWEG

M 22

Mal deinen Weg! Bunte Farben schenk ich dir und an den Himmel malst du mir Träume des Lebens.

Mal deinen Weg! Eine Spur durch weites Land, durch Zeit und Raum nach unbekannt: Fragen des Lebens.

Such deinen Weg!
Wie ein Vogel fliegt im Wind
und die Gedanken, ja, sie sind
Flügel des Lebens.

Such deinen Weg!
Das Woher und das Wohin
und du erfragst dabei den Sinn:
Quellen des Lebens.

Geh deinen Weg!
Bleibe nicht am Anfang stehn,
erst auf dem Wege wirst du sehn
Lichter des Lebens.

Geh deinen Weg!
Such nicht immer nur das Ziel,
auch unterwegs entdeckst du viel:
Spuren des Lebens.

Such deinen Weg!
Wie ein Vogel fliegt im Wind
und die Gedanken, ja, sie sind
Flügel des Lebens.

Such deinen Weg!
Das Woher und das Wohin
und du erfragst dabei den Sinn:
Quellen des Lebens.

Text: Reinhard Bäcker. Musik: Detlev Jöcker. Aus: MC und Liedheft »Licht auf meinem Weg«
Rechte. Menschenkinder Verlag, 48157 Münster